The Hundred-Page Language Models Book
대규모 언어 모델, 핵심만 빠르게!

The Hundred-Page Language Models Book

Copyright ⓒ 2025 Andriy Burkov

Korean Translation Copyright ⓒ 2025 Insight Press Co., Ltd.
This Korean edition was published by arrangement with Andriy Burkov through Agency-One, Seoul.

이 책의 한국어판 저작권은 에이전시 원을 통해 저작권자와의 독점 계약으로 (주)도서출판인사이트에 있습니다.
저작권법에 의해 한국 내에서 보호를 받는 저작물이므로 무단전재와 무단복제를 금합니다.
또한 저작권자의 명시적 허락 없이는 이 책의 어떤 부분도 AI 시스템을 교육/훈련시킬 목적으로 사용할 수 없습니다.

대규모 언어 모델, 핵심만 빠르게!

초판 1쇄 발행 2025년 10월 30일

지은이 안드리 부르코프 옮긴이 박해선   펴낸이 한기성   편집 백주옥   표지 디자인 오필민
제작·관리 이유현   영업·마케팅 김진불   경영지원 박미경   용지 월드페이퍼   출력·인쇄 예림인쇄
제본 예림원색

펴낸곳 (주)도서출판인사이트   등록번호 제2002-000049호 등록일자 2002년 2월 19일
주소 서울특별시 마포구 연남로5길 19-5   전화 02-322-5143   팩스 02-3143-5579
이메일 insight@insightbook.co.kr

Copyright ⓒ (주)도서출판인사이트   ISBN 978-89-6626-494-0 93000

책값은 뒤표지에 있습니다. 잘못 만들어진 책은 구입처에서 교환하실 수 있습니다.
이 책의 정오표는 https://blog.insightbook.co.kr에서 확인할 수 있습니다.

프로그래밍 인사이트

대규모 언어 모델, 핵심만 빠르게!

안드리 부르코프 지음 | 박해선 옮김

인사이트

차례

옮긴이의 글 viii
추천의 글 x
지은이의 글 xiii

1장 머신러닝 기초   1

1.1 AI와 머신러닝   1
1.2 모델   5
1.3 네 단계 머신러닝 프로세스   13
1.4 벡터   13
1.5 신경망   18
1.6 행렬   23
1.7 경사 하강법   26
1.8 자동 미분   31

2장 언어 모델링 기초   37

2.1 BoW   37
2.2 단어 임베딩   50
2.3 바이트 페어 인코딩   57
2.4 언어 모델   63

2.5 카운트 기반 언어 모델　65

2.6 언어 모델 평가　71

    2.6.1 혼잡도　71　|　2.6.2 ROUGE　75　|　2.6.3 사람의 평가　79

3장　순환 신경망　87

3.1 엘만 RNN　87

3.2 미니 배치 경사 하강법　90

3.3 RNN 구현하기　91

3.4 RNN 언어 모델　93

3.5 임베딩 층　95

3.6 RNN 언어 모델 훈련시키기　97

3.7 Dataset과 DataLoader　100

3.8 훈련 데이터와 손실 계산　103

4장　트랜스포머　107

4.1 디코더 블록　108

4.2 셀프 어텐션　109

    4.2.1 셀프 어텐션 단계 1　110　|　4.2.2 셀프 어텐션 단계 2　111

    4.2.3 셀프 어텐션 단계 3　111　|　4.2.4 셀프 어텐션 단계 4　111

    4.2.5 셀프 어텐션 단계 5　112　|　4.2.6 셀프 어텐션 단계 6　112

4.3 위시별 다층 퍼셉트론　114

4.4 로터리 위치 임베딩　115

4.5 멀티헤드 어텐션　122

4.6 잔차 연결　124

4.7 RMS 정규화　128

4.8 키-값 캐싱　130

4.9 트랜스포머 구현　131

5장 대규모 언어 모델 — 139

5.1 규모가 클수록 좋은 이유 — 139
5.1.1 대규모 파라미터 개수 141 | 5.1.2 큰 문맥 크기 142
5.1.3 대규모 훈련 데이터셋 144 | 5.1.4 대량의 계산량 146

5.2 지도 학습 미세 튜닝 — 147

5.3 사전훈련된 모델 미세 튜닝하기 — 149
5.3.1 기준 감정 분류기 151 | 5.3.2 감정 레이블 생성하기 154
5.3.3 지시를 따르도록 미세 튜닝하기 158

5.4 언어 모델의 샘플링 — 164
5.4.1 온도를 사용한 기본 샘플링 165 | 5.4.2 탑-k 샘플링 166
5.4.3 뉴클리어스(탑-p) 샘플링 168 | 5.4.4 페널티 168

5.5 LoRA — 169
5.5.1 핵심 아이디어 170 | 5.5.2 PEFT 172

5.6 분류용 LLM — 174

5.7 프롬프트 엔지니어링 — 176
5.7.1 좋은 프롬프트의 특징 176 | 5.7.2 행동에 대한 후속조치 178
5.7.3 코드 생성 179 | 5.7.4 문서 동기화 181

5.8 환각 — 182
5.8.1 환각의 원인 182 | 5.8.2 환각 방지 183

5.9 LLM, 저작권, 윤리 — 185
5.9.1 훈련 데이터 185 | 5.9.2 생성된 콘텐츠 186
5.9.3 오픈 웨이트 모델 187 | 5.9.4 광범위한 윤리적 고려사항 188

6장 추가 자료 — 189

6.1 MoE — 189

6.2 모델 병합 — 190

6.3 모델 압축 — 190

6.4 선호도 기반 정렬 — 191

6.5 고급 추론 　　　　　　　　　　　　　　　　　　　191
6.6 언어 모델 보안 　　　　　　　　　　　　　　　　192
6.7 비전 언어 모델 　　　　　　　　　　　　　　　　192
6.8 과대적합 방지 　　　　　　　　　　　　　　　　　193
6.9 맺음말 　　　　　　　　　　　　　　　　　　　　194
6.10 저자의 다른 책 　　　　　　　　　　　　　　　　194

찾아보기 　　　　　　　　　　　　　　　　　　　　　196

옮긴이의 글

책이 제 손을 떠나 종이 위에 인쇄되고 나면 늘 아쉬움이 남습니다. 정해진 기간 안에 최선을 다했는지 스스로를 돌아보고 사람들이 이 책을 어떻게 읽을지 생각하게 됩니다. 수십 권의 책을 세상에 내보냈지만 이 기분은 쉽사리 익숙해지지 않는 것 같습니다. 하물며 누군가를 떠나보내야 할 때는 얼마나 아쉬움이 남을까요?

지금은 언어 모델이 인공지능 분야를 휩쓸고 있습니다. 그러나 역사가 보여주듯 영원한 제국은 없습니다. 다만 그 시대의 문화는 오래도록 남아 오늘날까지 영향을 미치고 있습니다. 언어 모델 역시 먼 미래의 인공지능에 큰 흔적을 남길 것이 분명합니다. 따라서 언어 모델을 공부해야 하는 이유를 따로 강조할 필요는 없습니다. 훗날 사람들은 트랜스포머 기반 언어 모델을 어떻게 기억하게 될까요?

이 책은 머신러닝 기초부터 최신 트랜스포머 모델까지 언어 모델의 현대사를 파이토치 코드로 솜씨 좋게 엮어 냈습니다. 이렇게 한 분야의 발전 과정을 확실히 알게 되면 지금 당장은 물론 앞으로 이 분야에서 일어날 혁신을 어렵지 않게 따라갈 수 있을 것입니다. 얼핏 보면 책이 두껍지 않아 만만하게 느껴질 수 있지만 머릿속을 충분히 꽉 채우고도 남을 겁니다. 부디 즐거운 독서가 되기를 기대합니다.

저자인 안드리 부르코프에게 고맙다는 말을 전합니다. 안드리의 책은 명쾌하고 간결해서 읽는 것이 즐겁습니다. 그래서 그가 앞으로 쓸 책도 자연스럽게 기대가 됩니다. 좋은 책을 믿고 맡겨 주신 (주)도서출판인사이트와 백주옥 님께 감사드립니다. 언제나 명랑한 우리 가족 주연이와 진우에게도 고맙고 사랑한다는 말을 전합니다.

번역서 깃허브(*https://github.com/rickiepark/the-lm-book/*)는 책의 예제가 담긴 주피터 노트북을 제공합니다. 이 책의 정오표는 블로그(*https://tensorflow.blog/the-lm-book*)에 등록해 놓겠습니다. 책을 읽기 전에 꼭 확인해 주세요. 이 책에 관한 이야기라면 무엇이든 환영하니 언제든지 블로그나 이메일로 알려주세요.

2025년 9월

박해선

추천의 글

제가 처음 언어 모델링을 연구할 때가 이십 년 전이었습니다. 데이터 압축 알고리즘을 개선하고 싶었고 n-그램 통계에 대해 알게 되었습니다. 매우 간단한 개념이었지만 이보다 나은 게 없었죠! 그리고 나서 금방 또 다른 동기부여를 받게 되었습니다. 어렸을 때부터 인공지능에 관심이 많았기 때문입니다. 불완전한 인간의 마음으로는 보이지 않는 이 세상의 패턴을 이해하는 기계에 대한 꿈을 가졌습니다. 그런 초지능과 이야기하는 것은 신나는 일일 것입니다. 그리고 언어 모델링이 그런 AI로 향하는 길임을 깨달았습니다.

이런 비전을 나눌 동료를 찾기 시작했고 레이 솔로모노프(Ray Solomonoff)[1], 유르겐 슈미트후버(Jürgen Schmidhuber)[2] 그리고 맷 마호니(Matt Mahoney)가 주최한 후터 상(Hutter Prize) 대회[3]를 찾았습니다. 그들은 모두 언어 모델링의 AI 완전성에 대해 글을 썼고, 저는 이를 구현해 보고 싶었습니다. 하지만 그때는 지금과 많이 달랐습니다. 언어 모델링은 사장된 연구로 여겨졌고, 대규모 데이터에서 어떤 것도 n-그램을 이길 수 없으니 포기하란 말을 수도 없이 들었습니다.

신경망 언어 모델로 석사 논문을 썼습니다. 이런 모델이 제가 이전에 개발했던 데이터 압축 모델과 매우 비슷했기 때문입니다. 어떤 언어에도 적용할 수

---

1 (옮긴이) 레이 솔로모노프는 미국의 수학자로 인공 지능 분야의 초기 개척자였으며, 존 매카시(John McCarthy)와 마빈 민스키(Marvin Minsky)가 주최한 인공지능 연구 프로젝트인 다트머스 회의에 초대된 연구자 중 한 명입니다.
2 (옮긴이) 유르겐 슈미트후버는 독일의 컴퓨터 과학자로, 초창기 언어 모델링에 사용된 순환 신경망의 한 종류인 LSTM을 개발한 것으로 유명합니다.
3 (옮긴이) 맷 마호니는 미국의 컴퓨터 과학자입니다. 후터 상(*http://prize.hutter1.net/*)은 컴퓨터 과학자인 마커스 후터(Marcus Hutter)가 후원하는 대회로, 인공 지능 연구를 위한 텍스트 압축 기술을 겨룹니다. 마커스 후터는 현재 딥마인드의 수석 연구원이며, 대회 이름은 2022년부터 "500,000€ Prize for Compressing Human Knowledge"로 바뀌었습니다.

있는 분산 표현이 올바른 방향이라고 믿었습니다. 하지만 이는 지역의 한 언어학자를 크게 화나게 했고 그는 제 생각이 완전히 틀렸다고 했습니다. 언어 모델링은 언어학 관점에서 해결해야 하고 모든 언어는 다르게 다루어야 한다고 했습니다.

하지만 저는 포기하지 않았고 완전한 AI 언어 모델에 대한 비전을 향해 계속 노력했습니다. 박사 과정을 시작하기 직전 여름에 신경망 모델에서 텍스트를 생성하는 아이디어가 떠올랐습니다. 이 텍스트가 n-그램 모델에서 생성한 텍스트보다 훨씬 뛰어나다는 것에 놀랐습니다. 그때가 2007년 여름이었습니다. 하지만 브르노 공과대학(Brno University of Technology)[4]에서 이 사실에 흥분한 사람은 저뿐이라는 것을 금방 깨달았습니다. 그래도 저는 포기하지 않았습니다.

다음 몇 해 동안 신경망 언어 모델을 더 유용하게 만들기 위해 여러 가지 알고리즘을 개발했습니다. 다른 사람들에게 이 모델의 품질에 대한 확신을 주기 위해 2010년 오픈 소스 툴킷인 RNNLM을 공개했습니다. 이 라이브러리에서 신경망 텍스트 생성, 그레이디언트 클리핑(gradient clipping), 동적 평가, (요즘엔 미세 튜닝이라 불리는) 모델 적응은 물론 계층적 소프트맥스나 빈도가 낮은 단어를 부분단어로 분할하는 기법을 최초로 구현했습니다. 하지만 제가 가장 자랑스러웠을 때는 박사 학위 논문에서 신경망 모델이 대규모 데이터셋에서 n-그램의 성능을 뛰어 넘을 뿐 아니라 훈련 데이터의 양이 증가함에 따라 성능이 향상된다는 것을 보였을 때입니다. 언어 모델링 연구의 50년 역사에서 처음 일어난 일이지만 제 연구 결과를 보여주었을 때 의심의 그림자를 지우지 못하던 유명 연구자들의 얼굴이 아직도 기억납니다.

그 후로 15년이 지난 지금 세상이 얼마나 많이 바뀌었는지를 생각하면 놀랍습니다. 사고방식이 완전히 바뀌었습니다. 사장된 연구 분야의 잘 알려지지 않은 한 기술이 전 세계 대기업 CEO들의 주목을 받고 있습니다. 오늘날 어디에서나 언어 모델을 말합니다. 이런 과열 현상 속에서 이 기술을 진정으로 이해하는 것이 어느 때보다도 필요하다고 생각합니다.

---

4 (옮긴이) 브르노 공과대학은 체코의 도시인 브르노에 있습니다.

언어 모델링에 대해 배우고 싶은 젊은 학생이 참고할 만한 정보는 넘쳐 납니다. 그래서 가장 중요한 개념만 담아 100여 쪽짜리 짧은 책을 만드는 안드리의 프로젝트에 대해 들었을 때 기뻤습니다. 이 책은 언어 모델링을 처음 접하거나 최신 기술을 배우려는 모든 분들에게 좋은 출발점이라고 생각합니다. 만약 누군가 언어 모델링에서 발명될 것은 이미 모두 나왔다고 말한다면 그 말을 믿지 마세요.

word2vec와 FastText의 개발자,
CIIRC(Czech Institute of Informatics, Robotics and Cybernetics) 연구소 수석 연구원
토마시 미콜로프(Tomáš Mikolov)

지은이의 글

텍스트에 대한 관심은 10대 시절인 1990년대 후반 펄(Perl)과 HTML을 사용해 동적인 웹사이트를 구축하면서 시작되었습니다. 텍스트를 구조적인 포맷으로 조작하고 코딩했던 초창기 이 경험이 텍스트를 처리하고 변형하는 방법에 대한 흥미를 불러일으켰습니다. 수년 동안 웹 스크래퍼(web scraper)와 텍스트 수집기로 발전시키면서 웹 페이지에서 구조적인 데이터를 추출하는 시스템을 개발했습니다. 텍스트 처리와 이해에 대한 도전은 사용자의 요구사항을 이해하고 처리할 수 있는 챗봇과 같은 복잡한 애플리케이션을 탐구하도록 저를 이끌었습니다.

단어에서 의미를 추출하는 문제는 매우 흥미로웠습니다. 이 작업의 복잡성 때문에 제가 사용할 수 있는 모든 도구를 활용해 이 문제를 해결하겠다고 마음 먹었습니다. 이런 도구에는 정규 표현식과 스크립팅 언어뿐만 아니라 텍스트 분류기와 개체명 인식 모델도 포함됩니다.

대규모 언어 모델(large language model, LLM)의 등장으로 모든 것이 바뀌었습니다. 처음으로 컴퓨터가 사람과 유창하게 대화하고 놀라울 정도로 정확하게 음성 지시를 따를 수 있게 되었습니다. 하지만 모든 도구와 마찬가지로 이런 모델의 엄청난 능력에는 한계가 있습니다. 일부는 다루기 쉽지만, 어떤 것은 미묘하며, 적절히 다루기 위해 고도의 전문 기술이 필요합니다. 도구에 대해 완전히 이해하지 못한 채 마천루를 세우려고 한다면 결국에는 산더미처럼 쌓인 콘크리트와 철근만 남을 뿐입니다. 언어 모델도 마찬가지입니다. 대규모 텍스트 처리를 수행하거나 신뢰할 만한 상용 제품을 만들려면 정밀함과 지식이 필요합니다. 추측은 고려 대상이 아닙니다.

누구를 위한 책인가?

저와 같이 컴퓨터를 사용해 언어를 이해하려는 사람들을 위해 이 책을 썼습니다. 언어 모델은 핵심적으로 보면 수학 함수일 뿐입니다. 하지만 이 모델의 진정한 능력은 이론으로 충분히 알 수 없습니다. 직접 구현해 보면서 모델의 능력을 확인하고 규모에 따라 어떻게 성능이 발전하는지 알아야 합니다. 이것이 이 책을 핸즈온(hands-on)으로 작성하게 된 이유입니다.

이 책은 소프트웨어 개발자, 데이터 과학자, 머신러닝 엔지니어 그리고 언어 모델에 관심이 있는 모든 분을 위한 책입니다. 여러분의 목표가 애플리케이션에 기존 모델을 통합하는 것이든, 자신만의 모델을 훈련하는 것이든 상관없이 이론적 토대와 함께 실용적인 가이드를 얻을 수 있을 것입니다.

100여 쪽 정도로 구성되었기 때문에 이 책은 독자에 대해 일정한 가정을 합니다. 모든 핸즈온 예제가 파이썬으로 구현되어 있으므로 프로그래밍 경험을 가지고 있어야 합니다.

파이토치(PyTorch)와 (파이토치의 기본 데이터 타입인) 텐서(tensor)에 익숙하다면 도움이 되지만 필수는 아닙니다. 이런 도구를 처음 사용해 본다면 이 책의 위키(thelmbook.com/wiki)에서 제공하는 예제를 포함해 간략한 소개 자료와 추가 학습 자료에 대한 링크를 참고하세요. 위키를 통해 이런 콘텐츠를 최신으로 유지하고 출간 후에 독자의 질문에 응대하겠습니다.

대학 수준의 수학 지식이 도움은 되겠지만 모든 내용을 기억해야 한다거나 머신러닝 경험이 필요하지는 않습니다. 책에서 표기법과 정의부터 시작해서 기본적인 벡터와 행렬 연산까지 체계적으로 수학적 개념을 소개합니다. 이를 바탕으로 간단한 신경망과 고급 주제로 발전시킵니다. 명확한 다이어그램과 이해하기 쉬운 예제를 사용해 직관적으로 수학적 개념을 설명하겠습니다.

이 책에 포함되지 않은 내용

이 책은 언어 모델을 이해하고 구현하는 데 초점을 맞추고 있습니다. 따라서 다음과 같은 내용은 다루지 않습니다.

- 대규모 훈련: 이 책은 분산 시스템에서 대규모 모델을 훈련하거나 훈련 인프라를 관리하는 방법을 소개하지 않습니다.
- 제품 배포: 모델 서빙(serving), API 개발, 대규모 트래픽을 위한 확장, 모니터링, 비용 최적화와 같은 주제는 다루지 않습니다. 이 책의 코드 예제는 제품 개발 대신 개념을 이해하는 데 초점을 맞춥니다.
- 엔터프라이즈 애플리케이션: 이 책은 상용 LLM 애플리케이션을 구축하거나, 사용자 데이터를 처리하거나, 기존 시스템과 통합하는 방법을 소개하지 않습니다.

언어 모델의 이면에 있는 수학 이론을 배우고, 작동 방식을 이해하고, 핵심 구성요소를 직접 구현하고, LLM을 효과적으로 사용하는 방법을 배우고 싶다면 이 책은 여러분을 위한 책입니다. 하지만 모델을 제품 환경에 배포하거나 대규모 애플리케이션을 구축하고 싶다면 이 책과 함께 다른 자료도 참고하세요.

책 내용

이 책을 흥미롭게 만들고 독자의 이해를 돕기 위해 모델링을 전반적으로 다룹니다. 요즘 책에서는 많이 다루지 않는 방법도 포함되어 있습니다. 언어 트랜스포머 기반 LLM이 주목을 받고 있지만 일부 작업에서는 카운트 기반 방법이나 순환 신경망(recurrent neural network, RNN)과 같은 초기 접근 방식이 여전히 효과적입니다.

트랜스포머 구조 이면의 수학을 밑바닥부터 배우려면 처음 배우는 사람에게는 부담스러울 수 있습니다. 이런 초기 방법들을 살펴보면 독자의 직관과 수학 이론을 이해하고 점진적으로 발전시키는 데 도움이 됩니다. 이를 통해 현대 트랜스포머 구조로의 전환이 갑자기 일어난 일이 아니라 자연스러운 진화라고 느낄 것입니다.

이 책은 여섯 개 장으로 나뉘어, 기본부터 고급 주제로 이어집니다.

- 1장에서는 AI, 모델, 신경망, 경사 하강법과 같은 머신러닝 기초를 다룹니다. 독자 여러분이 이런 주제에 익숙하더라도, 이 장은 언어 모델을 이해하는 데 중요한 기초를 제공할 것입니다.

- 2장에서는 언어 모델링의 기초를 소개합니다. BoW(bag of words), 단어 임베딩과 같은 텍스트 표현 방법을 탐구하고 카운트 기반 언어 모델과 평가 기법을 알아봅니다.
- 3장은 순환 신경망에 초점을 맞춥니다. 모델 구현, 훈련, 언어 모델 애플리케이션을 다룹니다.
- 4장에서는 트랜스포머 구조를 자세히 살펴봅니다. 셀프 어텐션, 위치 임베딩과 같은 핵심 구성요소를 다루고 실제로 구현해 봅니다.
- 5장에서는 대규모 언어 모델을 다룹니다. 규모의 중요성, 미세 튜닝 기법, 실용적인 애플리케이션에 대해 논의하고, 환각, 저작권, 윤리에 관해 고찰해 봅니다.
- 6장에서는 MoE(mixture of experts), 모델 압축, 선호도 기반 정렬, 비전 언어 모델과 같은 고급 주제를 소개하고 향후 학습 방향을 제시합니다.

대부분의 장에는 실행하고 수정할 수 있는 코드 예제가 포함되어 있습니다. 꼭 필요한 코드만 책에 실었으며, 완전한 코드 예제는 책의 깃허브[1]에서 주피터 노트북으로 제공됩니다. 노트북의 모든 코드는 최신 버전의 파이썬, 파이토치 그 외 다른 라이브러리와 호환됩니다.

이 노트북은 GPU와 TPU 같은 무료 컴퓨팅 자원을 제공하는 구글 코랩(Colab)에서 실행할 수 있습니다. 하지만 이런 자원은 보장성이 없고 사용량 제한이 유동적입니다. 일부 예제는 고급 GPU가 필요할 수 있으며, 자원을 할당받기 위해 기다려야 할 수 있습니다. 무료 코랩 버전이 한계에 도달했다면 유료 코랩 버전을 구독하여 안정적으로 GPU를 사용하세요. 북미 기준으로 이런 비용은 비교적 합리적이지만, 가격은 지역에 따라 다를 수 있습니다.[2]

리눅스 명령줄에 익숙하다면 GPU 클라우드 서비스는 또 다른 옵션이며, 하나 이상의 GPU가 장착된 가상 머신을 사용할 수 있습니다. 책의 위키에서 무료·유료 노트북 서비스와 GPU 대여 서비스에 관한 정보를 제공합니다.

Linear와 같은 고정폭 서체는 코드, 코드 조각 또는 실행 결과를 나타냅니다.

---

1 https://github.com/rickiepark/the-lm-book
2 (옮긴이) 한국에는 코랩 유료 버전이 정식으로 론칭되지는 않았지만 해외 결제가 가능한 신용카드와 임의의 미국 주소(예를 들어, 구글 본사 주소)를 사용해 구독할 수 있습니다.

고딕체는 찾아보기에 포함된 용어를 나타내며, 이따금 알고리즘 단계를 강조하기 위해 사용됩니다.

이 책에서는 pip3를 사용해 파이썬 3 버전의 패키지를 설치합니다. 파이썬 3가 이미 설치되어 있다면 대부분의 시스템에서 pip3 대신 pip를 사용할 수 있습니다.

감사의 글

자원봉사 에디터가 없었다면 높은 품질의 책을 만드는 것이 불가능했을 것입니다. 특히 체계적으로 기여를 해 준 Erman Sert, Viet Hoang Tran Duong, Alex Sherstinsky, Kelvin Sundli, Mladen Korunoski에게 감사드립니다.

또한 Alireza Bayat Makou, Taras Shalaiko, Domenico Siciliani, Preethi Raju, Srikumar Sundareshwar, Mathieu Nayrolles, Abhijit Kumar, Giorgio Mantovani, Abhinav Jain, Steven Finkelstein, Ryan Gaughan, Ankita Guha, Harmanan Kohli, Daniel Gross, Kea Kohv, Marcus Oliveira, Tracey Mercier, Prabin Kumar Nayak, Saptarshi Datta, Gurgen R. Hayrapetyan, Sina Abdidizaji, Federico Raimondi Cominesi, Santos Salinas, Anshul Kumar, Arash Mirbagheri, Roman Stanek, Jeremy Nguyen, Efim Shuf, Manoj Pillai의 도움에 감사드립니다.

언어 모델을 처음 배우나요? 그렇다면 여러분이 조금 부럽습니다. 기계가 자연어를 통해 세상을 이해하는 과정을 지켜보는 건 정말 마법과 같으니까요.

제가 이 책을 즐겁게 썼던 것처럼 여러분도 이 책을 즐겁게 읽었으면 좋겠습니다.

자, 이제 커피나 차 한 잔을 준비하고 바로 시작해 보죠!

"언어는 오해의 근원입니다."
― 앙투안 드 생텍쥐페리(Antoine de Saint-Exupéry), 《어린 왕자》의 작가

"수학은 이해하는 것이 아니라 그냥 익숙해지는 것입니다."
― 존 폰 노이만(John von Neumann)

"컴퓨터는 쓸모가 없습니다. 그저 답변을 내놓을 수 있을 뿐입니다."
― 파블로 피카소(Pablo Picasso)

1장

The Hundred-Page Language Models Book

머신러닝 기초

이 장은 인공지능의 발전 과정을 간략히 소개하는 것으로 시작합니다. 이어서 머신러닝 모델이 무엇인지 설명하고 머신러닝을 수행하기 위한 네 단계를 제시합니다. 그런 다음, 벡터와 행렬 같은 기본적인 수학 지식을 다루고, 신경망을 소개하며, 경사 하강법과 자동 미분 같은 최적화 방법을 설명하는 것으로 마무리합니다.

1.1 AI와 머신러닝

인공지능(artificial intelligence, AI)이란 용어는 1956년 존 매카시(John McCarthy)[1]가 이끄는 워크숍[2]에서 처음 소개되었습니다. 이 워크숍에서는 기계가 언어를 사용하고, 개념을 정립하고, 사람처럼 문제를 해결하고, 시간이 지남에 따라 향상되는 방법을 탐구하였습니다. 이런 아이디어를 바탕으로 조셉 와이

---

1 (옮긴이) 존 매카시는 미국의 컴퓨터 과학자로 프로그래밍 언어 리스프(Lisp)를 개발하였습니다. 인공지능 연구에 대한 공로를 인정받아 1971년 튜링상을 받았습니다.

2 (옮긴이) 이 워크숍은 1956년 다트머스 대학(Dartmouth College)에서 열린 다트머스 회의(Dartmouth workshop)를 의미합니다. 이 워크숍은 1956년 6월 중순부터 6주간 진행되었으며, 약 20여 명의 과학자가 참여했습니다. 존 매카시 이외에도 레이 솔로모노프(Ray Solomonoff), 마빈 민스키(Marvin Minsky), 클로드 섀넌(Claude Shannon), 아서 사무엘(Arthur Samuel), 워런 맥컬러(Warren S. McCulloch) 등이 참여한 것으로도 유명합니다. 실제 인공지능이란 용어는 이 워크숍의 재정 후원을 받기 위해 1955년 록펠러 재단에 전달한 제안서에서부터 이미 쓰였습니다.

젠바움(Joseph Weizenbaum)[3]은 1996년에 ELIZA라는 최초의 챗봇(chatbot)을 만들었습니다. ELIZA는 사용자 입력에 있는 패턴을 감지하고 사전프로그래밍된 응답을 제시하면서 대화를 이해하는 척 흉내를 냈습니다.

AI 초창기에는 연구자들이 사람 수준의 지능을 달성하는 데 지나치게 낙관적이었습니다. 튜링상을 받은 허버트 사이먼(Herbert Simon)은 1965년 "20년 이내 사람이 할 수 있는 모든 일을 기계가 할 수 있을 것이다"라고 예측했습니다.[4] 하지만 발전은 기대보다 느렸고 투자와 관심이 점점 줄어들었습니다. 이 기간을 'AI 겨울'이라 부릅니다.

흥미롭게도 1950년대부터 전문가들은 약 25년 내에 사람 수준의 AI가 실현될 거라 꾸준히 예측해 왔습니다.[5]

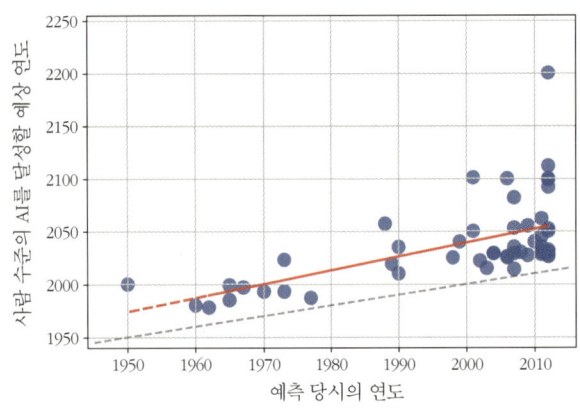

AI 분야는 1975년과 1980년 사이, 그리고 1987년과 2000년 사이에 두 번의 '겨울'을 보냈고, 이 시기 AI에 대한 열정과 투자가 크게 줄었습니다. 연구 결과가 초기 성공으로 형성된 높은 기대에 미치지 못했기 때문에 투자자들과 정책가

---

3 (옮긴이) 조셉 와이젠바움은 독일계 미국인 컴퓨터 과학자이자 MIT 교수였습니다. ELIZA라는 이름은 아일랜드 극작가인 조지 버나드 쇼(George Bernard Shaw)의 희곡 '피그말리온(Pygmalion)'에 등장하는 일라이자 둘리틀(Eliza Doolittle)에서 따왔습니다. 극중에서 꽃 파는 소녀인 일라이자는 신분 상승을 위해 상류층의 억양을 배우게 됩니다.

4 (옮긴이) 허버트 사이먼은 1957년에도 10년 이내 컴퓨터가 사람의 체스 능력을 뛰어 넘을 거라 예측했습니다. 하지만 실제로는 40년이 지난 1997년에야 IBM의 딥 블루(Deep Blue)가 세계 체스 챔피언 가리 카스파로프(Garry Kasparov)를 이겼습니다.

5 (옮긴이) 이 그래프는 한 논문(https://www.fhi.ox.ac.uk/wp-content/uploads/FAIC.pdf)에서 제공한 데이터(https://bit.ly/40vRahO)를 가공하여 만든 것입니다.

들의 신뢰를 잃었습니다. 그 결과, 많은 프로젝트가 중단되거나 지연되었고 학계와 산업계 전반에서 AI 연구와 개발이 크게 위축되었습니다.

> 첫 번째 AI 겨울 동안에는 'AI'란 용어조차 조금 금기시되었습니다. 많은 연구자는 실패한 AI와의 연관성을 피하기 위해 '인포매틱스(informatics)', '지식 기반 시스템', '패턴 인식' 등으로 자신의 연구를 포장했습니다.

AI에 대한 관심은 다시 1990년대 초부터 꾸준히 증가하기 시작했습니다. 특히 2012년 즈음 머신러닝 분야에 대한 관심이 높아졌는데, 이는 컴퓨터 성능, 대규모 데이터셋, 신경망 알고리즘과 프레임워크의 발전 덕분이었습니다. 이런 발전이 투자로 이어지고 AI 붐을 일으켰습니다.

인공지능 연구의 중심 주제는 진화해 왔지만 핵심 목표는 동일합니다. 사람만이 해결할 수 있다고 간주되던 문제를 기계가 해결하게 만드는 방법을 개발하는 것입니다. 이 책에서 인공지능은 이런 의미로 사용됩니다.

머신러닝(machine learning)이란 용어는 1959년 아서 사무엘(Arthur Samuel)이 처음 소개했습니다. 그는 논문 'Some Studies in Machine Learning Using the Game of Checkers'[6]에서 머신러닝을 '컴퓨터가 경험으로부터 학습하도록 프로그래밍하는 것'이라고 기술했습니다.

초기 AI 연구자들은 주로 기호주의 방법(symbolic method)과 규칙 기반 시스템에 초점을 맞췄습니다. 이런 방법은 나중에 **GOFAI**(good old-fashioned AI)라고 불렸습니다. 하지만 시간이 흐르면서 머신러닝 방법을 점차 수용했고, 특히 신경망이 강력한 기술로 떠올랐습니다.

뇌에서 영감을 받은 **신경망**(neural network)의 목표는 샘플(example)에서 바로 패턴을 학습하는 것입니다. 1958년에 프랭크 로젠블라트(Frank Rosenblatt)가 소개한 **퍼셉트론**(Perceptron)은 신경망을 훈련하는 선구적인 모델이자 알고리즘 중 하나입니다. 이 모델은 이후 발전에 핵심적인 전환점이 되었습니다. 퍼셉트론은 (예를 들어, '스팸' 또는 '스팸 아님'과 같은) 두 클래스(class)의 샘플을 구분하는 직선인 결정 경계(decision boundary)를 정의합니다.

6 https://ieeexplore.ieee.org/document/5392560

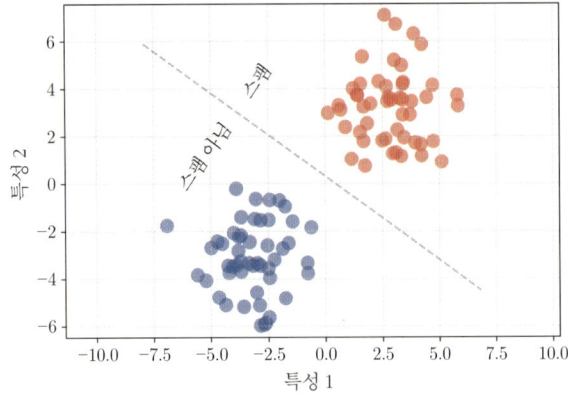

결정 트리(decision tree)와 랜덤 포레스트(random forest)는 머신러닝의 진화 단계에서 중요한 위치를 차지합니다. **결정 트리**는 1963년 존 손퀴스트(John Sonquist)와 제임스 모건(James Morgan)이 소개했으며, 1986년에 로스 퀸란(Ross Quinlan)의 ID3 알고리즘으로 발전했습니다. 결정 트리는 트리와 닮은 구조를 사용해 데이터를 부분집합으로 분할합니다. 노드(node)는 데이터에 대한 질문을 나타내고, 가지(branch)는 이에 대한 답이며, 리프 노드(leaf node)는 예측을 만듭니다. 이런 모델은 이해하기 쉬운 반면, **과대적합**(overfitting)이 일어나기 쉽습니다. 과대적합이란 훈련 데이터에 너무 가깝게 맞춰져 이전에 본 적 없는 새로운 데이터에서는 성능이 감소하는 현상을 말합니다.

이런 한계를 극복하기 위해 레오 브레이만(Leo Breiman)은 2001년 랜덤 포레스트 알고리즘을 소개했습니다. **랜덤 포레스트**는 데이터에서 랜덤한 부분집합을 추출해 여러 개의 결정 트리를 만들고 이런 트리의 출력을 결합합니다. 이런 접근 방식은 예측 정확도를 향상시키고 과대적합을 줄입니다. 랜덤 포레스트는 안정적이고 성능이 좋아 여전히 널리 사용되고 있습니다.

1992년 블라디미르 바프닉(Vladimir Vapnik)과 그의 동료들이 소개한 **서포트 벡터 머신**(support vector machine, SVM)은 또 한 번 큰 진전을 이룬 기술입니다. SVM은 가장 큰 마진(margin)으로 다른 클래스의 데이터 포인트를 구분하는 최적의 초평면(hyperplane)을 찾습니다. 커널 방법(kernel method)으로 데이터를 고차원 공간에 매핑하면 SVM이 적합한 분할 초평면을 더 쉽게 찾을 수 있어 복잡하고 비선형적인 패턴을 다룰 수 있게 되었습니다.

오늘날 **머신러닝**은 AI의 하위분야로, 샘플의 집합으로 학습하는 알고리즘을 만드는 데 초점을 맞춥니다. 샘플은 자연에서 구하거나, 사람이 만들거나, 다른 알고리즘에 의해 생성될 수 있습니다. 머신러닝 프로세스에는 데이터셋을 모으고, 그것을 바탕으로 모델을 구축하는 과정이 포함되며, 이렇게 만들어진 모델로 문제를 해결합니다.

 이 책에서는 편의상 '**학습**'과 '**머신러닝**'을 같은 의미로 사용하겠습니다.

1.2 모델

모델(model)은 일반적으로 수학 방정식으로 표현됩니다.

$$y = f(x)$$

여기서 x는 입력이고, y는 출력이며, f는 x의 함수입니다. **함수**(function)는 하나의 값 집합이 또 다른 값 집합과 어떻게 관련되어 있는지를 기술한 명명된 규칙(named rule)입니다. 형식적으로 말하면, 함수 f는 **정의역**(domain)의 입력을 **공역**(codomain)의 출력에 매핑합니다. 함수는 특정 규칙이나 공식을 사용해 입력을 출력으로 변환합니다.

머신러닝의 목표는 샘플의 **데이터셋**(dataset)을 사용해 f를 만드는 것입니다. f를 이전에 본 적 없는 새로운 데이터 x에 적용하면 y를 출력하고 이를 통해 x에 대해 의미 있는 통찰을 얻습니다.

면적을 기반으로 주택 가격을 예측하려면 (면적, 가격) 쌍으로 데이터셋을 구성할 수 있습니다. 예를 들면 $\{(150, 200), (200, 600), \ldots\}$와 같습니다. 여기서 면적은 단위가 m²이고, 가격은 단위가 천 달러입니다.

 중괄호는 집합을 나타냅니다. x_1부터 x_N까지 N개의 원소를 포함한 집합은 $\{x_i\}_{i=1}^N$과 같이 씁니다.

250m² 면적의 집을 가지고 있다고 가정해 보죠. 이 집에 대한 합리적인 가격을 반환하는 함수 f를 찾기 위해 모든 가능한 함수를 테스트하는 것은 불가능합

니다. 그 대신 f를 위한 특정 구조를 선택하고 이 구조에 맞는 함수에 초점을 맞춥니다.

f의 구조를 다음과 같이 x의 **선형 함수**(linear function)로 정의해 보죠.

$$f(x) \stackrel{\text{def}}{=} wx + b \tag{1.1}$$

식 $wx + b$는 x의 **선형 변환**(linear transformation)입니다.

✅ $\stackrel{\text{def}}{=}$ 기호는 '정의에 따라 같다' 또는 '정의된다'라는 의미입니다.

선형 함수의 경우 f는 값 w와 b 두 개로 결정됩니다. 이를 모델의 **파라미터**(parameter)[7] 또는 **가중치**(weight)라고 부릅니다.

다른 책에서는 w를 **기울기**(slope), **계수**(coefficient), **가중치 항**(weight term)이라고도 부릅니다. 비슷하게 b를 **절편**(intercept), **상수 항**(constant term), **편향**(bias)이라고도 부릅니다. 이 책에서는 w를 가중치, b를 편향이라고 부르겠습니다. 이런 용어가 머신러닝에서 널리 사용되기 때문입니다. 의미가 혼동되지 않는 경우 '파라미터'와 '가중치'를 같은 뜻으로 혼용하여 사용하겠습니다.

예를 들어 $w = \frac{2}{3}$이고 $b = 1$인 선형 함수는 다음과 같습니다.

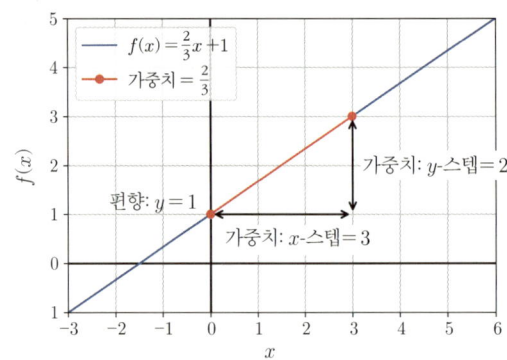

편향은 그래프를 수직으로 이동시킵니다. 따라서 $y = 1$인 지점에서 이 직선과 y-축이 교차합니다. 가중치는 기울기를 결정합니다. 즉, 직선이 오른쪽으로 세

---

7 (옮긴이) 클래스와 함수의 parameter는 매개변수라고 번역합니다.

단위만큼 이동할 때마다 위쪽으로 두 단위만큼 상승한다는 의미입니다.

수학적으로 말하면, $f(x) = wx + b$는 선형 변환이 아니라 **아핀 변환**(affine transformation)입니다. 순수한 선형 변환이 되려면 $b = 0$이어야 합니다. 하지만 머신러닝에서는 방정식의 파라미터가 선형적으로 나타나는 모델을 '선형'이라고 부릅니다. w와 b는 입력이나 상수와만 곱셈 및 덧셈이 수행됩니다. 즉, 파라미터끼리 서로 곱해지거나, 거듭제곱되거나, e^w와 같은 함수 내부에 있지 않다는 의미입니다.

$f(x) = wx + b$ 같이 간단한 모델도 파라미터 w와 b의 가능한 값은 무한할 수 있습니다. 최적의 값을 찾으려면 최적임을 측정할 방법이 있어야 합니다. 자연스럽게 생각할 수 있는 방법은 면적으로 주택 가격을 예측할 때 평균적인 예측 오차를 최소화하는 것입니다. 구체적으로 말하면, 실제 주택 가격과 가능한 한 가까운 예측을 만드는 $f(x) = wx + b$가 필요합니다.

$\{(x_i, y_i)\}_{i=1}^{N}$인 데이터셋이 있다고 해 보죠. 여기서 N은 데이터셋의 크기이고, $\{(x_1, y_1), (x_2, y_2), \ldots, (x_N, y_N)\}$는 개별 샘플입니다. 각각의 x_i는 **입력**(input)이고, 이에 해당하는 y_i는 **타깃**(target)입니다. 샘플에 입력과 타깃이 모두 들어 있는 학습 과정을 **지도 학습**(supervised)이라 부릅니다. 이 책은 지도 학습 머신러닝에 초점을 맞춥니다.

다른 유형의 머신러닝으로는 모델이 입력만 사용해 패턴을 학습하는 **비지도 학습**(unsupervised learning)과 모델이 환경(environment)과 상호작용하여 행동에 따라 보상(reward)이나 벌칙(penalty)을 받는 식으로 학습하는 **강화 학습**(reinforcement learning)이 있습니다.

$f(x)$를 x_i에 적용하면 예측 값 $\tilde{y}_i$가 생성됩니다. 주어진 샘플 (x_i, y_i)에 대한 예측 오차 $\text{err}(\tilde{y}_i, y_i)$를 다음과 같이 정의할 수 있습니다.

$$\text{err}(\tilde{y}_i, y_i) \stackrel{\text{def}}{=} (\tilde{y}_i - y_i)^2 \qquad (1.2)$$

제곱 오차(squared error)라고 부르는 이 식은 $\tilde{y}_i = y_i$일 때 0이 됩니다. 예측 가격이 실제 가격과 일치하면 오차가 없습니다. $\tilde{y}_i$가 y_i에서 멀어질수록 오차는 더 커집니다. 예측이 실제 값보다 크든 작든 제곱을 하므로 오차는 항상 양수 값이 됩니다.

함수 f에서 $w*$와 $b*$는 주어진 데이터셋에서 평균 가격 예측의 오차를 최소화하는 w와 b의 최적값입니다. 이 오차는 다음과 같은 식을 사용해 계산됩니다.

$$\frac{\text{err}(\tilde{y}_1, y_1) + \text{err}(\tilde{y}_2, y_2) + \cdots + \text{err}(\tilde{y}_N, y_N)}{N}$$

위 식에서 각각의 $\text{err}(\cdot)$를 풀어서 다시 써 보죠.

$$\frac{(\tilde{y}_1 - y_1)^2 + (\tilde{y}_2 - y_2)^2 + \cdots + (\tilde{y}_N - y_N)^2}{N}$$

이 식을 이름이 $J(w, b)$인 함수로 바꾸어 보죠.

$$J(w, b) \stackrel{\text{def}}{=} \frac{(wx_1 + b - y_1)^2 + (wx_2 + b - y_2)^2 + \cdots + (wx_N + b - y_N)^2}{N} \quad (1.3)$$

평균 예측 오차를 나타내는 $J(w, b)$를 정의하는 식에서 1에서 N까지 각각의 i에 대한 x_i와 y_i는 데이터셋에 있으므로 알고 있는 값입니다. 알지 못하는 값은 w와 b입니다. 최적의 $w*$와 $b*$를 결정하기 위해 $J(w, b)$를 최소화해야 합니다. 이 함수는 두 개의 변수를 가진 2차 함수이므로 미적분 이론에 따라 하나의 최솟값을 가집니다.

식 (1.3)을 선형 회귀(linear regression) 머신러닝 문제에 대한 손실 함수(loss function)라고 합니다. 특별히 이 함수를 **평균 제곱 오차**(mean squared error) 또는 **MSE**라고 부릅니다.

함수의 최적값(최솟값 또는 최댓값)을 찾기 위해 **1차 도함수**(first derivative)를 구합니다. 이 1차 도함수가 0일 때 최적값에 도달합니다. 손실 함수 $J(w, b)$와 같이 두 개 이상의 변수를 가진 함수의 경우 각각의 변수에 대한 **편도함수**(partial derivative)를 계산합니다. w에 대한 편도함수는 $\frac{\partial J}{\partial w}$, b에 대한 편도함수는 $\frac{\partial J}{\partial b}$로 나타냅니다.

그런 다음 w^*와 b^*를 결정하기 위해 다음과 같은 연립방정식을 풉니다.

$$\begin{cases} \frac{\partial J}{\partial w} = 0 \\ \frac{\partial J}{\partial b} = 0 \end{cases}$$

편도함수를 0으로 놓은 것은 이때가 최적이기 때문입니다.

다행히 MSE 함수의 구조와 모델의 선형성 덕분에 이 연립방정식을 해석적으로 풀 수 있습니다. 세 개의 샘플 $(x_1, y_1) = (150, 200)$, $(x_2, y_2) = (200, 600)$, $(x_3, y_3) = (260, 500)$으로 구성된 데이터셋을 생각해 보죠. 이 데이터셋의 경우 손실 함수는 다음과 같습니다.

$$J(w,b) \stackrel{\text{def}}{=} \frac{(150w + b - 200)^2 + (200w + b - 600)^2 + (260w + b - 500)^2}{3}$$

그래프로 그리면 다음과 같습니다.

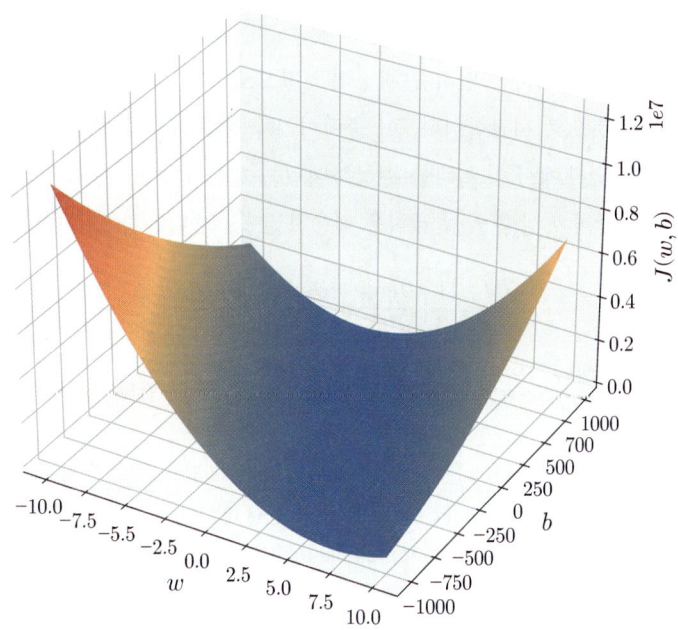

> ✓ *https://bit.ly/thelmbook-py-1-1*에서 앞의 그래프를 만든 코드를 확인할 수 있습니다. 코드를 실행하면 그래프를 회전시키면서 최솟값을 관찰할 수 있습니다.[8]

이제 $\frac{\partial J}{\partial w}$와 $\frac{\partial J}{\partial b}$를 위한 식을 유도해야 합니다. $J(w, b)$는 다음과 같은 함수를 합성한 것입니다.

- 함수 $d_1 \stackrel{\text{def}}{=} 150w + b - 200$, $d_2 \stackrel{\text{def}}{=} 200w + b - 600$, $d_3 \stackrel{\text{def}}{=} 260w + b - 500$은 w와 b의 선형 함수입니다.
- 함수 $\text{err}_1 \stackrel{\text{def}}{=} d_1^2$, $\text{err}_2 \stackrel{\text{def}}{=} d_2^2$, $\text{err}_3 \stackrel{\text{def}}{=} d_3^2$는 d_1, d_2, d_3의 2차 함수입니다.
- 함수 $J \stackrel{\text{def}}{=} \frac{1}{3}(\text{err}_1 + \text{err}_2 + \text{err}_3)$는 $\text{err}_1, \text{err}_2, \text{err}_3$의 선형 함수입니다.

> ✓ **함수의 합성**(composition of function)이란 한 함수의 출력이 다른 함수의 입력이 된다는 의미입니다. 예를 들어 두 함수 f와 g가 있을 때, 먼저 f를 x에 적용하고, 그다음에 g를 그 결과에 적용합니다. 이를 $f(g(x))$와 같이 씁니다. 이는 먼저 $g(x)$를 계산한 다음, 그 결과를 f의 입력으로 사용한다는 의미입니다.

손실 함수 $J(w, b)$에서는 먼저 현재 w와 b 값으로 d_1, d_2, d_3에 대한 선형 함수를 계산하는 것으로 시작합니다. 이 출력이 2차 함수 $\text{err}_1, \text{err}_2, \text{err}_3$로 전달됩니다. 마지막 단계에서 이 결과를 평균하여 J를 계산합니다.

미분의 합 규칙과 상수 곱셈 규칙을 적용하면 $\frac{\partial J}{\partial w}$는 다음과 같습니다.

$$\frac{\partial J}{\partial w} = \frac{1}{3}\left(\frac{\partial \text{err}_1}{\partial w} + \frac{\partial \text{err}_2}{\partial w} + \frac{\partial \text{err}_3}{\partial w}\right)$$

여기서 $\frac{\partial \text{err}_1}{\partial w}, \frac{\partial \text{err}_2}{\partial w}, \frac{\partial \text{err}_3}{\partial w}$는 w에 대한 $\text{err}_1, \text{err}_2, \text{err}_3$의 편도함수입니다.

> ✓ 미분의 **합 규칙**(sum rule)은 두 함수의 합의 도함수는 각각의 도함수의 합과 같다는 규칙입니다. 즉, $\frac{\partial}{\partial x}[f(x) + g(x)] = \frac{\partial}{\partial x}f(x) + \frac{\partial}{\partial x}g(x)$입니다.
> 미분의 **상수 곱셈 규칙**(constant multiple rule)은 상수를 곱한 함수의 도함수는 그 함수의 도함수를 상수 배한 것과 같다는 규칙입니다. 즉, $\frac{\partial}{\partial x}[c \cdot f(x)] = c \cdot \frac{\partial}{\partial x}f(x)$입니다.

---

[8] (옮긴이) 주피터 노트북에서 그래프를 그리는 코드는 *https://bit.ly/thelmbook-nb-1-1*에서 볼 수 있습니다.

미분의 연쇄 법칙을 적용하면 w에 대한 err_1, err_2, err_3의 편도함수는 다음과 같습니다.

$$\frac{\partial \text{err}_1}{\partial w} = \frac{\partial \text{err}_1}{\partial d_1} \cdot \frac{\partial d_1}{\partial w}$$

$$\frac{\partial \text{err}_2}{\partial w} = \frac{\partial \text{err}_2}{\partial d_2} \cdot \frac{\partial d_2}{\partial w}$$

$$\frac{\partial \text{err}_3}{\partial w} = \frac{\partial \text{err}_3}{\partial d_3} \cdot \frac{\partial d_3}{\partial w}$$

d_1에 대한 err_1의 편도함수 — w에 대한 d_1의 편도함수 — 곱셈

✅ 미분의 **연쇄 법칙**(chain rule)은 **합성 함수**(composite function) $f(g(x))$의 도함수 $\frac{\partial}{\partial x}[f(g(x))]$가 g에 대한 f의 도함수와 x에 대한 g의 도함수를 곱한 것과 같다는 규칙입니다. 즉, $\frac{\partial}{\partial x}[f(g(x))] = \frac{\partial f}{\partial g} \cdot \frac{\partial g}{\partial x}$입니다.

이를 계산하면 다음과 같습니다.

$$\frac{\partial \text{err}_1}{\partial w} = 2d_1 \cdot 150 = 300 \cdot (150w + b - 200)$$

$$\frac{\partial \text{err}_2}{\partial w} = 2d_2 \cdot 200 = 400 \cdot (200w + b - 600)$$

$$\frac{\partial \text{err}_3}{\partial w} = 2d_3 \cdot 260 = 520 \cdot (260w + b - 500)$$

따라서 다음과 같습니다.

$$\frac{\partial J}{\partial w} = \frac{1}{3}\left(300 \cdot (150w + b - 200) + 400 \cdot (200w + b - 600) + 520 \cdot (260w + b - 500)\right)$$
$$= \frac{1}{3}(260200w + 1220b - 560000)$$

비슷하게 $\frac{\partial J}{\partial b}$를 구할 수 있습니다.

$$\frac{\partial J}{\partial b} = \frac{1}{3}\left(2 \cdot (150w + b - 200) + 2 \cdot (200w + b - 600) + 2 \cdot (260w + b - 500)\right)$$
$$= \frac{1}{3}(1220w + 6b - 2600)$$

이 편도함수를 0으로 놓으면 연립방정식이 완성됩니다.

$$\begin{cases} \frac{1}{3}(260200w + 1220b - 560000) &= 0 \\ \frac{1}{3}(1220w + 6b - 2600) &= 0 \end{cases}$$

연립방정식을 간소화하고 대입법을 사용하여 변수를 풀면 최적값 $w^* = 2.58$ 과 $b^* = -91.76$을 얻습니다.

결과로 얻은 모델 $f(x) = 2.58x - 91.76$이 아래 그래프에 나타나 있습니다. 이 그래프에는 세 개의 샘플(파란색 점), 모델(붉은 실선), 면적이 240m²인 주택에 대한 예측(오렌지색의 점선)이 포함되어 있습니다.

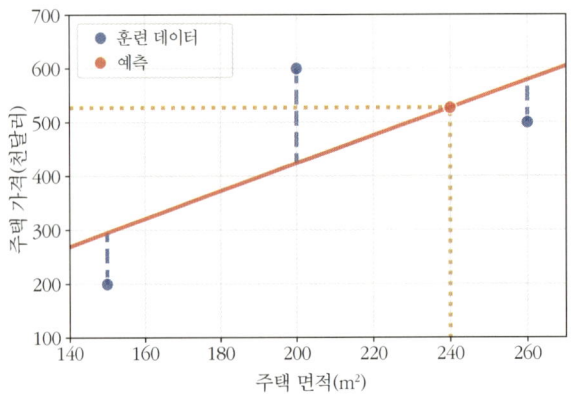

파란색의 수직 점선은 실제 가격에 대한 모델의 예측 오차의 제곱근입니다.[9] 오차가 작을수록 모델이 데이터에 더 잘 맞는다는 의미입니다. 이 오차를 집계한 손실은 모델이 데이터셋에 얼마나 잘 맞는지를 측정합니다.

(**훈련 세트**(training set)라고 부르는) 모델의 훈련 데이터셋을 사용해 계산한 손실을 **훈련 손실**(training loss)이라 합니다. 이 모델의 훈련 손실은 식 (1.3)과 같이 정의됩니다. 학습된 파라미터 값을 사용하면 다음처럼 훈련 세트에 대한 손실을 계산할 수 있습니다.

---

9 식 (1.2)에서 정의한 오차가 예측 가격과 주택의 실제 가격 사이의 제곱이기 때문에 이 점선은 오차의 제곱근에 해당합니다. 평균 제곱 오차의 제곱근은 타깃 변수(주택 가격)와 동일한 단위로 오차를 나타내기 때문에 많이 사용됩니다. 단위가 같으면 오차 값을 이해하기 쉽습니다.

$$J(2.58, -91.76) = \frac{(2.58 \cdot 150 - 91.76 - 200)^2}{3} + \frac{(2.58 \cdot 200 - 91.76 - 600)^2}{3}$$
$$+ \frac{(2.58 \cdot 260 - 91.76 - 500)^2}{3}$$
$$= 15403.19$$

이 값의 제곱근은 약 124.1입니다. 평균적으로 약 124,100달러의 예측 오차가 있다는 의미입니다. 손실 값이 높은지 낮은지에 대한 해석은 비즈니스 특성과 비교하는 벤치마크에 따라 다릅니다. 이 상의 뒷부분에서 살펴볼 신경망과 다른 비선형 모델은 일반적으로 손실 값이 낮습니다.

1.3 네 단계 머신러닝 프로세스

이 지점에서 지도 학습의 네 단계를 명확하게 이해해야 합니다.

1. **데이터셋을 수집합니다**: 예를 들면, $(x_1, y_1) = (150, 200)$, $(x_2, y_2) = (200, 600)$, $(x_3, y_3) = (260, 500)$.
2. **모델의 구조를 정의합니다**: 예를 들면, $y = wx + b$.
3. **손실을 정의합니다**: 예를 들면, 식 (1.3).
4. **손실을 최소화합니다**: 데이터셋에 대한 손실 함수를 최소화합니다.

앞의 예제에서 두 개의 변수를 가진 두 개의 연립방정식을 직접 풀어 손실을 최소화했습니다. 이런 방식은 작은 문제일 경우 가능합니다. 하지만 (수십 억 개의 파라미터를 가진 대규모 언어 모델과 같이) 모델의 복잡도가 증가할수록 손으로 직접 푸는 것이 불가능합니다. 이 문제를 해결하기 위한 새로운 개념을 소개하겠습니다.

1.4 벡터

주택 가격을 예측하려면 면적을 아는 것만으로는 충분하지 않습니다. 건축연도나 방과 화장실의 개수와 같은 요소도 중요합니다. 두 가지 속성 (1) 면적과 (2) 방 개수를 사용한다고 가정해 보죠. 이 경우 입력 x는 **특성 벡터**(feature vector)가 됩니다. 이 벡터에는 두 개의 특성(feature)이 있습니다. 이를 차원(dimension)이나 요소(component)라고도 부릅니다.

$$\mathbf{x} \stackrel{\text{def}}{=} \begin{bmatrix} x^{(1)} \\ x^{(2)} \end{bmatrix}$$

이 책에서 벡터는 $\mathbf{x}$ 또는 $\mathbf{w}$와 같이 굵은 소문자로 표시됩니다. 어떤 주택 $\mathbf{x}$에서 $x^{(1)}$는 제곱미터 단위의 크기를 나타내고, $x^{(2)}$는 방 개수를 나타냅니다.

 벡터는 일반적으로 **열 벡터**(column vector)라 부르는 숫자 열 하나로 나타냅니다. 하지만 책에서는 종종 이를 **전치**(transpose)하여 $x^\top$로 나타냅니다. 열 벡터를 전치하면 **행 벡터**(row vector)가 됩니다. 예를 들면, $x^\top \stackrel{\text{def}}{=} [x^{(1)}, x^{(2)}]$ 또는 $x \stackrel{\text{def}}{=} [x^{(1)}, x^{(2)}]^\top$입니다.

벡터의 **차원**(dimensionality) 또는 **크기**(size)는 벡터에 포함된 원소의 개수입니다. 이 예에서 $\mathbf{x}$는 두 개의 원소를 가지므로 이 벡터의 차원은 2입니다.

두 개의 특성이 있으므로 선형 모델은 세 개의 파라미터가 필요합니다. 가중치 $w^{(1)}, w^{(2)}$와 편향 b입니다. 이 가중치를 다음처럼 벡터로 표현할 수 있습니다.

$$\mathbf{w} \stackrel{\text{def}}{=} \begin{bmatrix} w^{(1)} \\ w^{(2)} \end{bmatrix}$$

그런 다음 선형 모델을 다음과 같이 간단히 나타낼 수 있습니다.

$$y = \mathbf{w} \cdot \mathbf{x} + b \tag{1.4}$$

$\mathbf{w} \cdot \mathbf{x}$는 두 벡터의 **점곱**(dot product)(또는 **스칼라 곱**(scalar product))이며, 다음과 같이 정의됩니다.

$$\mathbf{w} \cdot \mathbf{x} \stackrel{\text{def}}{=} \sum_{j=1}^{D} w^{(j)} x^{(j)}$$

점곱은 동일한 차원의 두 벡터를 결합하여 하나의 **스칼라**(scalar)를 만듭니다. 스칼라는 22, 0.67, −10.5와 같은 하나의 숫자입니다. 이 책에서 스칼라는 x 또는 D 같이 이탤릭체 소문자나 대문자로 표시됩니다. 식 $\mathbf{w} \cdot \mathbf{x} + b$는 선형 변환의 아이디어를 벡터에 일반화한 것입니다.

앞의 방정식은 **대문자 시그마 표기법**(capital-sigma notation)을 사용합니다. 여기서 D는 입력의 차원을 나타내며, j는 1에서 D까지 바뀝니다. 예를 들어, 2차원 주택 가격 예시의 경우 $\sum_{j=1}^{2} w^{(j)} x^{(j)} \stackrel{\text{def}}{=} w^{(1)} x^{(1)} + w^{(2)} x^{(2)}$입니다.

대문자 시그마 표기법에서 알 수 있듯이 점곱을 루프(loop)로 구현할 수 있지만, 현대적인 컴퓨터는 이를 더 효율적으로 다룹니다. **BLAS**와 **cuBLAS** 같이 최적화된 **선형 대수 라이브러리**(linear algebra library)는 저수준에서 고도로 최적화된 방법을 사용해 점곱을 계산합니다. 이런 라이브러리는 하드웨어 가속과 병렬 처리를 통해 단순한 루프보다 훨씬 빠른 속도로 계산합니다.

동일한 차원 D를 가진 두 벡터 **a**와 **b**의 합은 다음과 같이 정의됩니다.

$$\mathbf{a} + \mathbf{b} \stackrel{\text{def}}{=} [a^{(1)} + b^{(1)}, a^{(2)} + b^{(2)}, \ldots, a^{(D)} + b^{(D)}]^{\top}$$

3차원 벡터 두 개의 합을 계산하는 과정을 그림으로 나타내면 다음과 같습니다.

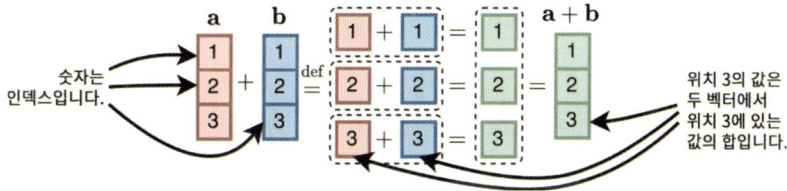

이 장의 그림에서 상자 안의 숫자는 입력 또는 출력 행렬이나 벡터에 있는 원소의 위치를 나타내며, 실제 값이 아닙니다.

차원이 D인 두 벡터 **a**와 **b**의 **원소별 곱셈**(element-wise product)은 다음과 같이 정의됩니다.

$$\mathbf{a} \odot \mathbf{b} \stackrel{\text{def}}{=} [a^{(1)} \cdot b^{(1)}, a^{(2)} \cdot b^{(2)}, \ldots, a^{(D)} \cdot b^{(D)}]^{\top}$$

3차원 벡터[10] 두 개를 원소별로 곱셈하는 계산을 그림으로 나타내면 다음과 같습니다.

---

10 (옮긴이) '3차원 벡터'를 간단히 줄여서 '3D 벡터'라고도 합니다.

벡터 **x**의 **노름**(norm)은 $\|\mathbf{x}\|$라고 표기하며, 벡터의 길이(length) 또는 크기(magnitude)를 나타냅니다. 노름은 다음처럼 원소의 제곱 합을 제곱근한 것으로 정의됩니다.

$$\|\mathbf{x}\| \stackrel{\text{def}}{=} \sqrt{\sum_{j=1}^{D}(x^{(j)})^2}$$

2차원 벡터 **x**의 노름은 다음과 같습니다.

$$\|\mathbf{x}\| = \sqrt{(x^{(1)})^2 + (x^{(2)})^2}$$

두 벡터 **x**와 **y** 사이의 각도 θ에 대한 코사인은 다음과 같이 정의됩니다.

$$\cos(\theta) = \frac{\mathbf{x} \cdot \mathbf{y}}{\|\mathbf{x}\|\|\mathbf{y}\|} \quad (1.5)$$

두 벡터 사이 각도의 코사인은 유사도 크기를 나타냅니다. 예를 들어, 면적과 방 개수가 비슷한 두 주택의 코사인 유사도는 1에 가까울 것입니다. 비슷하지 않은 경우 이 값은 낮을 것입니다. **코사인 유사도**(cosine similarity)는 임베딩 벡터(embedding vector)로 표현된 단어나 문서를 비교하는 데 널리 사용됩니다. 이에 대해서는 2.2절에서 자세히 논의하겠습니다.

영벡터(zero vector)는 모든 원소가 0인 벡터입니다. **단위 벡터**(unit vector)는 길이가 1인 벡터입니다. 0이 아닌 벡터 **x**를 단위 벡터 $\hat{\mathbf{x}}$로 변환하려면 벡터를 노름으로 나눕니다.

$$\hat{\mathbf{x}} = \frac{\mathbf{x}}{\|\mathbf{x}\|}$$

벡터를 한 숫자로 나누면 원본 벡터의 각 원소를 그 숫자로 나눈 새로운 벡터가 만들어집니다.

단위 벡터는 원본 벡터의 방향을 보존하지만 길이가 1인 벡터입니다. 아래 그림은 2차원 벡터로, 이에 대한 예시를 보여 줍니다. 왼쪽 그림에 있는 두 벡터의 코사인은 $\cos(\theta) = 0.78$이고, 오른쪽 그림의 벡터는 거의 직교하며 $\cos(\theta) = -0.02$입니다.

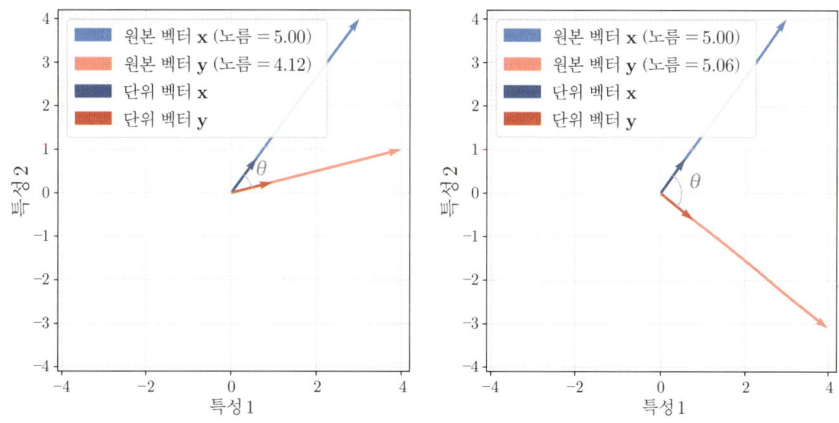

✅ 단위 벡터끼리의 점곱은 코사인 유사도 값과 같아 유용합니다. 게다가 점곱 계산은 효율적입니다. 문서가 단위 벡터로 표현되면 쿼리 벡터와 문서 벡터 사이의 점곱을 계산해 비슷한 문서를 빠르게 찾을 수 있습니다. 이것이 벡터 검색 엔진과 Milvus(*https://milvus.io*), Qdrant(*https://qdrant.tech/*), Weaviate(*https://weaviate.io*) 같은 벡터 데이터베이스가 동작하는 원리입니다.

차원이 증가하면 선형 모델의 파라미터 수가 늘어나 손으로 풀기 어렵습니다. 또한 고차원 공간에서는 데이터가 선형 패턴을 따르는지 시각적으로 확인할 수 없습니다. 3차원 이상을 시각화할 수 있다고 하더라도 선형 모델로 해결할 수 없는 데이터를 다루기 위해서는 더 유연한 모델이 필요합니다.

다음 절에서는 신경망에 초점을 맞춰 비선형 모델을 살펴보겠습니다. 특별한 신경망 구조인 대규모 언어 모델을 이해하기 위한 기초를 다질 수 있을 것입니다.

1.5 신경망

신경망(neural network)은 근본적으로 두 가지 면에서 선형 모델과 다릅니다. (1) 훈련 가능한 선형 함수의 출력에 고정된 비선형 함수를 적용합니다.[11] (2) 여러 함수를 층으로 쌓아 깊은 모델 구조를 형성합니다. 이런 차이점을 설명해 보겠습니다.

$wx + b$ 또는 $\mathbf{w} \cdot \mathbf{x} + b$와 같은 선형 모델은 많은 머신러닝 문제를 효과적으로 해결할 수 없습니다. 이를 $f_2(f_1(x))$처럼 합성 함수로 결합하더라도 선형 함수의 합성 함수는 여전히 선형입니다. 이는 쉽게 검증할 수 있습니다.

$y_1 = f_1(x) \stackrel{\text{def}}{=} a_1 x$이고 $y_2 = f_2(y_1) \stackrel{\text{def}}{=} a_2 y_1$이라고 해 보죠. 여기서 f_2는 f_1에 의존하므로 합성 함수가 됩니다. f_2를 다음과 같이 다시 쓸 수 있습니다.

$$y_2 = a_2 y_1 = a_2(a_1 x) = (a_2 a_1)x$$

a_1과 a_2는 상수이므로 $a_3 \stackrel{\text{def}}{=} a_1 a_2$라고 정의할 수 있고, 따라서 $y_2 = a_3 x$는 선형 함수입니다.

선형 회귀를 비선형 데이터에 적용하면 다음과 같이 직선은 1차원 데이터의 패턴을 포착하지 못하는 경우가 많습니다.

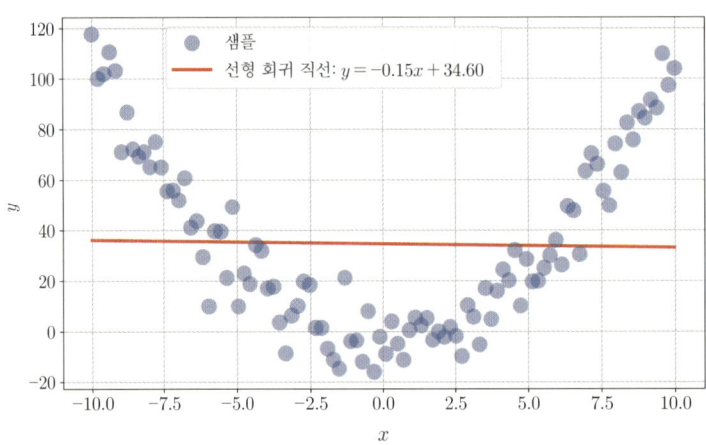

---

[11] (옮긴이) 고정되었다는 것은 데이터로부터 훈련되지 않는다는 의미입니다. 하지만 잠시 후에 보게 될 ReLU 함수의 변종인 PReLU와 같이 훈련 가능한 함수도 있습니다.

이를 극복하기 위해 비선형성을 도입합니다. 1차원 입력의 경우 다음과 같이 모델을 바꿉니다.

$$y = \phi(wx + b)$$

함수 ϕ는 고정된 비선형 함수이며, **활성화 함수**(activation function)[12]라고 부릅니다. 널리 사용되는 활성화 함수는 다음과 같습니다.

1. **ReLU**(rectified linear unit): $\text{ReLU}(z) \overset{\text{def}}{=} \max(0, z)$입니다. 0이 아닌 값을 출력하며, 신경망에서 널리 사용됩니다.
2. **시그모이드**(sigmoid): $\sigma(z) \overset{\text{def}}{=} \frac{1}{1+e^{-z}}$입니다. 0과 1 사이의 값을 출력하므로 이진 분류에 잘 맞습니다(예를 들면, 스팸 이메일을 1, 스팸이 아닌 이메일을 0으로 분류합니다).
3. **하이퍼볼릭 탄젠트**(hyperbolic tangent, tanh): $\tanh(z) \overset{\text{def}}{=} \frac{e^z - e^{-z}}{e^z + e^{-z}}$입니다. -1과 1 사이의 값을 출력합니다.

위 식에 있는 e는 오일러 수(Euler's number)를 나타내며, 약 2.72입니다.

이런 함수는 수학적 특성, 단순성, 효율성 덕분에 다양한 애플리케이션에서 널리 사용됩니다. 이 함수들을 그래프로 그려 보겠습니다.

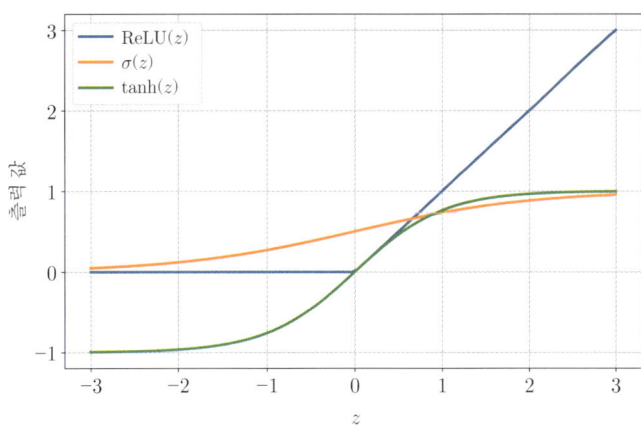

---

[12] (옮긴이) 원문은 활성화와 활성화 함수를 혼용하여 사용하지만, 번역서에서는 활성화 함수의 출력을 활성화라고 부르겠습니다.

$\phi(wx+b)$ 구조로 비선형 모델을 학습할 수 있게 해 주지만, 모든 비선형 곡선을 포착하지는 못합니다. 이러한 함수를 중첩함으로써 표현력이 더 뛰어난 모델을 만들 수 있습니다. 예를 들어 $f_1(x) \stackrel{\text{def}}{=} \phi(ax+b)$와 $f_2(z) \stackrel{\text{def}}{=} \phi(cz+d)$가 있다고 가정해 보죠. f_1과 f_2를 결합한 **합성 모델**(composite model)은 다음과 같습니다.

$$y = f_2(f_1(x)) = \phi(c\phi(ax+b)+d)$$

여기서 먼저 입력 x가 파라미터 a와 b를 사용해 선형적으로 변환되며, 그런 다음 비선형 함수 ϕ에 전달됩니다. 이 결과가 파라미터 c와 d로 다시 선형적으로 변환되고 그 후 다시 ϕ가 적용됩니다.

다음 그림은 합성 모델 $y = f_2(f_1(x))$을 그래프로 나타낸 것입니다.

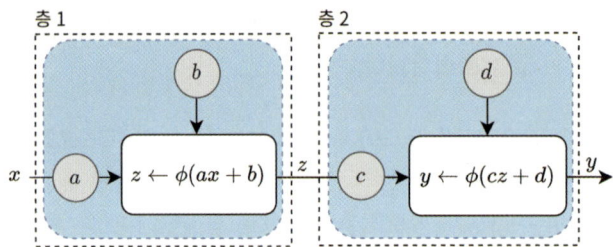

계산 그래프(computational graph)는 모델의 구조를 표현합니다. 위의 계산 그래프는 두 개의 비선형 유닛(unit, 파란색 직사각형)을 보여 줍니다.[13] 이를 종종 **인공 뉴런**(artificial neuron)이라고 부릅니다. 각 유닛에는 두 개의 훈련 가능한 파라미터인 가중치와 편향이 있으며, 그림에는 동그라미로 표시되어 있습니다. 왼쪽 화살표 ←는 오른쪽의 값이 왼쪽 변수에 할당된다는 의미입니다. 이 그래프는 하나의 유닛을 가진 층 두 개로 구성된 기본적인 신경망입니다. 실제로 대부분의 신경망은 더 많은 층으로 구성되며, 각 층에는 여러 개의 유닛이 있습니다.

---

[13] (옮긴이) 이 그림에서는 유닛 안에 활성화 함수가 포함되어 있지만, 둘을 따로 구분하여 표현하는 경우도 많습니다.

2차원 입력과 세 개의 유닛을 가진 **입력 층**(input layer)[14], 하나의 유닛을 가진 **출력 층**(output layer)이 있다고 가정해 보죠. 계산 그래프로 나타내면 다음과 같습니다.

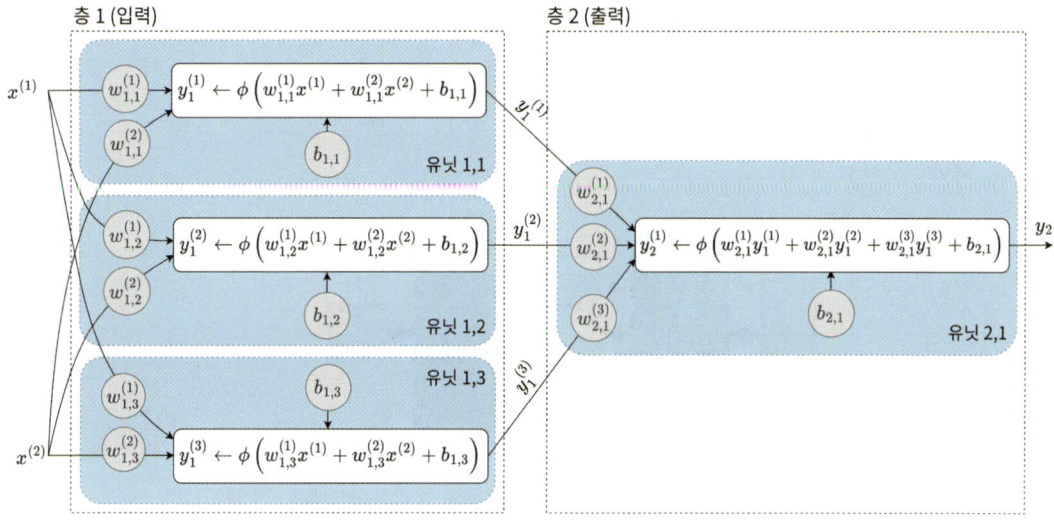

그림 1.1 두 개의 층으로 구성된 신경망

이 구조는 정보가 순환되지 않고 왼쪽에서 오른쪽으로 한 방향으로 흐르는 **피드포워드 신경망**(feedforward neural network, FNN)을 나타냅니다. 위 그림처럼 각 층의 유닛이 후속 층의 모든 유닛에 연결될 때 이를 다층 **퍼셉트론**(multilayer perceptron, MLP)이라고 부릅니다. 인접한 양쪽 층의 모든 유닛에 연결된 유닛을 가진 층은 **완전 연결 층**(fully connected layer) 또는 **밀집 층**(dense layer)이라 부릅니다.

순환 신경망(recurrent neural network, RNN)은 3장에서 살펴보겠습니다. FNN과 달리 RNN에는 한 층의 출력이 동일 층의 입력으로 다시 사용되는 루프가 있습니다.

---

[14] (옮긴이) 일반적으로 파라미터가 없는 입력 그 자체를 입력 층이라 부르는 경우가 많습니다. 신경망에서 입력 층과 출력 층 사이에 있는 모든 층을 은닉층(hidden layer)이라 부릅니다. 이 책은 첫 번째 은닉 층을 입력 층이라고 부릅니다.

> ✓ **합성곱 신경망**(convolutional neural network, CNN)은 완전 연결되지 않는 합성곱 층을 사용하는 피드포워드 신경망입니다. 원래 이미지 처리를 위해 고안되었지만, 텍스트 데이터로 된 문서 분류 같은 작업에 효과가 있습니다. CNN에 대해 자세히 알고 싶다면 책 위키에 있는 추가 자료를 참고하세요.

그림을 단순하게 만들기 위해 개별 유닛을 사각형으로 바꾸겠습니다. 이런 방식을 사용하면 앞에서 본 네트워크를 다음처럼 좀 더 간결하게 표현할 수 있습니다.

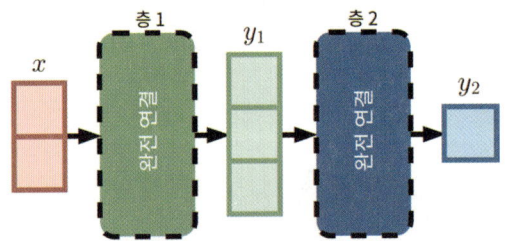

이 모델이 단순해 너무 약하다고 생각된다면 다음 그림을 보세요. 아래 그림에 있는 세 개의 그래프는 모델 크기를 늘리면 성능이 어떻게 높아지는지 보여 줍니다. 왼쪽 그래프는 두 개의 유닛을 가진 모델입니다(입력 하나, 출력 하나, ReLU 활성화 함수). 가운데 그래프는 네 개의 유닛을 가진 모델입니다(입력 세 개, 출력 하나). 오른쪽 그래프는 100개의 유닛으로 구성된 훨씬 큰 모델입니다.

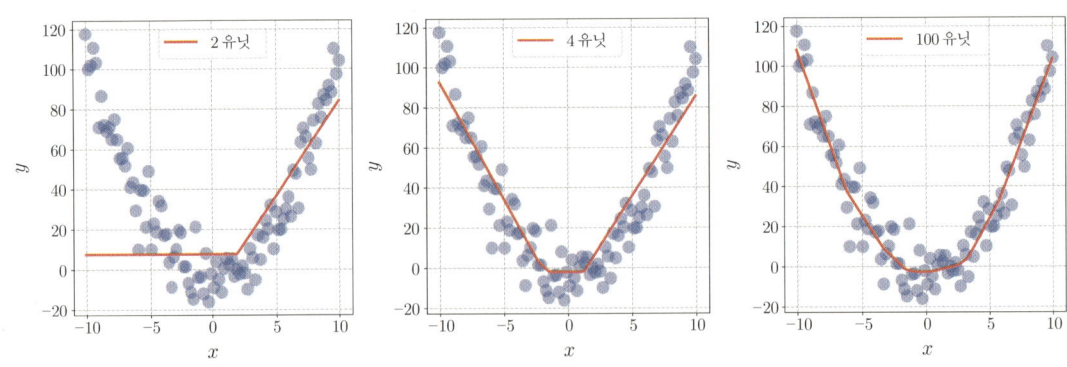

ReLU 활성화 함수는 단순하지만, 머신러닝을 획기적으로 발전시켰습니다. 2012년 이전의 신경망은 tanh와 시그모이드 같은 연속적으로 미분 가능한 활성화 함수에 의존했고, 많은 층을 가진 모델을 훈련하기 어려웠습니다. 트랜스포머 신경망 구조를 소개하는 4장에서 이 주제에 대해 다시 다루겠습니다.

파라미터 개수를 증가시키면 모델이 데이터를 더 정확하게 근사할 수 있습니다. 실험 결과, 신경망에서 층의 유닛 개수나 층의 개수를 늘리면 자연어, 음성, 소리, 이미지, 비디오 데이터와 같은 고차원 데이터셋을 학습하는 능력이 향상되는 것으로 나타났습니다.

1.6 행렬

신경망은 고차원 데이터를 처리할 수 있지만, 많은 메모리와 연산을 필요로 합니다. 층에서 수행되는 변환을 단순히 계산하려면 수십 개의 층과 수천 개의 유닛에 걸쳐서 각 유닛마다 수천 개의 매개변수를 반복해야 합니다. 이런 방식은 느리고 자원이 많이 소모됩니다. 행렬(matrix)을 사용해 이 계산을 더 효율적으로 수행할 수 있습니다.

행렬은 행과 열로 정렬된 2차원 숫자 배열로, 벡터의 개념을 고차원으로 일반화한 것입니다. m개 행과 n개 열로 된 행렬 $\mathbf{A}$는 다음과 같이 씁니다.

$$\mathbf{A} \stackrel{\text{def}}{=} \begin{bmatrix} a_{1,1} & a_{1,2} & \cdots & a_{1,n} \\ a_{2,1} & a_{2,2} & \cdots & a_{2,n} \\ \vdots & \vdots & \ddots & \vdots \\ a_{m,1} & a_{m,2} & \cdots & a_{m,n} \end{bmatrix}$$

여기서 $a_{i,j}$는 행렬에서 i번째 행과 j번째 열에 있는 원소를 나타냅니다. 행렬의 차원은 $m \times n$("엠 바이(by) 엔"이라고 읽습니다)와 같이 나타냅니다.

행렬은 머신러닝에서 기본적인 요소입니다. 데이터와 가중치를 간결하게 표현하며, 덧셈, 곱셈, 전치와 같은 연산으로 효율적인 계산이 가능합니다. 이 책에서는 $\mathbf{X}$ 또는 $\mathbf{W}$처럼 행렬을 굵은 대문자로 나타냅니다.

차원이 같은 두 행렬 $\mathbf{A}$와 $\mathbf{B}$의 합은 다음처럼 원소별 덧셈으로 정의됩니다.

$$(\mathbf{A} + \mathbf{B})_{i,j} \stackrel{\text{def}}{=} a_{i,j} + b_{i,j}$$

예를 들어, 2 × 3 크기의 행렬 **A**와 **B**의 경우 다음과 같이 덧셈이 수행됩니다.

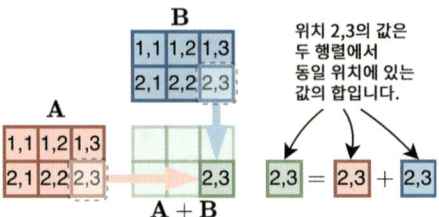

$m \times n$ 차원의 행렬 **A**와 $n \times p$ 차원의 행렬 **B**를 곱하면 $m \times p$ 차원의 행렬 **C**가 됩니다. 이 행렬의 i번째 행과 k번째 열의 값은 다음과 같이 계산됩니다.

$$(\mathbf{C})_{i,k} = \sum_{j=1}^{n} a_{i,j} \, b_{j,k}$$

예를 들어 4 × 3 크기의 행렬 **A**와 3 × 5 크기의 행렬 **B**를 곱하면 4 × 5 크기의 행렬이 됩니다.

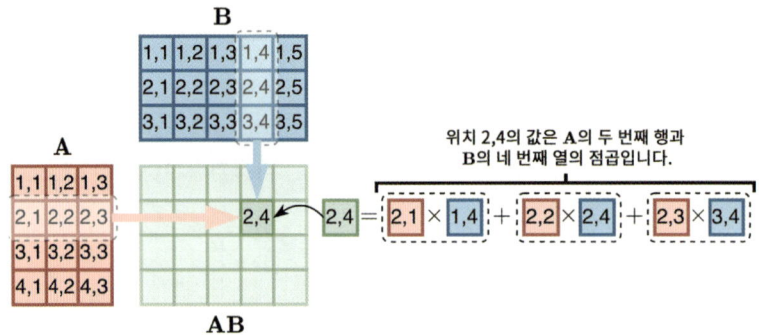

행렬 **A**의 전치(transpose)는 $\mathbf{A}^\top$라고 쓰며, 다음처럼 행과 열을 맞바꿉니다.

$$(\mathbf{A}^\top)_{i,j} = a_{j,i}$$

예를 들어, 2 × 3 크기의 행렬 **A**의 경우 전치 $\mathbf{A}^\top$는 다음과 같습니다.

A	$\mathbf{A}^\top$
1 3 5	1 2
2 4 6	3 4
	5 6

행렬-벡터 곱셈(matrix-vector multiplication)은 행렬 곱셈의 특수한 경우입니다. $m \times n$ 크기 행렬 $\mathbf{A}$와 크기가 n인 벡터 $\mathbf{x}$와 곱하면 m개의 원소를 가진 벡터 $\mathbf{y} = \mathbf{A}\mathbf{x}$가 됩니다. 벡터 $\mathbf{y}$에 있는 각 원소 y_i는 다음과 같이 계산됩니다.

$$y_i = \sum_{j=1}^{n} a_{i,j} x^{(j)}$$

예를 들어, 4×3 행렬 $\mathbf{A}$를 3차원 벡터 $\mathbf{x}$와 곱하면 4차원 벡터가 됩니다.

신경망의 완전 연결 층에 있는 가중치와 편향을 행렬과 벡터를 사용해 간결하게 나타낼 수 있으며, 이렇게 하면 고도로 최적화된 선형 대수 라이브러리를 사용할 수 있습니다. 결과적으로 행렬 연산은 신경망 훈련과 추론(inference)의 백본(backbone) 역할을 합니다.

그림 1.1에 있는 모델을 행렬 표기법으로 나타내 보죠. $\mathbf{x}$를 2차원 입력 특성 벡터라 가정합니다. 첫 번째 층에서 가중치와 편향은 3×2 행렬 $\mathbf{W}_1$와 3차원 벡터 $\mathbf{b}_1$로 각각 표현됩니다. 3차원 출력 $\mathbf{y}_1$는 다음과 같이 계산됩니다.

$$\mathbf{y}_1 = \phi(\mathbf{W}_1 \mathbf{x} + \mathbf{b}_1) \tag{1.6}$$

두 번째 층도 가중치 행렬과 편향을 사용합니다. 두 번째 층의 출력 y_2는 첫 번째 층의 출력 $\mathbf{y}_1$을 사용해 계산됩니다. 두 번째 층의 가중치 행렬은 1×3 행렬 $\mathbf{W}_2$입니다. 두 번째 층의 편향은 스칼라 $b_{2,1}$입니다. 두 번째 층의 출력은 모델의 출력이 됩니다.

$$y_2 = \phi(\mathbf{W}_2 \mathbf{y}_1 + b_{2,1}) \tag{1.7}$$

식 (1.6)과 (1.7)은 신경망에서 입력부터 출력까지의 연산을 나타냅니다. 여기에서 각 층의 출력은 다음 층의 입력으로 사용됩니다.

1.7 경사 하강법

신경망은 일반적으로 규모가 크고 비선형 함수로 구성되기 때문에 손실 함수의 최솟값을 해석적으로 풀기 어렵습니다. 그 대신 대규모 언어 모델을 포함해 많은 신경망 모델이 손실 함수를 최소화하기 위해 **경사 하강법**(gradient descent) 알고리즘을 사용합니다.

이진 분류 예제를 생각해 보죠. 이메일이 스팸인지 아닌지를 결정하거나, 웹사이트 연결 요청이 DDoS 공격인지 아닌지 감지하는 것과 같은 이진 분류 작업은 입력 데이터를 두 개의 클래스 중 하나에 할당합니다.

훈련 데이터셋 $\mathcal{D}$는 $\{(\mathbf{x}_i, y_i)\}_{i=1}^{N}$입니다. 여기서 $\mathbf{x}_i$는 입력 특성의 벡터이고, y_i는 레이블입니다. 1에서 N까지 각각의 y_i는 스팸일 경우 1, 스팸이 아닐 경우 0이 됩니다. 잘 훈련된 모델은 스팸 입력에 대해 1에 가까운 $\tilde{y}$를 출력해야 하고, 스팸이 아닌 입력에 대해서는 0에 가까운 $\tilde{y}$를 출력해야 합니다. 이 모델을 다음과 같이 정의할 수 있습니다.

$$y = \sigma(\mathbf{w} \cdot \mathbf{x} + b) \tag{1.8}$$

여기서 $\mathbf{x} = [x^{(j)}]_{j=1}^{D}$와 $\mathbf{w} = [w^{(j)}]_{j=1}^{D}$는 D차원 벡터이고, b는 스칼라, σ는 1.5절에서 소개한 시그모이드 함수입니다.

로지스틱 회귀(logistic regression)라 부르는 이 모델을 이진 분류 작업에 널리 사용합니다. $-\infty$부터 ∞까지 범위의 출력을 생성하는 선형 회귀와 달리 로지스틱 회귀는 항상 0과 1 사이의 값을 출력합니다. 이를 단독 모델로 사용하거나 신경망의 출력 층으로 사용할 수 있습니다.

 80년이 지났지만 로지스틱 회귀는 여전히 머신러닝 시스템에서 가장 널리 사용되는 알고리즘 중 하나입니다.

이 경우 일반적으로 선택하는 손실 함수는 **로지스틱 손실**(logistic loss)이라고도 부르는 **이진 크로스 엔트로피**(binary cross-entropy)입니다. 하나의 샘플 i에 대해 이진 크로스 엔트로피는 다음과 같이 정의됩니다.

$$\text{loss}(\tilde{y}_i, y_i) \stackrel{\text{def}}{=} -[y_i \log(\tilde{y}_i) + (1 - y_i)\log(1 - \tilde{y}_i)] \tag{1.9}$$

이 방정식에서 y_i는 데이터셋에 있는 i번째 샘플의 실제 레이블을 나타냅니다. $\tilde{y}_i$는 예측 점수(prediction score)로, 모델이 입력 벡터 $\mathbf{x}_i$에 대해 출력한 0과 1 사이의 값입니다. 함수 log는 자연 로그(natural logarithm)를 나타냅니다.

  손실 함수는 일반적으로 정확한 예측에는 보상을 주고, 잘못된 예측에는 페널티를 주도록 고안됩니다. 로지스틱 회귀에 로지스틱 손실을 사용하는 이유를 이해하기 위해 극단적인 두 경우를 살펴보죠.

1. **완벽한 예측:** $y_i = 0$이고 $\tilde{y}_i = 0$일 때

$$\text{loss}(0,0) = -[0 \cdot \log(0) + (1-0) \cdot \log(1-0)] = -\log(1) = 0$$

이 경우 예측이 레이블과 완벽하게 맞으므로 손실은 0이며 바람직합니다.

2. **반대 예측:** $y_i = 0$이고 $\tilde{y}_i = 1$일 때

$$\text{loss}(1,0) = -[0 \cdot \log(1) + (1-0) \cdot \log(1-1)] = -\log(0)$$

0의 로그는 정의되지 않으며, a가 0에 가까울 때 $-\log(a)$는 무한대에 가까워집니다. 이는 완전히 잘못된 예측에 심각한 손실을 부여합니다. 하지만 시그모이드 함수의 출력인 $\tilde{y}_i$는 항상 0이나 1에 도달하지 않고 그 사이에 있으므로 손실은 유한한 값을 가집니다.

  전체 데이터셋 $\mathcal{D}$에 대한 손실은 데이터셋에 있는 모든 샘플에 대한 평균 손실로 구합니다.

$$\text{loss}_\mathcal{D} \stackrel{\text{def}}{=} -\frac{1}{N}\sum_{i=1}^{N}[y_i \log(\tilde{y}_i) + (1-y_i)\log(1-\tilde{y}_i)] \qquad (1.10)$$

간결하게 경사 하강법을 유도하기 위해 하나의 샘플 i만 고려하고, 예측 점수 $\tilde{y}$를 모델의 식으로 바꾸어 방정식을 다시 작성해 보죠.

$\text{loss}(\tilde{y}_i, y_i) = -[y_i \log(\sigma(z_i)) + (1-y_i)\log(1-\sigma(z_i))]$, 여기서 $z_i = \mathbf{w} \cdot \mathbf{x}_i + b$

$\text{loss}(\tilde{y}_i, y_i)$를 최소화하기 위해 각각의 가중치 $w^{(j)}$와 편향 b에 대한 편도함수를 계산해야 합니다. 세 개의 함수가 결합된 합성 함수이므로 연쇄 법칙을 사용하겠습니다.

- 함수 1: $z_i \stackrel{\text{def}}{=} \mathbf{w} \cdot \mathbf{x}_i + b$, 가중치 $\mathbf{w}$와 편향 b가 있는 선형 함수
- 함수 2: $\tilde{y}_i = \sigma(z_i) \stackrel{\text{def}}{=} \dfrac{1}{1+e^{-z_i}}$, z_i에 적용할 시그모이드 함수
- 함수 3: $\text{loss}(\tilde{y}_i, y_i)$, 식 (1.9)에 정의된 것처럼 $\tilde{y}$에 의존하는 함수

> ✅ 여기서 $\mathbf{x}_i$와 y_i는 주어집니다. $\mathbf{x}_i$는 샘플 i에 대한 특성 벡터이고 $y_i \in \{0, 1\}$는 해당 샘플의 레이블입니다. $y_i \in \{0, 1\}$ 표기는 y_i가 집합 $\{0, 1\}$에 속한다는 의미입니다. 이 경우 y_i는 0 또는 1만 될 수 있습니다.

$\text{loss}(\tilde{y}_i, y_i)$를 l_i라고 표기하겠습니다. 가중치 $w^{(j)}$에 대해 연쇄 법칙을 적용하면 다음과 같습니다.

$$\frac{\partial l_i}{\partial w^{(j)}} = \frac{\partial l_i}{\partial \tilde{y}_i} \cdot \frac{\partial \tilde{y}_i}{\partial z_i} \cdot \frac{\partial z_i}{\partial w^{(j)}} = (\tilde{y}_i - y_i) \cdot x_i^{(j)}$$

절편 b에 적용하면 다음과 같이 됩니다.

$$\frac{\partial l_i}{\partial b} = \frac{\partial l_i}{\partial \tilde{y}_i} \cdot \frac{\partial \tilde{y}_i}{\partial z_i} \cdot \frac{\partial z_i}{\partial b} = \tilde{y}_i - y_i$$

> ✅ 여기서 머신러닝 수학의 진정한 아름다움이 드러납니다. 시그모이드 활성화 함수와 크로스 엔트로피 손실 함수는 모두 오일러 수 e에서 시작됩니다. 이 함수들은 서로 다른 기능적 목적을 가지고 있습니다. 시그모이드는 범위가 0과 1 사이이므로 이진 분류에 이상적이고, 크로스 엔트로피는 범위가 0부터 ∞까지이므로 페널티로 적합합니다. 이 둘을 합치면 지수와 로그 함수가 우아하게 상쇄되어 계산이 간단하고 수치적으로 안정적인 선형 함수가 됩니다. 전체 유도 과정은 책의 위키를 참고하세요.

하나의 샘플 $(\mathbf{x}_i, y_i)$로 구한 $w^{(j)}$와 b에 대한 편도함수를 모든 샘플의 결과를 더한 후 평균하는 식으로 전체 데이터셋 $\{(\mathbf{x}_i, y_i)\}_{i=1}^{N}$으로 확장할 수 있습니다. 이는 미분의 덧셈 규칙과 상수 곱셈 규칙에 따라 다음과 같이 쓸 수 있습니다.

$$\begin{aligned}
\frac{\partial \text{loss}}{\partial w^{(j)}} &= \frac{1}{N} \sum_{i=1}^{N} \left[(\tilde{y}_i - y_i) \cdot x_i^{(j)} \right] \\
\frac{\partial \text{loss}}{\partial b} &= \frac{1}{N} \sum_{i=1}^{N} [\tilde{y}_i - y_i]
\end{aligned} \quad (1.11)$$

여기서 loss는 전체 데이터셋에 대한 평균 손실을 나타냅니다. 개별 샘플의 손

실을 평균하면 전체 샘플 개수에 상관없이 전체 손실에 대한 기여도가 동등해 집니다.

그레이디언트(gradient)는 모든 편도함수를 담은 벡터입니다. 손실 함수의 그 레이디언트 ∇loss는 다음과 같이 정의됩니다.

$$\nabla \text{loss} \stackrel{\text{def}}{=} \left(\frac{\partial \text{loss}}{\partial w^{(1)}}, \frac{\partial \text{loss}}{\partial w^{(2)}}, \ldots, \frac{\partial \text{loss}}{\partial w^{(D)}}, \frac{\partial \text{loss}}{\partial b} \right)$$

그레이디언트의 한 원소가 양수라면 해당 파라미터가 증가할 때 손실이 증가한다는 의미입니다. 따라서 손실을 최소화하려면 그 파라미터를 줄여야 합니다.

경사 하강법 알고리즘은 손실 함수의 그레이디언트를 사용해 가중치와 편향을 반복적으로 업데이트하여 손실 함수를 최소화합니다. 이 알고리즘의 작동 방식은 다음과 같습니다.

0. **파라미터를 초기화합니다**: 초기에 파라미터 $w^{(j)}$와 b의 값을 랜덤하게 설정합니다.

1. **예측을 만듭니다**: 훈련 샘플 $(\mathbf{x}_i, y_i)$마다 모델을 사용해 예측 값 $\tilde{y}_i$를 계산합니다.

$$\tilde{y}_i \leftarrow \sigma(\mathbf{w} \cdot \mathbf{x}_i + b)$$

2. **그레이디언트를 계산합니다**: 식 (1.11)을 사용해 가중치 $w^{(j)}$와 편향 b에 대한 손실 함수의 편도함수를 계산합니다.

3. **가중치와 절편을 업데이트합니다**: 손실 함수가 감소하는 방향으로 가중치와 절편을 조정합니다. 조정이란 그레이디언트의 반대 방향으로 작은 스텝만큼 이동하는 것입니다. 스텝 크기는 학습률(learning rate) η로 제어합니다(잠시 후에 설명합니다).

$$w^{(j)} \leftarrow w^{(j)} - \eta \frac{\partial \text{loss}}{\partial w^{(j)}}$$

$$b \leftarrow b - \eta \frac{\partial \text{loss}}{\partial b}$$

4. **손실을 계산합니다**: 업데이트된 $w^{(j)}$와 b의 값을 식 (1.10)에 넣어 로지스틱 손

실을 계산합니다.

5. 이 과정을 계속 반복합니다: 지정된 반복(iteration)(또는 에포크(epoch))만큼 단계 1~4를 반복하거나, 손실 값이 최솟값에 수렴할 때까지 반복합니다.

이 과정을 조금 더 자세히 설명해 보죠.

- 그레이디언트는 손실 함수에서 가장 가파른 방향을 가리키기 때문에 파라미터에서 그레이디언트를 뺍니다. 손실을 최소화하는 것이 목적이므로 반대 방향으로 이동합니다. 따라서 빼야 합니다.
- 학습률 η는 0에 가까운 양수 값이며 하이퍼파라미터(hyperparameter)입니다. 즉, 모델이 학습하는 값이 아니라 수동으로 지정해야 합니다. 학습률은 업데이트의 스텝 크기를 제어하며, 최적의 값을 찾으려면 실험이 필요합니다.
- 수렴(convergence)은 연속된 반복 과정에서 손실이 최소한으로 감소될 때 일어납니다. 여기에서 학습률 η가 매우 중요합니다. 이 값이 너무 작으면 진행이 느려지고, 너무 크면 최솟값을 지나치거나 손실이 감소하는 것이 아니라 증가할 수도 있습니다. 적절한 η를 선택하는 것은 효과적인 경사 하강법을 위해 필수적입니다.

12개의 샘플로 구성된 간단한 데이터셋으로 이 과정을 설명해 보죠.

$$\left\{ \begin{array}{l} ((22,25),0), ((25,35),0), ((47,80),1), ((52,95),1), ((46,82),1), ((56,90),1), \\ ((23,27),0), ((30,50),1), ((40,60),1), ((39,57),0), ((53,95),1), ((48,88),1) \end{array} \right\}$$

이 데이터셋에서 x_i에는 두 개의 특성, 나이와 소득(천 달러)이 있습니다. 어떤 사람이 물건을 구매할지 구매하지 않을지 예측하는 것이 목표입니다. 레이블 y_i는 0(구매 안 함) 또는 1(구매함)입니다.

경사 하강법 수행에 따른 손실의 변화와 훈련된 모델이 다음 그림에 나타나 있습니다.

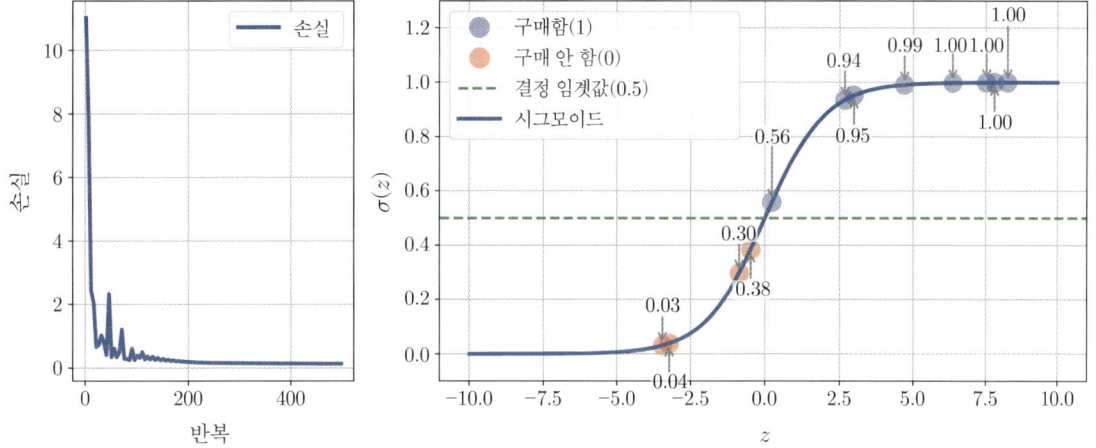

왼쪽 그래프는 경사 하강법 최적화 과정에서 손실이 지속적으로 감소되는 것을 보여 줍니다. 오른쪽 그래프는 훈련된 모델의 시그모이드 함수를 보여 줍니다. 이 그래프에서 훈련 샘플의 z값($z_i = \mathbf{w}^* \cdot \mathbf{x}_i + b^*$)에 해당 샘플을 표시했습니다. $\mathbf{w}^*$와 b^*는 학습된 가중치와 편향입니다.

0.5가 그래프를 명확하게 분할하므로 이를 임곗값으로 선택합니다. 모든 "구매함" 샘플(파란색 점)은 0.5 위에 있고, 모든 "구매 안 함" 샘플(붉은색 점)은 아래에 있기 때문입니다. 새로운 입력 $\mathbf{x}$에 대해서는 $\tilde{y} = \sigma(\mathbf{w}^* \cdot \mathbf{x} + b^*)$를 사용해 예측합니다. $\tilde{y} < 0.5$이면 "구매 안 함"으로, 그렇지 않으면 "구매함"으로 예측합니다.

1.8 자동 미분

경사 하강법으로 모델 파라미터를 최적화할 수 있지만, 이를 위해서는 편미분 방정식이 필요합니다. 지금까지는 모델의 편도함수를 직접 계산했습니다. 하지만 모델이 더 복잡해지면, 특히 여러 개의 층을 가진 신경망의 경우 손으로 이를 계산하는 것은 거의 불가능해집니다.

그래서 **자동 미분**(automatic differentiation, 또는 **autograd**)이 필요합니다. 파이토치(PyTorch)와 텐서플로(TensorFlow) 같은 머신러닝 프레임워크에 내장된 이 기능은 모델을 정의하는 파이썬 코드에서 편도함수를 직접 계산합니다.

따라서 매우 복잡한 모델에서 수동으로 미분을 계산할 필요가 없습니다.

 최신 자동 미분 시스템은 수백 만 개의 변수에 대한 미분을 효율적으로 다룰 수 있습니다. 이런 미분을 수동으로 계산하는 것은 거의 불가능합니다. 방정식을 작성하는 데만 몇 년이 걸릴 수 있습니다.

파이토치에서 경사 하강법을 사용하려면 먼저 다음처럼 pip3로 파이토치를 설치합니다.

```
$ pip3 install torch
```

파이토치를 설치한 다음, 필요한 패키지를 임포트합니다.

```
import torch
import torch.nn as nn
import torch.optim as optim
```

torch.nn 모듈은 모델을 만들기 위한 구성요소를 담고 있습니다. 이런 구성요소를 사용하면 파이토치가 도함수를 자동으로 계산합니다. torch.optim 모듈에 경사 하강법과 같은 최적화 알고리즘에 필요한 것이 들어 있습니다. 파이토치에서 로지스틱 회귀를 구현하는 방법은 다음과 같습니다.

```
model = nn.Sequential(
    nn.Linear(n_inputs, n_outputs), ❶
    nn.Sigmoid() ❷
)
```

이 모델은 파이토치의 **시퀀셜 API**(sequential API)를 사용합니다. 데이터가 순차적으로 층을 통과하는 간단한 피드포워드 신경망을 구현하는 데 잘 맞는 방법입니다. 자연스럽게 각 층의 출력은 이어지는 층의 입력이 됩니다. 다음 장에서 사용할 **모듈 API**(module API)는 다재다능하며, 여러 개의 입력, 출력 또는 루프를 가진 모델을 만들 수 있습니다.

❶에서 nn.Linear로 정의한 입력 층의 입력 차원인 n_inputs은 특성 벡터 **x**의 크기와 동일합니다. 반면, 출력 차원 n_outputs은 층의 유닛의 개수를 결정합니다. 구매함/구매 안 함 분류기(입력에 클래스를 할당하는 모델)의 경우

$\mathbf{x} = [x^{(1)}, x^{(2)}]^\top$이므로 n_inputs을 2로 지정합니다. 출력 z는 스칼라이므로 n_outputs은 1이 됩니다. ❷에서 시그모이드 함수로 z를 변환하여 출력 점수를 만듭니다.

그런 다음 데이터셋을 정의하고, 모델 객체를 만들고, 이진 크로스 엔트로피 손실 함수를 준비하고, 경사 하강법 알고리즘을 세팅합니다.

```
inputs = torch.tensor([
    [22, 25], [25, 35], [47, 80], [52, 95], [46, 82], [56, 90],
    [23, 27], [30, 50], [40, 60], [39, 57], [53, 95], [48, 88]
], dtype=torch.float32) ❶

labels = torch.tensor([
    [0], [0], [1], [1], [1], [1], [0], [1], [1], [0], [1], [1]
], dtype=torch.float32) ❷

model = nn.Sequential(
    nn.Linear(inputs.shape[1], 1),
    nn.Sigmoid()
)
optimizer = optim.SGD(model.parameters(), lr=0.001) ❸
criterion = nn.BCELoss() # 이진 크로스 엔트로피 손실
```

위 코드 블록에서 inputs과 labels을 정의했습니다. inputs은 12개의 행과 2개의 열을 가진 행렬입니다. 반면, labels은 12개의 원소를 가진 벡터입니다. inputs 텐서의 shape 속성으로 차원을 확인할 수 있습니다.

```
>>> inputs.shape
torch.Size([12, 2])
```

텐서(tensor)는 파이토치의 핵심 데이터 구조로, CPU와 GPU 계산에 최적화된 다차원 배열입니다. 자동 미분과 유연한 데이터 구조 변경을 지원하고 있어 텐서는 신경망 연산의 기반이 됩니다. 이 예제에서 inputs 텐서는 12개의 샘플과 2개의 특성을 담고 있습니다. labels은 하나의 레이블을 가진 12개의 샘플을 담고 있습니다. 표준 관례에 따라서 샘플은 행에, 특성은 열에 배치됩니다.

 텐서에 익숙하지 않다면 책의 위키에서 텐서에 대한 소개를 보세요.[15]

---

[15] (옮긴이) 한글 자료로는 파이토치 한국 사용자 모임에서 번역한 파이토치 텐서 튜토리얼이 있습니다 (http://bit.ly/3Kf18j4).

파이토치에서 텐서를 만들 때 ❶에서처럼 dtype=torch.float32로 지정하면 명시적으로 32비트 부동소수점 정밀도로 설정됩니다.[16] 이런 정밀도 설정은 가중치 조정, 활성화 함수, 그레이디언트 계산을 포함해 신경망 계산에 필수적입니다.

> ✓ 32비트 부동소수점 정밀도가 신경망의 유일한 옵션은 아닙니다. **양자화**(quantization)를 사용해 16비트나 8비트 부동소수점 또는 정수와 같은 낮은 정밀도 데이터 유형을 사용하면 모델 크기를 줄이고 계산 효율성을 향상시키는 데 도움이 됩니다. 이에 대한 자세한 내용은 책의 위키에 있는 모델 최적화와 배포에 관한 자료를 참고하세요.

❸에 있는 optim.SGD 클래스는 모델 파라미터의 리스트와 학습률을 입력으로 받아 경사 하강법을 수행합니다.[17] 이 모델은 nn.Module을 상속하므로 parameters 메서드로 훈련 가능한 모든 파라미터를 얻을 수 있습니다.

파이토치는 nn.BCELoss 클래스로 이진 크로스 엔트로피 손실 함수를 제공합니다.

이제 훈련 루프를 시작하기 위해 필요한 것이 모두 준비되었습니다.

```
for step in range(500):
    optimizer.zero_grad()   ❶
    loss = criterion(model(inputs), labels)   ❷
    loss.backward()   ❸
    optimizer.step()   ❹
```

❷에서 훈련 레이블에 대해 모델의 예측을 평가하여 이진 크로스 엔트로피 손실(식 (1.10))을 계산합니다. 그런 다음 ❸에서 역전파를 사용해 모델 파라미터에 대한 손실의 그레이디언트를 계산합니다.

역전파(backpropagation)는 미분 규칙, 특별히 연쇄 법칙을 적용하여 복잡한 합성 함수의 그레이디언트를 계산하는 방법입니다. 이 알고리즘이 신경망 훈련의 근간을 이루고 있습니다. 파이토치가 텐서로 연산을 수행할 때 1.5절의 그림 1.1과 같은 계산 그래프를 만듭니다. 이 그래프는 텐서에 대해 수행된 모

---

[16] (옮긴이) torch.tensor 함수는 실수가 입력되면 자동으로 float32 텐서를 만듭니다. 정수에 대해서는 int64를 사용하므로 이 예제에서는 명시적으로 float32로 지정했습니다.

[17] 0.001이 기본적으로 사용되는 학습률이지만 최적의 값은 문제와 데이터셋마다 다릅니다. 최적의 학습률을 찾으려면 체계적으로 다른 값을 테스트하고 모델의 성능을 비교해야 합니다.
(옮긴이) SGD 클래스의 lr 매개변수 기본값은 0.001입니다.

든 연산을 추적합니다. loss.backward()를 호출하면 파이토치가 이 그래프를 순회하면서 연쇄 법칙으로 그레이디언트를 계산합니다. 따라서 수작업으로 그레이디언트를 유도하고 구현할 필요가 없습니다.

계산 그래프를 통해 입력부터 출력까지 이어지는 데이터 흐름을 **포워드 패스**(forward pass)라고 합니다. 반면, 역전파를 통해 출력부터 입력까지 그레이디언트를 계산하는 것은 **백워드 패스**(backward pass)라고 합니다.

 파이토치는 가중치와 편향 같은 파라미터의 .grad 속성에 그레이디언트를 누적합니다. 이 기능 덕분에 파라미터를 업데이트하기 전에 그레이디언트를 여러 번 계산할 수 있습니다(3장에서 다룰 순환 신경망에 유용합니다). 이 예제에서는 그레이디언트 누적이 필요하지 않습니다. 따라서 ❶에서 매 스텝을 시작하기 전에 그레이디언트를 비웁니다.

마지막으로 ❹는 손실 함수의 편도함수와 학습률을 곱하고 이를 파라미터 값에서 빼서 업데이트합니다. 이렇게 하면 앞서 언급한 경사 하강법 알고리즘의 단계 3까지 완료됩니다.

 이진 분류 문제에서 왜 레이블이 정수가 아니고 실수인지 궁금할 텐데, 그 이유는 바로 파이토치의 BCELoss 클래스의 작동 방식 때문입니다. 모델의 출력 층이 0과 1 사이의 부동소수점 값을 만드는 시그모이드 활성화 함수를 사용하므로 BCELoos는 예측과 타깃 레이블 모두 동일 범위의 부동소수점 수를 기대합니다. 내부 계산이 부동소수점 수를 기대하므로 torch.long 같은 정수 타입을 사용할 경우 BCELoss가 오류를 일으킵니다. 이는 BCELoss에만 해당하며, 나중에 사용할 CrossEntropyLoss 같은 손실 함수는 정수 레이블을 필요로 합니다.

자동 미분의 핵심 장점 중 하나는 모델 교체를 유연하게 할 수 있다는 점입니다. 파이토치의 구성요소를 사용하는 한 다른 구조로 쉽게 전환할 수 있습니다. 예를 들어, 로지스틱 회귀를 시퀀셜 API로 만든 두 개 층의 FNN으로 바꿀 수 있습니다.

```
model = nn.Sequential(
    nn.Linear(features.shape[1], 100),
    nn.Sigmoid(),
    nn.Linear(100, labels.shape[1]),
    nn.Sigmoid()
)
```

이 설정에서 첫 번째 층에 있는 100개의 유닛은 각각 두 개의 가중치와 한 개의 편향을 가집니다. 출력 층의 유닛 하나는 100개의 가중치와 한 개의 편향을 가집니다. 자동 미분 시스템은 그레이디언트 계산을 내부적으로 처리하므로 남은 코드는 변경할 필요가 없습니다.

다음 장에서는 텍스트 데이터를 표현하고 처리하는 방법을 설명합니다. 문서를 수치 표현으로 바꾸는 BoW(bag-of-words)와 단어 임베딩 같은 기본적인 방법을 알아보고 이어서 카운트 기반 언어 모델링 방법을 살펴보겠습니다.

2장

The Hundred-Page Language Models Book

언어 모델링 기초

언어 모델링(language modeling)에서는 텍스트를 컴퓨터가 처리할 수 있는 숫자로 변환해야 합니다. 이 장에서는 단어와 문서를 수치형 포맷으로 변환하는 방법을 살펴보고, 기초적인 언어 모델링을 소개합니다. 그런 다음 카운트 기반(count-based) 모델에 대해 알아보겠습니다. 마지막으로 언어 모델의 성능을 측정하는 방법을 다룹니다.

텍스트를 머신러닝에서 사용할 수 있는 데이터로 변환하는 기법인 BoW로 시작해 보죠. 이 방법은 아주 오래되었지만 여전히 효과적인 기법 중 하나입니다.

2.1 BoW

문서 집합이 있고 각 문서의 주요 토픽(topic)을 예측하고 싶다고 가정해 보죠. 토픽이 사전에 정의되어 있다면 이 작업은 분류가 됩니다. 두 개의 토픽만 있다면 1.7절에서 설명한 이진 분류 문제이며, 두 개 이상의 토픽이 있다면 **다중 분류**(multiclass classification)가 됩니다.

다중 분류에서 데이터셋은 $\{(\mathbf{x}_i, y_i)\}_{i=1}^N$ 쌍으로 구성됩니다. 여기서 $y_i \in \{1, \ldots, C\}$이고 N은 샘플의 개수를 나타냅니다. C는 가능한 클래스 개수를 나타냅니다. 각각의 $\mathbf{x}_i$는 텍스트 문서이고, y_i는 토픽을 나타내는 정수입니다. 예를 들어, 1은 "music", 2는 "science", 3은 "cinema"를 나타낼 수 있습니다.

기계는 사람처럼 텍스트를 처리하지 못합니다. 따라서 텍스트 데이터에 머신러닝을 적용하려면 먼저 문서를 숫자로 바꾸어야 합니다. 각각의 문서는 하나의 **특성 벡터**가 되며, 각 특성은 하나의 스칼라 값입니다.

문서를 특성 벡터로 변환하는 효과적이고 일반적인 한 가지 방법은 BoW(bag of words)입니다. 다음의 10개 문서를 예로 들어 BoW가 어떻게 동작하는지 알아보죠.

문서	텍스트
1	Movies are fun for everyone.
2	Watching movies is great fun.
3	Enjoy a great movie today.
4	Research is interesting and important.
5	Learning math is very important.
6	Science discovery is interesting.
7	Rock is great to listen to.
8	Listen to music for fun.
9	Music is fun for everyone.
10	Listen to folk music!

머신러닝에 사용되는 텍스트 문서 집합을 **말뭉치**(corpus)라고 하며, BoW 방법을 말뭉치에 적용할 때는 두 단계를 거칩니다.

1. **어휘사전을 만듭니다**: 말뭉치에 있는 고유한 단어를 모두 나열해 어휘사전(vocabulary)을 만듭니다.
2. **문서를 벡터로 변환합니다**: 각각의 문서를 특성 벡터로 변환합니다. 이 벡터의 각 차원은 어휘사전에 있는 한 단어를 나타냅니다. 벡터에 담긴 값은 단어 있음/없음 또는 문서에서의 등장 빈도를 나타냅니다.

10개의 문서로 구성된 말뭉치를 사용해 모든 고유한 단어를 알파벳 순서대로 나열해 어휘사전을 만들어 보죠. 구두점을 삭제하고, 단어를 소문자로 바꾸고, 중복된 단어를 삭제합니다. 이런 과정을 거치면 다음과 같은 어휘사전을 얻습니다.

```
vocabulary = ["a", "and", "are", "discovery", "enjoy", "everyone", "folk",
"for", "fun", "great", "important", "interesting", "is", "learning",
"listen", "math", "movie", "movies", "music", "research", "rock",
"science", "to", "today", "very", "watching"]
```

문서를 더 나눌 수 없는 작은 부분으로 분할하는 것을 **토큰화**(tokenization)라고 하며, 분할된 각 부분을 **토큰**(token)이라 합니다. 여러 가지 토큰화 방법이 있는데, 여기서는 말뭉치에 있는 10개 문서를 단어로 토큰화했습니다. 때때로 단어를 더 작은 단위인 **부분단어**(subwords)로 분할하여 어휘사전을 적절한 크기로 유지하는 게 유용할 때가 있습니다. 예를 들어, 어휘사전에 "interesting"을 포함시키는 대신 이 단어를 "interest"와 "-ing"로 분할할 수 있습니다. 나중에 다루겠지만, 부분단어 토큰화 방법 중 널리 사용되는 방법은 바이트 페어 인코딩(byte-pair encoding)입니다. 어떤 토큰화 방법을 사용할지는 언어, 데이터셋, 모델에 따라 달라지며, 최적의 방법을 찾으려면 실험이 필요합니다.

 do, does, doing, did와 같이 모든 영어 단어의 **표면 형태**(surface form)는 수백만 개가 될 수 있습니다. 더 복잡한 형태를 가진 언어는 그 개수가 훨씬 더 많습니다. 핀란드어 명사는 다양한 격과 숫자 조합을 표현하기 위해 2,000~3,000개의 다른 형태를 가질 수 있습니다. 부분단어 사용은 실용적인 해결책이 될 수 있는데, 모든 표면 형태를 어휘사전에 저장하면 메모리와 계산 자원이 과도하게 소모되기 때문입니다.

단어는 토큰의 한 형태입니다. 따라서 문서에서 더 나눌 수 없는 단위를 의미하며, '토큰'과 '단어'는 혼용되어 사용되는 경우가 많습니다. 이 책에서 둘을 구분해야 할 때는 맥락을 통해 명확하게 설명하겠습니다. BoW 방식은 단어와 부분단어를 모두 다룰 수 있지만, 원래 단어를 위해 고안된 방법입니다. 그래서 이름이 bag of words입니다.

특성 벡터로 **문서 단어 행렬**(document-term matrix, DTM)을 만들 수 있습니다. 이 행렬의 행은 문서를 나타내고, 열은 토큰을 나타냅니다. 다음 표는 10개 문서의 말뭉치에 대한 문서 단어 행렬의 일부입니다. 페이지 너비에 맞춰 일부 토큰만 나타냈습니다.

문서	a	and	...	fun	...	listen	math	...	science	...	watching
1	0	0	...	1	...	0	0	...	0	...	0
2	0	0	...	1	...	0	0	...	0	...	1
3	1	0	...	0	...	0	0	...	0	...	0
4	0	1	...	0	...	0	0	...	0	...	0
5	0	0	...	0	...	0	1	...	0	...	0
6	0	0	...	0	...	0	0	...	1	...	0
7	0	0	...	0	...	1	0	...	0	...	0
8	0	0	...	1	...	1	0	...	0	...	0
9	0	0	...	1	...	0	0	...	0	...	0
10	0	0	...	0	...	1	0	...	0	...	0

위의 DTM에서 1은 토큰이 해당 문서에 등장한다는 의미이고, 0은 등장하지 않는다는 의미입니다. 예를 들어, 문서 2("Watching movies is great fun.")의 특성 벡터 x_2는 다음과 같습니다.

$$x_2 = [0,0,0,0,0,0,0,0,1,1,0,0,1,0,0,0,0,1,0,0,0,0,0,0,0,1]^\top$$

 자연어에서 단어의 빈도는 **지프의 법칙**(Zipf's Law)을 따릅니다. 이는 단어를 빈도순으로 나열했을 때 단어의 빈도가 순서에 반비례한다는 법칙입니다. 예를 들어, 두 번째로 많이 등장하는 단어의 빈도는 가장 많이 등장하는 단어의 빈도의 절반 정도입니다. 결과적으로 문서 단어 행렬은 일반적으로 희소(sparse)하며, 대부분 0으로 채워집니다.

이런 특성 벡터를 사용해 문서의 토픽을 예측하도록 신경망을 훈련시킬 수 있습니다. 실제로 한번 해 보죠. 먼저 문서에 레이블을 할당해야 합니다. 이를 레이블링(labeling)이라고 합니다. 레이블링은 수작업이나 알고리즘을 통해 수행할 수 있습니다. 알고리즘을 사용할 때는 정확성을 확보하기 위해 사람이 검증해야 하는 경우가 많습니다. 여기서는 문서를 직접 읽고 세 개의 토픽 중 가장 적합한 것을 골라 레이블을 수동으로 할당하겠습니다.

문서	텍스트	클래스 ID	클래스 이름
1	Movies are fun for everyone.	1	Cinema
2	Watching movies is great fun.	1	Cinema
3	Enjoy a great movie today.	1	Cinema
4	Research is interesting and important.	3	Science
5	Learning math is very important.	3	Science
6	Science discovery is interesting.	3	Science
7	Rock is great to listen to.	2	Music
8	Listen to music for fun.	2	Music
9	Music is fun for everyone.	2	Music
10	Listen to folk music!	2	Music

✅ 고급 **채팅 언어 모델**(chat language model)은 전문가 모델의 패널(panel)을 활용해 자동화된 문서 레이블링을 매우 정확하게 수행할 수 있습니다. 세 개의 LLM을 사용하는 경우 두 개 이상의 모델이 문서에 동일하게 할당한 레이블을 채택합니다. 세 개의 LLM이 모두 다른 레이블을 예측하면 사람이 결정하거나 네 번째 모델을 사용하여 교착 상태를 깨뜨릴 수 있습니다. 많은 비즈니스 문제에서 LLM이 빠르고 더 안정적인 레이블링을 제공하므로 수동 레이블링은 점점 사라지고 있습니다.

이 문제에는 세 개의 클래스가 있습니다. "Cinema"는 1, "Music"은 2, "Science"는 3입니다.[1] 1.7절에서 설명했듯이 이진 분류기는 일반적으로 시그모이드 활성화 함수와 이진 크로스 엔트로피 손실을 사용합니다. 세 개 이상의 클래스를 다루는 작업에서는 일반적으로 소프트맥스 활성화 함수와 크로스 엔트로피 손실을 사용합니다.

소프트맥스(softmax) 함수는 다음과 같이 정의됩니다.

$$\text{softmax}(\mathbf{z}, k) \stackrel{\text{def}}{=} \frac{e^{z^{(k)}}}{\sum_{j=1}^{D} e^{z^{(j)}}}$$

---

[1] 분류에서 클래스 레이블은 임의적이며 순서가 없습니다. 클래스에 숫자를 자유롭게 할당할 수 있으며, 모든 샘플에 대한 매핑이 일정하게 유지되는 한 모델의 성능은 바뀌지 않습니다.

여기서 **z**는 D차원의 로짓 벡터, k는 소프트맥스가 계산되는 인덱스, e는 오일러 수입니다. 로짓(logit)은 신경망의 원시 출력으로 다음 그림처럼 활성화 함수를 적용하기 전의 값입니다.

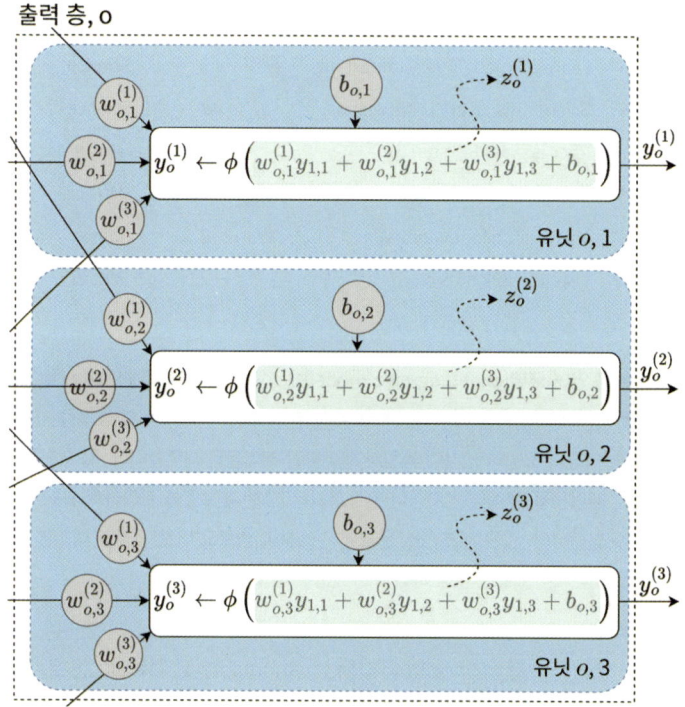

이 그림은 한 신경망의 출력 층 o를 나타낸 것입니다. 로짓 $z_o^{(k)}$는 밝은 녹색 상자 안의 값입니다($k \in \{1, 2, 3\}$). 이 값들은 활성화 함수를 적용하기 전 유닛의 출력을 나타냅니다. 벡터 **z**는 $\mathbf{z}_o = [z_o^{(1)}, z_o^{(2)}, z_o^{(3)}]^\top$와 같이 표현됩니다.

예를 들어, 유닛 $o, 2$에 대한 소프트맥스는 다음과 같이 계산됩니다.

$$\text{softmax}(\mathbf{z}_o, 2) = \frac{e^{z_o^{(2)}}}{e^{z_o^{(1)}} + e^{z_o^{(2)}} + e^{z_o^{(3)}}}$$

소프트맥스 함수는 벡터를 이산 확률 분포(discrete probability distribution, DPD)로 변환하여 $\sum_{k=1}^{D} \text{softmax}(\mathbf{z}, k) = 1$이 되도록 만듭니다. DPD는 유한 집합의 값에 확률을 할당하며, 그 합은 1이 됩니다. 유한 집합(finite set)이란 셀

수 있는 개수의 원소가 포함된 집합입니다. 예를 들어, 클래스 1, 2, 3이 있는 분류 작업에서는 이 클래스들이 유한 집합을 구성합니다. 소프트맥스 함수는 각 클래스를 확률에 매핑하며, 이 확률들의 합은 1이 됩니다.

확률을 순차적으로 계산해 보죠. "cinema", "music", "science"에 대한 문서 분류를 나타내는 세 개의 로짓이 $\mathbf{z} = [2.0, 1.0, 0.5]^\top$라고 가정하겠습니다.

먼저 각 로짓에 대해 $e^{z^{(i)}}$를 계산합니다.

$$e^{z^{(1)}} = e^{2.0} \approx 7.39$$
$$e^{z^{(2)}} = e^{1.0} \approx 2.72$$
$$e^{z^{(3)}} = e^{0.5} \approx 1.65$$

그런 다음 이 값을 모두 더합니다.

$$\sum_{j=1}^{3} e^{z^{(j)}} = 7.39 + 2.72 + 1.65 \approx 11.76.$$

이제 소프트맥스 함수 공식 $\text{softmax}(\mathbf{z}, k) = \dfrac{e^{z^{(k)}}}{\sum_{j=1}^{3} e^{z^{(j)}}}$을 사용해 확률을 계산합니다.

$$\Pr(\text{cinema}) = \frac{7.39}{11.76} \approx 0.63, \ \Pr(\text{music}) = \frac{2.72}{11.76} \approx 0.23, \ \Pr(\text{science}) = \frac{1.65}{11.76} \approx 0.14$$

신경망의 소프트맥스 출력은 모두 더하면 1이고 클래스 가능도와 닮았지만, 진정한 통계적 확률보다는 '확률 점수'로 이해하는 것이 낫습니다.[2] 로지스틱 회귀나 나이브 베이즈 (Naïve Bayes) 모델과 달리 신경망은 진짜 클래스 확률을 생성하지 않습니다. 하지만 편의상 이 책에서는 이 확률 점수를 '확률'이라고 부르겠습니다.

크로스 엔트로피(cross-entropy) 손실은 예측 확률이 정답 분포와 얼마나 잘 맞는지를 측정합니다. 정답 분포는 일반적으로 원핫 벡터(one-hot vector)입니다. 이 벡터는 하나의 원소(정답 클래스)만 1이고 나머지는 모두 0입니다. 예를 들어, 세 개의 클래스에 대한 원핫 인코딩은 다음과 같습니다.

---

2 (옮긴이) 소프트맥스 함수는 신경망이 출력한 로짓을 합이 1이 되도록 정규화한 것일뿐이기 때문입니다.

클래스	원핫 벡터
1	$[1, 0, 0]^\top$
2	$[0, 1, 0]^\top$
3	$[0, 0, 1]^\top$

하나의 샘플에 대한 크로스 엔트로피 손실은 다음과 같이 계산합니다.

$$\text{loss}(\tilde{\mathbf{y}}, \mathbf{y}) = -\sum_{k=1}^{C} y^{(k)} \log(\tilde{y}^{(k)})$$

여기서 C는 클래스 개수, y는 원핫 인코딩된 정답 레이블, $\tilde{y}$는 예측 확률입니다. $y^{(k)}$와 $\tilde{y}^{(k)}$는 각각 $\mathbf{y}$와 $\tilde{\mathbf{y}}$의 k번째 원소를 나타냅니다.

$\mathbf{y}$가 원핫 인코딩되어 있으므로 정답 클래스에 해당하는 원소만 덧셈 계산에 포함됩니다. 따라서 하나의 원소만 남겨 이 덧셈을 간소화할 수 있습니다.

정답 클래스가 c라고 가정하면 $y^{(c)} = 1$이고 $k \neq c$인 모든 경우에 $y^{(k)} = 0$입니다. 덧셈에서 $k = c$인 항만 0이 아닙니다. 따라서 위 식은 다음과 같이 간소화됩니다.

$$\text{loss}(\tilde{\mathbf{y}}, \mathbf{y}) = -\log(\tilde{y}^{(c)}) \qquad (2.1)$$

간소화된 이 식은 손실이 정답 클래스에 할당된 확률의 음의 로그에 해당한다는 것을 보여 줍니다. N개의 샘플이 있는 경우 평균 손실은 다음과 같이 계산합니다.

$$\text{loss} = -\frac{1}{N} \sum_{i=1}^{N} \log\left(\hat{y}_i^{(c_i)}\right)$$

여기서 c_i는 i번째 샘플에 대한 정답 클래스 인덱스입니다.

출력 층에 소프트맥스 함수를 사용할 때 크로스 엔트로피 손실은 신경망이 정답 클래스에는 높은 확률을 할당하고, 다른 클래스에는 낮은 확률을 할당하도록 유도합니다.

세 개의 클래스("cinema", "music", "science")를 가진 문서 분류 예제의 경우 신경망은 세 개의 로짓을 생성합니다. 이 로짓이 소프트맥스 함수를 통과하여 각 클래스에 대한 확률로 변환됩니다. 그다음에 이 점수와 원핫 인코딩된 정답 레이블로 크로스 엔트로피 손실이 계산됩니다.

문서를 세 개의 클래스로 분류하는 간단한 두 개의 층을 가진 신경망을 훈련시키면서 이를 설명해 보겠습니다. 먼저 필요한 모듈을 임포트하고, 랜덤 시드(random seed)를 설정하고, 데이터셋을 정의합니다.

```
import re, torch, torch.nn as nn

torch.manual_seed(42)  ❶

docs = [
    "Movies are fun for everyone.",
    "Watching movies is great fun.",
    ...
    "Listen to folk music!"
]

labels = [1, 1, 1, 3, 3, 3, 2, 2, 2, 2]
num_classes = len(set(labels))
```

❶에서 랜덤 시드를 설정하면 파이토치가 실행할 때마다 일정한 난수를 생성할 수 있습니다. 이를 통해 재현성(reproducibility)이 보장됩니다. 따라서 성능에 변화가 있다면 난수가 아니라 코드나 하이퍼파라미터 변경 때문이라고 생각할 수 있습니다. 재현성은 팀워크에서도 중요하며, 동료들이 동일한 조건에서 문제를 조사할 수 있게 해 줍니다.

그런 다음 두 개의 메서드를 사용하여 문서를 BoW 표현으로 변환합니다. tokenize는 입력 텍스트를 소문자 단어로 분할하며, get_vocabulary는 어휘사전을 만듭니다.

```
def tokenize(text):
    return re.findall(r"\w+", text.lower())  ❶

def get_vocabulary(texts):
    tokens = {token for text in texts for token in tokenize(text)}  ❷
    return {word: idx for idx, word in enumerate(sorted(tokens))}  ❸

vocabulary = get_vocabulary(docs)
```

❶에서 정규 표현식 \w+는 텍스트에서 개별 단어를 추출합니다. **정규 표현식**(regular expression)은 검색 패턴을 정의하기 위해 사용하는 문자 시퀀스입니다. 패턴 \w+는 문자, 숫자, 밑줄과 같은 '단어 문자'의 시퀀스에 매칭됩니다.

파이썬의 re 모듈에서 제공하는 `findall` 함수는 정규 표현식을 입력 문자열에 적용하고 매칭되는 모든 결과의 리스트를 반환합니다. 앞의 예에서는 모든 단어를 추출합니다.

❷에서 문서와 정규 표현식으로 추출한 단어를 순회하면서 말뭉치를 토큰 집합으로 변환합니다. ❸에서 각 토큰을 알파벳 순서대로 정렬하고 고유한 인덱스에 매핑하여 어휘사전을 만듭니다.

어휘사전이 구축되고 나면 다음 단계로 문서를 특성 벡터로 변환하는 특성 추출 함수를 정의합니다.

```
def doc_to_bow(doc, vocabulary):
    tokens = set(tokenize(doc))
    bow = [0] * len(vocabulary)
    for token in tokens:
        if token in vocabulary:
            bow[vocabulary[token]] = 1
    return bow
```

`doc_to_bow` 함수는 문서와 어휘사전을 받고 해당 문서의 BoW 표현을 반환합니다.

이제 문서와 레이블을 숫자로 변환해 보죠.

```
vectors = torch.tensor(
    [doc_to_bow(doc, vocabulary) for doc in docs],
    dtype=torch.float32
)
labels = torch.tensor(labels, dtype=torch.long) - 1  ❶
```

`vectors` 텐서의 크기는 (10, 26)으로, 행에 놓인 10개의 문서와 열에 놓인 26개의 어휘사전 토큰을 나타냅니다. 반면 `labels` 텐서의 크기는 (10,)으로, 각 문서의 클래스 레이블을 담고 있습니다. 이 레이블은 원핫 인코딩 벡터가 아니라 정수 인덱스입니다. 파이토치의 크로스 엔트로피 손실 클래스(nn.CrossEntropyLoss)가 이런 형태를 기대하기 때문입니다.

❶에서 torch.long을 사용해 레이블을 64비트 정수로 형 변환합니다. 1을 빼기 때문에 원래 클래스 1, 2, 3을 인덱스 0, 1, 2로 바꿉니다. 파이토치는 모델과 CrossEntropyLoss 같은 손실 함수에서 클래스 인덱스가 0부터 시작한다고 기대하기 때문입니다.

파이토치는 모델 정의를 위한 API로 시퀀셜 API와 모듈 API 두 가지를 제공합니다. 1.8절에서 간단한 nn.Sequential API를 사용해 모델을 정의했지만, 여기서는 다층 퍼셉트론을 구축하기 위해 더 다재다능한 nn.Module API를 사용하겠습니다.

```
input_dim = len(vocabulary)
hidden_dim = 50
output_dim = num_classes

class SimpleClassifier(nn.Module):
    def __init__(self, input_dim, hidden_dim, output_dim):
        super().__init__()
        self.fc1 = nn.Linear(input_dim, hidden_dim)
        self.relu = nn.ReLU()
        self.fc2 = nn.Linear(hidden_dim, output_dim)

    def forward(self, x):
        x = self.fc1(x)  ❶
        x = self.relu(x)  ❷
        x = self.fc2(x)  ❸
        return x

model = SimpleClassifier(input_dim, hidden_dim, output_dim)
```

SimpleClassifier 클래스는 두 개의 층으로 구성된 **피드포워드 신경망**(feedforward neural network)을 만듭니다. 클래스 생성자는 신경망의 구성요소를 정의합니다.

1. 완전 연결 층인 self.fc1은 (어휘사전 크기와 동일한) input_dim 크기의 입력을 50(hidden_dim)개의 출력에 매핑합니다.
2. ReLU 활성화 함수는 비선형성을 추가합니다.
3. 두 번째 완전 연결 층인 self.fc2는 50개의 중간 출력을 고유한 레이블의 개수인 output_dim으로 축소합니다.

forward 메서드는 입력이 각 층을 통과하는 포워드 패스를 기술합니다.

- ❶에서 (10, 26) 크기의 입력 x가 첫 번째 완전 연결 층을 통과하여 (10, 50) 크기로 변환됩니다.
- ❷에서 이전 층의 출력이 ReLU 활성화 함수를 통과하고 크기는 (10, 50) 그대로 유지됩니다.
- ❸에서 앞의 결과가 두 번째 완전 연결 층을 통과하여 크기가 (10, 50)에서 (10, 3)으로 줄어들어, 모델의 최종 로짓 출력을 만듭니다.

forward 메서드는 `model(input)`처럼 모델 객체에 입력 데이터를 전달할 때 자동으로 호출됩니다.

 SimpleClassifier 클래스에는 최종 소프트맥스 층이 빠졌지만 이는 의도된 것입니다. 파이토치의 CrossEntropyLoss 클래스에는 안정성을 위해 내부적으로 소프트맥스와 크로스 엔트로피 손실이 결합되어 있습니다. 따라서 모델의 포워드 패스에 명시적으로 소프트맥스 함수를 추가할 필요가 없습니다.

모델을 정의했으므로 1.8절에서 제시된 단계에 따라 다음 단계로 손실 함수를 정의하고, 경사 하강법 알고리즘을 선택하고, 훈련 루프를 준비합니다.

```
criterion = nn.CrossEntropyLoss()
optimizer = torch.optim.SGD(model.parameters(), lr=0.001)

for step in range(3000):
    optimizer.zero_grad()
    loss = criterion(model(vectors), labels)
    loss.backward()
    optimizer.step()
```

여기서 볼 수 있듯이, 훈련 루프는 1.8절에서 본 것과 동일합니다. 훈련이 완료되면 새로운 문서에서 모델을 테스트할 수 있습니다.

```
new_docs = [
    "Listening to rock music is fun.",
    "I love science very much."
]
class_names = ["Cinema", "Music", "Science"]
```

```
new_doc_vectors = torch.tensor(
    [doc_to_bow(new_doc, vocabulary) for new_doc in new_docs],
    dtype=torch.float32
)

with torch.no_grad():  ❶
    outputs = model(new_doc_vectors)  ❷
    predicted_ids = torch.argmax(outputs, dim=1) + 1  ❸

for i, new_doc in enumerate(new_docs):
    print(f'{new_doc}: {class_names[predicted_ids[i].item() - 1]}')
```

출력은 다음과 같습니다.

```
Listening to rock is fun.: Music
I love scientific research.: Science
```

❶에 있는 torch.no_grad()는 그레이디언트 추적을 비활성화합니다. 그레이디언트는 모델 파라미터를 업데이트하기 위해 훈련 과정에서는 필수적이지만, 테스트나 추론 시에는 불필요합니다. 위의 코드는 파라미터 업데이트를 수행하지 않으므로 그레이디언트 추적을 비활성화하면 메모리를 절약하고 계산 속도를 높일 수 있습니다. 이전에 본 적 없는 데이터에서 예측을 생성한다는 것을 표현할 때 '테스트', '추론', '평가'란 용어가 혼용되어 사용되곤 합니다.

❷에서 훈련할 때와 마찬가지로 추론 과정 동안 모델이 모든 입력을 동시에 처리합니다. 이런 병렬 처리 방식은 벡터화된 연산을 활용하며, 입력을 하나씩 처리하는 것에 비해 계산 시간을 상당히 줄여 줍니다.

모델이 반환하는 로짓이 아니라 최종 레이블이 중요합니다. ❸에서 torch.argmax는 가장 큰 로짓의 인덱스를 찾으며, 이 값은 예측 클래스에 해당합니다. 앞서 0 기반 인덱싱을 위해 1을 뺐던 것을 보상하기 위해 1을 더합니다.

BoW 방식은 간단하고 실용적이지만 한계점이 있습니다. 가장 중요한 한계점은 토큰 순서나 맥락을 포착하지 못한다는 점입니다. "the cat chased the dog"와 "the dog chased the cat"은 반대의 의미를 가지지만, BoW에서는 동일한 표현을 생성합니다.

n-그램(n-gram)은 이런 문제를 해결하기 위한 한 가지 방법입니다. n-그램은 텍스트에서 n개의 연속된 토큰으로 구성됩니다. "Movies are fun for everyone"과 같은 문장을 생각해 보죠. 이 문장의 바이그램(bigram, 2-그램)은 "Movies are", "are fun", "fun for", "for everyone"입니다. 토큰 시퀀스를 보존함으로써 n-그램은 개별 토큰이 포착할 수 없는 문맥 정보를 유지합니다.

하지만 n-그램을 사용하는 데는 비용이 듭니다. 어휘사전이 매우 커지고, 모델 훈련에 드는 계산 비용이 증가합니다. 추가적으로 가능한 n-그램으로 확장된 집합에서 효과적으로 가중치를 학습하려면 대규모 데이터셋이 필요합니다.

BoW의 또 다른 한계점은 어휘사전에 없는(out-of-vocabulary, OOV) 단어를 처리하지 못한다는 것입니다. 훈련 과정에서 이전에 본 적 없는 (따라서 어휘사전에 없는) 단어가 추론 시에 나타나면 특성 벡터로 표현할 수 없습니다. 이 방법은 동의어와 유사 동의어도 처리하지 못합니다. "movie"와 "film"은 완전히 다른 용어로 처리되므로 모델은 각 단어에 대해 별개의 파라미터를 학습해야 합니다. 레이블링된 데이터를 수집하는 비용이 많이 들기에 데이터셋의 규모는 상대적으로 작아집니다. 따라서 모델이 비슷한 의미를 가진 단어를 인식하고 종합적으로 처리할 수 있다면 더 효율적일 것입니다.

단어 임베딩(word embedding)은 의미적으로 비슷한 단어를 비슷한 벡터에 매핑함으로써 이 문제를 해결합니다.

2.2 단어 임베딩

앞의 예시에서 문서 3("Enjoy a great movie today.")을 생각해 봅시다. 이 문장의 BoW 표현을 개별 단어를 나타내는 원핫 벡터로 분해할 수 있습니다.

BoW	1 0 0 0 1 0 0 0 0 1 0 0 0 0 0 0 1 0 0 0 0 0 0 1 0 0
enjoy	0 0 0 0 1 0 0 0 0 0 0 0 0 0 0 0 0 0 0 0 0 0 0 0 0 0
a	1 0 0 0 0 0 0 0 0 0 0 0 0 0 0 0 0 0 0 0 0 0 0 0 0 0
great	0 0 0 0 0 0 0 0 1 0 0 0 0 0 0 0 0 0 0 0 0 0 0 0 0 0
movie	0 0 0 0 0 0 0 0 0 0 0 0 0 0 0 0 1 0 0 0 0 0 0 0 0 0
today	0 0 0 0 0 0 0 0 0 0 0 0 0 0 0 0 0 0 0 0 0 0 0 1 0 0

여기서 보듯이 문서의 BoW 벡터는 개별 단어를 나타내는 원핫 벡터의 합입니

다. 이제 "Films are my passion." 문장에 대한 원핫 벡터와 BoW 벡터를 조사해 봅시다.

BoW	0 0 1 0 0 0 0 0 0 0 0 0 0 0 0 0 0 0 0 0 0 0 0 0 0
films	0 0 0 0 0 0 0 0 0 0 0 0 0 0 0 0 0 0 0 0 0 0 0 0 0
are	0 0 1 0 0 0 0 0 0 0 0 0 0 0 0 0 0 0 0 0 0 0 0 0 0
my	0 0 0 0 0 0 0 0 0 0 0 0 0 0 0 0 0 0 0 0 0 0 0 0 0
passion	0 0 0 0 0 0 0 0 0 0 0 0 0 0 0 0 0 0 0 0 0 0 0 0 0

여기에 두 가지 중요한 문제점이 있습니다. 첫째, 단어가 훈련 데이터와 어휘 사전에 있더라도 원핫 인코딩은 이를 1이 하나 들어 있는 영벡터로 축소시켜 버립니다. 따라서 분류기가 학습할 수 있는 의미 있는 정보를 거의 제공하지 못합니다.

둘째, 위 문서에서 대부분의 원핫 인코딩된 단어 벡터는 네 개 중 세 개가 어휘사전에 없는 단어이므로 영벡터로 표현되어 아무런 도움이 되지 않습니다.

더 나은 방법은 모델이 훈련 시에 본 적이 없지만 "films"가 "movies"와 의미를 공유한다는 것을 이해하게 만드는 것입니다. 이렇게 하면 "films"에 대한 특성 벡터를 "movies"와 비슷하게 처리할 수 있습니다. 따라서 이런 방식은 단어 사이의 의미 관계를 포착할 수 있는 단어 벡터가 필요합니다.

단어 임베딩(word embedding)은 BoW 모델의 한계를 극복하기 위해 단어를 희소한 원핫 벡터가 아니라 **밀집 벡터**(dense vector)로 표현합니다. 이런 저차원 표현[3]은 대부분 0이 아닌 값을 담고 있으며, 비슷한 단어의 임베딩끼리는 **코사인 유사도**(cosine similarity)가 높습니다. 임베딩은 레이블이 없는 대규모 데이터셋을 통해 학습됩니다. 이런 데이터셋은 수백 만 개에서 수억 개의 문서로 구성됩니다.

word2vec은 널리 사용되는 임베딩 학습 알고리즘으로, 스킵 그램 방식과 CBOW 방식이 있습니다. 여기에서는 스킵 그램 방식에 대해 알아보겠습니다.

---

[3] (옮긴이) 일반적으로 단어 임베딩은 어휘사전 크기의 벡터를 만드는 원핫 인코딩에 비해 훨씬 작은 크기의 벡터를 만듭니다.

스킵 그램(skip-gram)은 한 단어가 빠진 단어 시퀀스입니다. 예를 들어, "Professor Alan Turing's * advanced computer science"란 문장에서 (*로 표시된) 누락된 단어는 "research", "work", "theories"가 될 수 있습니다. 이런 단어는 동의어는 아니지만 문맥상 적절합니다. 이런 누락된 단어를 주변 문맥을 통해 예측하도록 모델을 훈련시키면 단어 사이의 의미 관계를 학습하는 데 도움이 됩니다.[4] 이 과정을 역으로 수행하여 누락된 단어를 사용해 문맥 단어(context word)를 예측할 수 있습니다. 이것이 스킵 그램 알고리즘의 기본 동작 방식입니다.

스킵 그램 크기는 문맥 단어에 포함시킬 단어의 개수를 지정합니다. 크기가 5라면 누락된 단어 전과 후에 두 개의 단어가 있다는 의미입니다. 예시 문장을 사용해 크기가 5인 스킵 그램을 만들면 다음과 같습니다(누락된 단어는 각기 다르며, *로 표시합니다).

스킵 그램	누락된 단어
professor alan * research advanced	turing's
alan turing's * advanced computer	research
turing's research * computer science	advanced

말뭉치의 어휘사전에 10,000개의 단어가 들어 있다면, 300개의 유닛을 가진 임베딩 층으로 구성된 스킵 그램 모델은 다음과 같이 나타낼 수 있습니다.

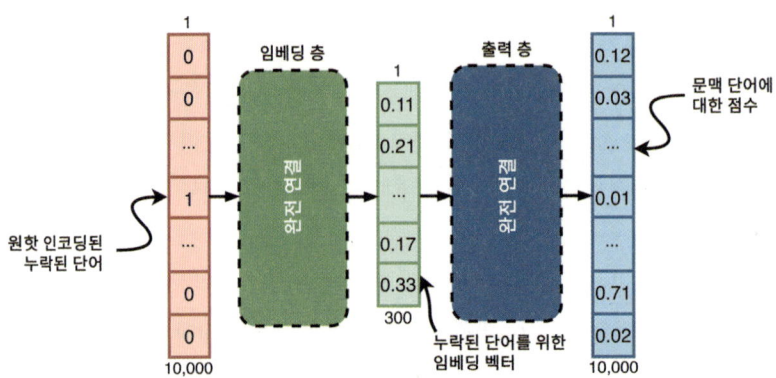

4 (옮긴이) 이런 학습 방법을 CBOW(Continuous Bag of Words)라고 합니다. 일반적으로 CBOW보다 스킵 그램이 더 좋은 임베딩을 만든다고 알려져 있습니다.

이 스킵 그램 모델은 스킵 그램 크기가 5이고 임베딩 층의 유닛 개수가 300입니다. 여기서 볼 수 있듯이 모델이 원핫 인코딩된 누락된 단어를 연속된 두 개의 완전 연결 층에 통과시켜 문맥 벡터를 예측합니다. 한번에 모든 문맥 벡터를 예측하지 않고 각 단어마다 별도로 예측이 이루어집니다.

스킵 그램이 "professor alan * research advanced"이고 누락된 단어가 "turing's"일 때 예시를 들어 보죠. 이 스킵 그램을 네 개의 훈련 쌍으로 바꿉니다.

누락된 단어(입력)	문맥 단어(타깃)	위치
turing's	professor	-2
turing's	alan	-1
turing's	research	+1
turing's	advanced	+2

누락된 단어와 문맥 단어의 각 쌍(예를 들면 (turing's, professor))에 대해 모델은 다음과 같은 작업을 수행합니다.

1. "turing's"를 입력으로 받습니다.
2. 이 단어를 원핫 벡터로 바꿉니다.
3. 이를 임베딩 층에 통과시켜 단어 임베딩을 얻습니다.
4. 이 단어 임베딩을 출력 층에 통과시킵니다.
5. "professor"에 대한 확률을 출력합니다. 주어진 임베딩 벡터에 대해 출력 층은 어휘사전에 대한 확률 벡터를 만듭니다. 이 벡터에 있는 값은 어휘사전에 있는 각각의 단어가 문맥 벡터일 가능성을 나타냅니다.

다음과 같은 의문이 생길 수 있습니다. '훈련 쌍에 있는 입력이 동일하다면(예를 들어 "turing's"), 출력이 왜 달라질까?' 좋은 지적입니다! 입력이 동일하면 실제로 출력도 동일합니다. 하지만 문맥 단어에 따라 손실이 달라집니다.

✓ **채팅 언어 모델**을 사용하다 보면 동일한 질문에도 다른 답을 얻는 경우가 많습니다. 이는 모델이 비결정적이라는 것을 의미하지만, 정확한 말은 아닙니다. LLM은 기본적으로 스킵 그램 모델과 비슷하지만, 파라미터가 아주 많은 신경망 모델입니다. 이런 모델의 무작

위성은 텍스트를 생성하는 방식에서 비롯됩니다. 텍스트 생성 시에 예측 확률을 기반으로 단어를 샘플링합니다. 높은 확률을 가진 단어가 선택될 가능성이 높지만 낮은 확률을 가진 단어도 선택될 수 있습니다. 이런 샘플링 과정이 응답의 다양성을 만듭니다. 5장에서 이런 샘플링에 대해 이야기하겠습니다.

이 스킵 그램 모델은 손실 함수로 크로스 엔트로피를 사용합니다. 앞서 살펴보았던 세 개의 클래스로 텍스트를 분류하는 모델과 같지만, 여기서는 어휘사전에 있는 각 단어마다 하나씩 10,000개의 클래스를 다룹니다. 훈련 세트에 있는 스킵 그램에 대해 모델은 문맥 단어마다(즉, "turing's" 주변에 있는 네 개의 단어마다) 개별적으로 손실을 계산합니다. 그런 다음 이 손실을 평균하여 모든 문맥 단어 예측에 대한 피드백을 동시에 받습니다.

이런 훈련 방식은 동일한 입력을 가진 단어 쌍을 사용하더라도 모델이 의미 있는 단어 관계를 포착할 수 있게 해 줍니다.

예를 들어 보죠. 입력 단어 "turing's"에 대해 모델이 어휘사전에 있는 단어에 다음과 같이 확률을 할당했다고 가정해 보죠: professor: 0.1, alan: 0.15, research: 0.2, advanced: 0.05. 모델을 훈련할 때 각 입력-타깃 단어 쌍이 손실에 기여합니다. 예를 들어, 훈련 데이터에서 "turing's"이 "professor"와 함께 등장할 때 손실은 0.1의 점수를 높이도록 동작합니다. 비슷하게 손실은 "alan"과 쌍을 이룰 경우 0.15, "research"의 경우 0.2, "advanced"의 경우 0.05보다 높아지도록 동작합니다.

역전파 과정에서 모델은 주어진 문맥 단어에 대해 확률 점수가 높아지도록 가중치를 조정합니다. 예를 들어, 업데이트된 점수는 다음과 같을 수 있습니다: professor: 0.11, alan: 0.17, research: 0.22, advanced: 0.07. 반면 어휘사전에 있는 다른 단어의 점수는 조금 감소합니다.

훈련이 완료되면 출력 층은 버려지고 임베딩 층이 새로운 출력 층으로 사용됩니다. 원핫 인코딩된 입력 단어가 주어지면 모델이 300차원의 벡터를 생성합니다. 이것이 바로 단어 임베딩입니다.

word2vec은 레이블이 없는 대규모 텍스트 말뭉치에서 단어 임베딩을 학습하는 하나의 방법일 뿐입니다. GloVe와 FastText 같은 방법은 다른 접근 방식을 사용합니다. 이 방법들은 더 강력한 임베딩을 만들기 위해 전역적인 동시등장

(co-occurrence) 통계치나 부분단어 정보를 포착하는 데 초점을 맞춥니다.

단어 임베딩을 사용해 텍스트를 표현하는 것은 BoW에 비해 명확한 이점이 있습니다. 한 가지 장점은 **차원 축소**(dimensionality reduction)입니다. 단어 표현을 (원핫 인코딩 벡터와 같은) 어휘사전 크기에서 일반적으로 100~1000차원의 작은 벡터로 압축할 수 있습니다. 이를 통해 머신러닝 작업에서 매우 큰 말뭉치를 다룰 수 있습니다.

의미적 유사성(semantic similarity)은 단어 임베딩의 또 다른 장점입니다. 비슷한 의미를 가진 단어는 임베딩 공간에서 서로 가까이에 위치한 벡터로 매핑됩니다. 구글이 약 1천억 개의 단어가 포함된 뉴스 말뭉치에서 훈련한 단어 임베딩을 예로 들어 보죠.[5] 다음 그래프에서 "Moscow"와 "Beijing" 또는 "Russia"와 "China"는 서로 가까운 위치에 놓이며, 여기에는 단어 사이의 의미적 관계가 반영되어 있습니다.

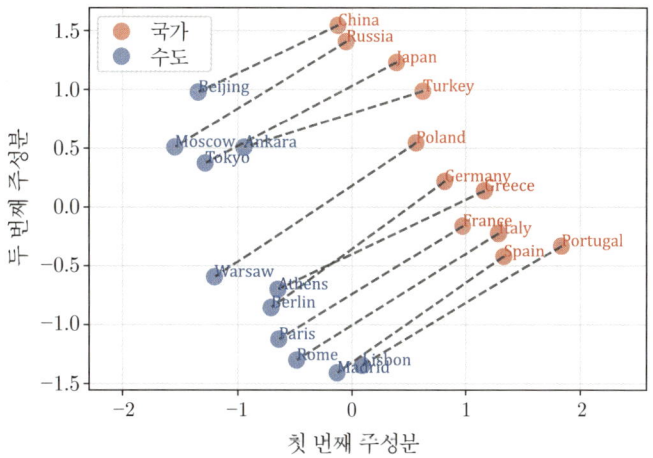

이 그래프는 국가와 수도에 대한 300차원의 word2vec 임베딩 벡터를 2차원 공간에 투영한 그림입니다. 의미가 관련되어 있는 단어는 서로 군집을 이루고 있고 국가와 해당 국가의 도시를 연결하는 선은 거의 평행하며, 이들 사이의 의미적 관계를 보여 줍니다.

---

5 온라인에서 'GoogleNews-vectors-negative300.bin.gz'로 검색하면 이 임베딩을 찾을 수 있습니다. 책의 위키(*https://thelmbook.com/data/word-vectors*)에서도 다운로드할 수 있습니다.

스킵 그램 모델은 두 단어가 직접적으로 동시에 등장하지 않더라도 비슷한 문맥에 등장할 때 의미적 유사성을 포착합니다. 예를 들어, 모델이 "films"와 "movies"에 대해 다른 확률을 생성한다고 생각해 보죠. 이런 단어의 문맥 단어가 자주 중복되므로 손실 함수는 모델이 비슷한 단어를 예측하도록 만들 것입니다. 따라서 역전파를 통해 이런 단어에 대한 임베딩 층의 출력은 점점 수렴하게 됩니다.

 단어 임베딩이 등장하기 전에는 (1985년에 프린스턴에서 만든) **WordNet**이 단어를 동의어 집합으로 구성하고 이들 사이에 의미적 연결을 기록하여 단어 관계를 포착하려 했습니다. 효과는 있었지만 이런 수작업 매핑은 대규모 어휘사전으로 확장되지 못하거나, 임베딩 기반 방식에서 자연적으로 드러나는 미묘한 단어 사용 패턴을 포착할 수 없었습니다.

300차원 벡터를 시각화하는 것은 불가능하므로 **주성분 분석**(principal component analysis, PCA)이라는 차원 축소 기법을 사용해 이 벡터를 2차원 공간에 투영시켰습니다. 이 두 차원을 각각 첫 번째 **주성분**(principal component), 두 번째 주성분이라 부릅니다.

차원 축소 알고리즘은 고차원 벡터의 관계를 유지하면서 벡터를 압축합니다. 앞의 그래프에 있는 첫 번째 주성분과 두 번째 주성분은 단어 사이의 의미적 연결을 보존하여 단어 사이의 관계가 잘 드러납니다.

 PCA와 다른 차원 축소 방법에 대해 궁금하다면 온라인에 있는 다른 자료를 참고하세요.[6]

단어 임베딩은 단어의 의미와 다른 단어와의 관계를 포착합니다. 따라서 많은 자연어 처리(natural language processing, NLP) 작업의 근간이 됩니다. 예를 들어, 신경망 언어 모델은 문서를 단어 임베딩의 행렬로 인코딩합니다. 이 행렬의 각 행은 단어의 임베딩 벡터이며, 행의 위치는 단어가 문서에 등장하는 위치에 해당합니다.

---

6 (옮긴이) PCA와 차원 축소 알고리즘에 대해서는 《머신러닝, 핵심만 빠르게!》(인사이트, 2025) 9장을 참고하세요.

word2vec 임베딩으로 ("king - man + woman ≈ queen"와 같은) 의미 있는 산술 연산이 가능하다는 발견은 중대한 전환점이었습니다. 신경망이 의미 관계를 벡터 공간에 인코딩할 수 있으며, 이 공간상의 벡터 연산이 단어의 의미를 바꿀 수 있음을 보여 주었습니다. 단어로 복잡한 수학 계산을 할 수 있는 대규모 언어 모델과 같은 신경망의 발명은 시간 문제일 뿐이었습니다.

하지만 현대적인 언어 모델은 완전한 단어보다 작은 토큰인 부분단어를 많이 사용합니다. 이 책의 주요 주제인 언어 모델로 넘어가기 전에 널리 사용되는 부분단어 토큰화 방법인 바이트 페어 인코딩에 대해 먼저 알아보겠습니다.

2.3 바이트 페어 인코딩

바이트 페어 인코딩(byte-pair encoding, BPE)은 단어를 **부분단어**(subword)라 부르는 작은 단위로 나누어 어휘사전에 없는(OOV) 단어 처리 문제를 해결한 토큰화 알고리즘입니다.

원래 데이터 압축 기법으로 고안되었지만 단어를 문자의 시퀀스로 처리하는 식으로 BPE를 자연어 처리(NLP)에 적용할 수 있습니다. 이 기법은 가장 자주 등장하는 기호(문자나 부분단어) 쌍을 새로운 부분단어로 합칩니다. 이 과정이 목표한 크기의 어휘사전에 도달할 때까지 계속됩니다.

기본적인 BPE 알고리즘은 다음과 같습니다.

1. **초기화**: 텍스트 말뭉치의 각 단어를 개별 문자로 분할합니다. 예를 들어, 단어 "hello"는 "h e l l o"가 됩니다. 초기 어휘사전은 말뭉치에 있는 고유한 문자로 구성됩니다.

2. **반복적 병합**:
   - 인접한 기호 쌍을 카운트합니다: 각 문자를 하나의 기호(symbol)로 다룹니다. 말뭉치에서 인접한 기호 쌍을 모두 카운트합니다. 예를 들어, "h e l l o"에는 "h e", "e l", "l l", "l o" 쌍이 있습니다.
   - 가장 빈도가 높은 기호 쌍을 선택합니다: 전체 말뭉치에서 가장 많이 등장하는 쌍을 찾습니다. 예를 들어, "l l"이 가장 자주 등장한다면 이를 선택합니다.

- **선택한 쌍을 병합합니다**: 가장 빈도가 높은 기호 쌍을 모두 새로운 하나의 병합 기호(merged symbol)로 교체합니다. 예를 들어, "l l"은 병합된 새 기호 "ll"로 바뀝니다. 이제 단어 "h e l l o"는 "h e ll o"가 됩니다.
- **어휘사전을 업데이트합니다**: 새로운 병합 기호를 어휘사전에 추가합니다. 따라서 어휘사전에는 원래 문자와 새로운 기호 "ll"이 포함됩니다.

3. **반복**: 어휘사전이 목표 크기에 도달할 때까지 병합 과정을 반복해서 계속합니다.

이 알고리즘은 간단하지만 대규모 말뭉치에서 직접 구현하는 것은 비효율적입니다. 기호 쌍을 반복해서 카운트하고 병합 후에 전체 말뭉치를 업데이트하는 데 계산 비용이 많이 들기 때문입니다.

조금 더 효율적인 방법은 말뭉치에 있는 고유한 모든 단어와 등장 횟수로 어휘사전을 초기화한 뒤, 이 단어 카운트를 사용해 토큰 쌍 카운트를 계산하고, 가장 자주 등장하는 토큰 쌍을 병합하는 식으로 반복적으로 어휘사전을 업데이트하는 것입니다. 먼저 어휘사전을 초기화하는 코드를 작성해 보죠.

```
from collections import defaultdict

def initialize_vocabulary(corpus):
    vocabulary = defaultdict(int)
    charset = set()
    for word in corpus:
        word_with_marker = '_' + word    ❶
        characters = list(word_with_marker)   ❷
        charset.update(characters)   ❸
        tokenized_word = ' '.join(characters)   ❹
        vocabulary[tokenized_word] += 1   ❺
    return vocabulary, charset
```

이 함수는 단어를 문자의 시퀀스로 표현하고, 이 카운트를 추적하는 어휘사전을 생성합니다. (단어의 리스트인) corpus가 주어지면 두 개의 출력, 즉 각 단어와 등장 횟수를 매핑한 딕셔너리인 vocabulary와 말뭉치에 등장하는 고유한 모든 문자의 집합인 charset을 반환합니다.

동작 방식은 다음과 같습니다.

- ❶은 단어 경계 문자인 "_"를 각 문자의 시작 부분에 추가합니다. 이를 통해 단어의 시작 부분에 등장하는 부분단어와 중간에 등장하는 부분단어를 구분합니다. 예를 들어 "restart"의 "_re"는 "agree"의 "re"와 구분됩니다. 이는 모델이 생성한 토큰에서 문장을 재구성하는 데 도움이 됩니다. 토큰이 "_"로 시작되면 새로운 단어의 시작을 의미하며, 토큰 앞에 공백을 추가해야 합니다.
- ❷는 각 단어를 개별 문자(characters)로 분할합니다.
- ❸은 단어에 등장하는 새로운 문자로 charset을 업데이트합니다.
- ❹는 characters를 공백으로 연결하여 해당 단어의 토큰화된 버전을 만듭니다. 예를 들어, 단어 "hello"는 _ h e l l o가 됩니다.
- ❺는 tokenized_word를 vocabulary에 추가하고 카운트를 증가시킵니다.

초기화 후에 BPE는 vocabulary에서 가장 빈도가 높은 토큰 쌍(바이그램)을 반복적으로 병합하며, 이런 쌍 사이에 있는 공백을 없애면서 점진적으로 긴 토큰을 형성합니다.

```
def get_pair_counts(vocabulary):
    pair_counts = defaultdict(int)
    for tokenized_word, count in vocabulary.items():
        tokens = tokenized_word.split() ❶
        for i in range(len(tokens) - 1):
            pair = (tokens[i], tokens[i + 1]) ❷
            pair_counts[pair] += count ❸
    return pair_counts
```

이 함수는 인접한 토큰 쌍이 어휘사전에 있는 토큰화된 단어에 얼마나 자주 등장하는지 카운트합니다. 입력 vocabulary는 토큰화된 단어와 카운트를 매핑하며, 출력은 토큰 쌍과 총 카운트의 딕셔너리입니다.

❶은 vocabulary에 있는 tokenized_word를 토큰으로 분할합니다. 중첩된 루프 안의 ❷에서 인접한 토큰 쌍을 만듭니다. ❸에서 단어 카운트를 기반으로 토큰 쌍의 카운트를 증가시킵니다.

```
def merge_pair(vocabulary, pair):
    new_vocabulary = {}
    bigram = re.escape(' '.join(pair)) ❶
    pattern = re.compile(r"(?<!\S)" + bigram + r"(?!\S)") ❷
```

```
    for tokenized_word, count in vocabulary.items():
        new_tokenized_word = pattern.sub("".join(pair), tokenized_word) ❸
        new_vocabulary[new_tokenized_word] = count
    return new_vocabulary
```

이 함수는 어휘사전의 모든 토큰화된 단어에 있는 입력 토큰 쌍을 병합합니다. 그런 다음 등장하는 모든 pair를 하나의 새로운 토큰으로 병합한 새로운 어휘사전을 반환합니다. 예를 들어, 토큰 쌍이 ('e', 'l')이고 토큰화된 단어가 "_ h e l l o"라면 'e'와 'l' 사이의 공백을 삭제하고 병합하여 "_ h el l o"를 만듭니다.

❶에서 re.escape 함수는 문자열에 있는 (., *, ?와 같은) 특수문자에 자동으로 역슬래시 문자를 추가합니다. 이를 통해 정규 표현식에 있는 특별한 의미를 가진 문자가 아니라 글자 그대로 해석되도록 만듭니다.

❷의 정규 표현식은 온전한 토큰 쌍에만 매칭됩니다. 즉, 매칭된 항목 앞과 뒤에 공백이 아닌 문자가 있는지 확인하여 bigram이 큰 단어의 일부에 매칭되지 않게 합니다. 예를 들어, "good morning"은 "this is good morning"에는 매칭되지만 "thisisgood morning"에는 매칭되지 않습니다. "good"이 "thisisgood"의 일부이기 때문입니다.

 표현식 (?<!\S)와 (?!\S)는 정규 표현식의 **부정형 후방탐색**(negative lookbehind)과 **부정형 전방탐색**(negative lookahead)으로, bigram이 단독으로 존재하는지를 확인합니다. 후방탐색은 bigram 이전에 공백이 아닌 문자가 없는지 확인합니다. 즉, bigram이 공백 다음이나 텍스트의 시작 부분에 등장하는지 확인합니다. 전방탐색은 비슷하게 bigram 다음에 공백이 아닌 문자가 없는지 확인합니다. 즉, 단어 다음에 공백이나 텍스트의 끝이 오는지 확인합니다. 이를 합치면 긴 단어의 일부가 섞이지 않은 bigram을 찾을 수 있습니다.

마지막으로 ❸에서 함수는 pattern.sub()을 사용해 패턴에 매칭된 모든 바이그램을 토큰 쌍을 연결한 문자열로 교체하여 토큰화된 새 단어를 만듭니다.

아래 함수는 가장 빈도가 높은 토큰 쌍을 반복적으로 병합하는 BPE 알고리즘을 구현합니다. 이 알고리즘은 병합할 토큰이 없거나 목표하는 어휘사전 크기에 도달할 때 멈춥니다.

```
def byte_pair_encoding(corpus, vocab_size):
    vocabulary, charset = initialize_vocabulary(corpus)
    merges = []
    tokens = set(charset)
    while len(tokens)<vocab_size: ❶
        pair_counts = get_pair_counts(vocabulary)
        if not pair_counts: ❷
            break
        most_frequent_pair = max(pair_counts, key=pair_counts.get) ❸
        merges.append(most_frequent_pair)
        vocabulary = merge_pair(vocabulary, most_frequent_pair) ❹
        new_token = ''.join(most_frequent_pair) ❺
        tokens.add(new_token) ❻

    return vocabulary, merges, charset, tokens
```

이 함수는 말뭉치를 처리하여 토크나이저에 필요한 구성요소를 만듭니다. 어휘 사전과 문자 집합을 초기화하고, 병합 연산을 저장하기 위한 빈 merges 리스트를 만들고, tokens를 초기 문자 집합으로 설정합니다. 시간이 지나면서 tokens가 점점 커져서 토크나이저가 생성할 수 있는 고유한 모든 토큰이 포함됩니다.

❶에 있는 루프는 토크나이저가 지원하는 토큰 개수가 vocab_size에 도달하거나 병합할 쌍이 남아 있지 않을 때까지 계속됩니다. ❷에서 남아 있는 쌍이 없는지 검사하고 남아 있지 않은 경우 루프가 종료됩니다. ❸에서 가장 빈도가 높은 토큰 쌍을 찾고, ❹에서 어휘사전을 통해 토큰 쌍이 병합되며, ❺에서 새로운 토큰을 만듭니다. ❻에서 이 새로운 토큰이 tokens 집합에 추가되며, 병합될 토큰 쌍이 merges에 기록됩니다.

이 함수는 네 개의 출력을 반환합니다. 즉, 업데이트된 어휘사전, 병합 연산 목록, 원본 문자 집합, 고유 토큰으로 구성된 최종 집합을 반환합니다.

다음 함수는 훈련된 토크나이저로 단어를 토큰화합니다.

```
def tokenize_word(word, merges, vocabulary, charset, unk_token="<UNK>"):
    word = '_' + word
    if word in vocabulary:
        return [word]
    tokens = [char if char in charset else unk_token for char in word]

    for left, right in merges: ❶
        i = 0
```

```
        while i<len(tokens) - 1:  ❷
            if tokens[i:i+2] == [left, right]:
                tokens[i:i+2] = [left + right]
            else:
                i += 1
    return tokens
```

이 함수는 byte_pair_encoding 함수에서 얻은 merges, vocabulary, charset으로 word를 토큰화합니다. 먼저 word 앞에 밑줄을 추가합니다. 밑줄로 시작하는 word가 vocabulary에 있다면 유일한 토큰으로 이를 반환합니다. 그렇지 않으면 word를 문자로 분할하고, charset에 없는 문자는 unk_token으로 바꿉니다. 이렇게 분할된 문자를 merges에 있는 규칙의 순서대로 반복적으로 병합합니다.

텍스트를 토큰화하기 위해 먼저 공백을 기반으로 단어로 분할하고 그런 다음 각 단어를 개별적으로 토큰화합니다. *https://bit.ly/thelmbook-nb-2-1* 노트북에 뉴스 말뭉치로 BPE 토크나이저를 훈련하는 코드가 담겨 있습니다. 노트북에서 훈련한 토크나이저로 "Let's proceed to the language modeling chapter." 문장을 토큰화하면 다음과 같은 결과를 얻습니다.

```
["_Let", "'", "s", "_proceed", "_to", "_the", "_language", "_model",
 "ing", "_part", "."]
```

여기에서 "Let's"와 "modeling"이 부분단어로 나뉘어졌습니다. 이는 상대적으로 훈련 데이터에 이런 단어는 드물고 목표 어휘사전의 크기는 작기 때문입니다(어휘사전의 크기를 5,000개의 토큰으로 설정했습니다).

tokenize_word 알고리즘은 중첩된 루프 때문에 비효율적입니다. ❶에서 모든 병합을 순회하면서 ❷에서 모든 토큰 쌍을 확인합니다. 하지만 최신 언어 모델의 어휘사전에 있는 토큰은 100,000개가 넘으므로 대부분의 입력 단어는 어휘사전에 있으며 부분단어 토큰화를 거치지 않습니다. 노트북에 있는 최적화된 버전은 캐싱을 사용하고 사전에 계산된 데이터 구조를 사용해 중첩 루프를 제거하고 토큰화 시간을 0.0549에서 0.0037초로 줄입니다. 실제 성능은 시스템에 따라 다르지만 최적화된 방식이 일관성 있게 더 나은 속도를 제공합니다.

중국어처럼 공백이 없는 언어나 다국어 모델의 경우 공백 기반의 초기 토큰화 단계를 건너뜁니다. 그 대신 텍스트를 개별 문자로 분할합니다. 여기서부터

BPE 알고리즘이 일반적인 절차대로 수행되며, 가장 자주 등장하는 문자나 토큰 쌍을 병합하여 부분단어를 형성합니다.

이제 언어 모델의 핵심 아이디어와 방법을 살펴볼 준비가 되었습니다. 이 장에서는 전통적인 카운트 기반 방법을 살펴보고 이후 장에서 신경망 기반 기법을 알아보겠습니다.

2.4 언어 모델

언어 모델(language model)은 이전 토큰을 기반으로 조건부 확률을 추정하여 시퀀스에 있는 다음 토큰을 예측합니다. 가능한 모든 다음 토큰에 확률을 할당하여 가장 가능성 있는 하나를 선택합니다. 이런 능력 덕분에 텍스트 생성, 기계 번역, 음성 인식과 같은 작업이 가능합니다. 레이블링되지 않은 대규모 텍스트 말뭉치에서 훈련함으로써 언어 모델이 언어에 있는 통계적 패턴을 학습하여 사람이 쓴 것 같은 텍스트를 생성할 수 있습니다.

L개의 토큰으로 구성된 시퀀스 $\mathbf{s}$에 대하여 언어 모델은 다음을 계산합니다.

$$\Pr\bigl(t = t_{L+1} | \mathbf{s} = (t_1, t_2, \ldots, t_L)\bigr) \tag{2.2}$$

여기서 $\Pr$은 어휘사전의 토큰에 대한 조건부 확률 분포를 나타냅니다. **조건부 확률**(conditional probability)은 한 사건이 이미 발생했을 때 다른 사건이 발생할 가능성을 정량화합니다. 언어 모델에서는 이전 토큰 시퀀스가 주어졌을 때 특정 토큰이 다음 토큰이 될 확률을 반영합니다. 이 시퀀스를 **입력 시퀀스**, **문맥**, **프롬프트**(prompt)라고 부릅니다.

다음 식은 식 (2.2)와 동일합니다.

$$\Pr(t_{L+1} | t_1, t_2, \ldots, t_L) \text{ 또는 } \Pr(t_{L+1} | \mathbf{s}) \tag{2.3}$$

맥락에 맞게 간소화된 식부터 복잡한 식까지 여러 가지 표기법을 사용하겠습니다.

모든 토큰 t와 시퀀스 $\mathbf{s}$에 대해서 조건부 확률은 $\Pr(t|\mathbf{s}) \geq 0$을 만족합니다. 즉, 확률은 항상 음수가 아니라는 의미입니다. 또한 어휘사전 $\mathcal{V}$에 있는 가능한

모든 다음 토큰에 대한 확률의 합은 1이어야 합니다. 즉, $\sum_{t \in V} P(t|s) = 1$입니다. 따라서 모델이 어휘사전에 대해 유효한 **이산 확률 분포**를 출력하게 됩니다.

설명을 위해 5개의 단어 "are", "cool", "language", "models", "useless"가 포함된 어휘사전 V를 예로 들어 보죠. 시퀀스 $\mathbf{s} = $ (language, models, are)에 대해 언어 모델은 V에 있는 가능한 다음 단어에 대한 확률을 다음과 같이 출력할 수 있습니다.

$$\begin{aligned}
\Pr(t = \text{are}|\mathbf{s} = (\text{language, models, are})) &= 0.01 \\
\Pr(t = \text{cool}|\mathbf{s} = (\text{language, models, are})) &= 0.77 \\
\Pr(t = \text{language}|\mathbf{s} = (\text{language, models, are})) &= 0.02 \\
\Pr(t = \text{models}|\mathbf{s} = (\text{language, models, are})) &= 0.15 \\
\Pr(t = \text{useless}|\mathbf{s} = (\text{language, models, are})) &= 0.05
\end{aligned}$$

이 예는 언어 모델이 어휘사전에서 가능한 다음 단어에 대해 확률을 어떻게 할당하는지 보여 줍니다. 여기서는 "cool"이 가장 높은 확률을 가집니다. 이런 확률을 모두 더하면 1이 되어 유효한 이산 확률 분포를 형성합니다.

이런 종류의 모델을 **자기회귀 언어 모델**(autoregressive language model) 또는 **코잘 언어 모델**(causal language model)이라 합니다. **자기회귀**는 시퀀스에 있는 이전 원소만을 사용해 다음 원소를 예측합니다. 이런 모델은 텍스트 생성에 뛰어나며, 트랜스포머 기반 **채팅 언어 모델**(채팅 LM)과 이 책에서 소개하는 모든 언어 모델이 여기에 속합니다.

이와 반대로 선구적인 트랜스포머 기반 모델인 BERT와 같은 **마스크드 언어 모델**(masked language model)은 다른 방식을 사용합니다. 이런 모델은 의도적으로 시퀀스 내에 마스킹된 토큰을 이전 문맥과 이후 문맥을 모두 사용해 예측합니다. 이런 양방향 방법은 특히 텍스트 분류와 개체명 인식(named entity recognition) 같은 작업에 잘 맞습니다.

신경망이 언어 모델링의 표준이 되기 전에 사용되던 전통적인 방법들은 통계적 기법에 의존했습니다. 아직도 스마트폰의 자동 완성에 사용되는 이런 카운트 기반 모델은 말뭉치에서 학습된 단어나 n-그램 빈도를 기반으로 단어 시퀀스의 확률을 예측합니다. 이런 방법을 잘 이해하기 위해 간단한 카운트 기반 언어 모델을 구현해 보겠습니다.

2.5 카운트 기반 언어 모델

트라이그램(trigram) 모델($n=3$)을 사용해 작동 방식을 설명해 보겠습니다. 트라이그램 모델에서는 토큰의 확률 분포를 이전 두 개의 토큰을 기반으로 계산합니다.

$$\Pr(t_i|t_{i-2}, t_{i-1}) = \frac{C(t_{i-2}, t_{i-1}, t_i)}{C(t_{i-2}, t_{i-1})} \quad (2.4)$$

$C(\cdot)$는 훈련 데이터에서 n-그램의 등장 횟수를 나타냅니다.

예를 들어, 트라이그램 "language models rock"이 말뭉치에서 50번 나타나고, "language models"는 200번 나타난다면 다음과 같이 계산합니다.

$$\Pr(\text{rock}|\text{language, models}) = \frac{50}{200} = 0.25$$

이는 훈련 데이터에서 "language models" 다음에 "rock"이 나타날 확률은 25%라는 것을 의미합니다.

 식 (2.4)는 주어진 문맥에 대한 토큰 확률의 **최대 가능도 추정**(maximum likelihood estimate, MLE)입니다. 이 식은 이전의 두 토큰이 동일한 모든 트라이그램 중에서 특정 트라이그램의 상대적인 빈도를 계산합니다. 훈련 말뭉치가 커지면 MLE는 데이터에 자주 등장하는 n-그램에 대해 더 나은 추정치를 제공합니다. 이는 기본적인 통계 원리를 반영합니다. 즉, 데이터셋이 클수록 추정치는 더 정확해집니다.

하지만 제한된 크기의 말뭉치가 문제가 됩니다. 실무에서 만날 수 있는 일부 n-그램이 훈련 데이터에 없을 수 있습니다. 예를 들어, 트라이그램 "language models sing"이 말뭉치에 없다면 MLE 공식에 따라 해당 확률은 0이 됩니다.

$$\Pr(\text{sing}|\text{language, models}) = \frac{0}{200} = 0$$

유효한 문장이더라도 이전에 본 적 없는 n-그램을 가지고 있는 모든 시퀀스에 대해 확률을 0으로 부여하기 때문에 문제가 됩니다.[7] 이 문제를 해결하기 위해

---

7 (옮긴이) 시퀀스 'language models sing'의 확률은 Pr(language, models, sing) = Pr(language)Pr(models|langauge)Pr(sing|lanaguage, models)와 같이 조건부 확률의 곱으로 계산하기 때문입니다.

개발된 기법 중 하나는 **백오프**(backoff)입니다. 아이디어는 간단합니다. 고차 n-그램(예를 들어, 트라이그램)이 관측되지 않으면 그보다 낮은 차원의 n-그램(예를 들어, 바이그램)으로 '후퇴'합니다. 확률 $\Pr(t_i|t_{i-2},t_{i-1})$는 조건에 따라서 다음 식 중 하나로 계산됩니다.

식	조건
$\dfrac{c(t_{i-2},t_{t-1},t_i)}{c(t_{i-2},t_{i-1})}$	$C(t_{i-2},t_{i-1},t_i) > 0$이면
$\Pr(t_i\|t_{i-1})$	$C(t_{i-2},t_{i-1},t_i) = 0$ 그리고 $C(t_{i-1},t_i) > 0$이면
$\Pr(t_i)$	그 외

여기서 $C(t_{i-2},t_{i-1},t_i)$는 트라이그램 (t_{i-2},t_{i-1},t_i)의 카운트이고, $C(t_{i-2},t_{i-1})$와 $C(t_{i-1},t_i)$는 각각 바이그램 (t_{i-2},t_{i-1})와 (t_{i-1},t_i)의 카운트입니다.

바이그램 확률과 유니그램 확률은 다음과 같이 계산됩니다.

$$\Pr(t_i|t_{i-1}) = \frac{C(t_{i-1},t_i)}{C(t_{i-1})}, \quad \Pr(t_i) = \frac{C(t_i)+1}{W+V}$$

여기서 $C(t_i)$는 토큰 t_i의 카운트, W는 말뭉치에 있는 총 토큰 개수, V는 어휘 사전 크기입니다.

$C(t_i)$에 더해지는 1은 **애드원 스무딩**(add-one smoothing) 또는 **라플라스 스무딩**(Laplace smoothing)이라 부르며, 말뭉치에 토큰이 없어 확률이 0이 되는 것을 방지합니다. 실제 빈도 $\Pr(t_i) = \dfrac{C(t_i)}{W}$를 사용하면 말뭉치에 없는 토큰의 확률은 모두 0이 됩니다. 따라서 유효한 토큰이지만 모델이 이전에 본 적 없다면 문제가 됩니다. 라플라스 스무딩은 각 토큰 카운트에 1을 더해 이전에 본 적 없는 토큰을 포함해 모든 토큰에 0이 아닌 작은 확률을 할당하여 이 문제를 해결합니다. 분자에 추가된 1을 보상하기 위해 분모에 V를 더합니다.

그럼 이제 백오프 기법을 사용하는 언어 모델을 `CountLanguageModel` 클래스로 구현해 보죠(라플라스 스무딩은 다음 절에서 구현하겠습니다).

```
class CountLanguageModel:
    def __init__(self, n): ❶
        self.n = n
```

```
            self.ngram_counts = [{} for _ in range(n)]  ❷
            self.total_unigrams = 0

    def predict_next_token(self, context):  ❸
        for n in range(self.n, 1, -1):  ❹
            if len(context) >= n - 1:  ❺
                context_n = tuple(context[-(n - 1):])  ❻
                counts = self.ngram_counts[n - 1].get(context_n)
                if counts:
                    return max(counts.items(), key=lambda x: x[1])[0]
        unigram_counts = self.ngram_counts[0].get(())
        if unigram_counts:
            return max(unigram_counts.items(), key=lambda x: x[1])[0]
        return None
```

❶에서 모델은 최대 n-그램 차수를 정의하는 매개변수 n으로 초기화됩니다(예를 들어, 트라이그램의 경우 n=3입니다). ❷에 있는 ngram_counts 리스트는 훈련 중에 생성된 유니그램, 바이그램, 트라이그램 등에 대한 n-그램 빈도 딕셔너리를 저장합니다. n=3이고 말뭉치가 "Language models are powerful. Language models are useful."이라면 소문자로 바꾸고 구두점을 제거하면 self.ngram_counts에는 다음과 같은 값이 들어 갑니다.

ngram_counts[0] = {(): {"language": 2, "models": 2, "are": 2, "powerful": 1, "useful": 1}}

ngram_counts[1] = {("language",): {"models": 2}, ("models",): {"are": 2}, ("are",): {"powerful": 1, "useful": 1}, ("powerful",): {"language": 1}}

ngram_counts[2] = {("language", "models"): {"are": 2}, ("models", "are"): {"powerful": 1, "useful": 1}, ("are", "powerful"): {"language": 1}, ("powerful", "language"): {"models": 1}}

predict_next_token 메서드는 백오프 기법을 사용해 다음 토큰을 예측합니다. ❹에서 가장 높은 n-그램 차수부터 시작해서 ❺에서 문맥이 이 n-그램 차수에 충분한 토큰을 포함하고 있는지 확인합니다. 만약 충분하다면 ❻에서 관련된 문맥을 추출하고 ngram_counts에서 이 문맥에 매칭된 항목을 찾습니다. 매칭된 항목이 없다면 백오프되어 낮은 차수의 n-그램 또는 기본 유니그램 카운트를 사용합니다. 예를 들어, context=["language", "models", "are"]이고 n=3이라고 가정해 보죠.

- 첫 번째 반복: context_n = ("models", "are")
- (필요하다면) 두 번째 반복: context_n = ("are",)
- 마지막 수단: 빈 튜플인 ()에 매핑된 유니그램 카운트

매칭된 문맥을 찾으면 이 메서드는 그중 가장 높은 카운트와 토큰을 반환합니다. 입력이 ["language", "models"]이라면 ngram_counts[2]에서 키 ("language", "models")의 값 중 가장 높은 카운트를 가진 토큰인 "are"를 반환합니다. 하지만 입력이 ["english", "language"]라면 ngram_counts[2]에서 키 ("english", "language")를 찾지 못합니다. 따라서 ngram_counts[1]로 백오프되고 키 ("language",)의 값 중에서 가장 카운트가 높은 토큰인 "models"를 반환합니다.

이제 모델 훈련을 위한 함수를 정의해 보겠습니다.

```
def train(model, tokens):
    model.total_unigrams = len(tokens)
    for n in range(1, model.n + 1):  ❶
        counts = model.ngram_counts[n - 1]
        for i in range(len(tokens) - n + 1):
            context = tuple(tokens[i:i + n - 1])  ❷
            next_token = tokens[i + n - 1]  ❸
            if context not in counts:
                counts[context] = defaultdict(int)
            counts[context][next_token] = counts[context][next_token] + 1
```

train 메서드는 모델(CountLanguageModel 클래스의 객체)과 토큰 리스트(훈련 말뭉치)를 입력으로 받습니다. 이 토큰을 사용해 모델의 n-그램 카운트를 생성합니다.

❶에서 train 메서드는 1에서 model.n(포함)까지 n-그램 차수를 순회합니다. 각 n에 대해서 토큰 시퀀스로부터 해당 차수의 n-그램을 생성하고 등장 횟수를 카운트합니다.

❷와 ❸은 문맥과 뒤따르는 후속 토큰을 추출하여 문맥과 (후속 토큰과 해당 토큰의 카운트로 구성된) 딕셔너리를 매핑한 중첩된 딕셔너리를 만듭니다. 이 카운트는 model.ngram_counts에 저장되며, 나중에 predict_next_token 메서드가 이를 사용하여 문맥을 기반으로 예측을 수행합니다.

이제 모델을 훈련시켜 보죠.

```
set_seed(42)
n = set_hyperparameters()
data_url = "https://www.thelmbook.com/data/brown"
train_corpus, test_corpus = download_and_prepare_data(data_url)

model = CountLanguageModel(n)
train(model, train_corpus)

perplexity = compute_perplexity(model, test_corpus)
print(f"\n테스트 말뭉치에 대한 혼잡도: {perplexity:.2f}")

contexts = [
    "I will build a",
    "the best place to",
    "she was riding a"
]

for context in contexts:
    words = tokenize(context)
    next_word = model.predict_next_token(words)
    print(f"\n문맥: {context}")
    print(f"다음 토큰: {next_word}")
```

훈련 데이터 추출과 전처리 메서드를 포함해서 이 모델의 전체 구현은 *https:// bit.ly/thelmbook-nb-2-2*에 있는 노트북에서 볼 수 있습니다. download_and_ prepare_data 메서드 안에서 말뭉치를 다운로드하고, 소문자로 변경하고, 단어로 토큰화한 후 9:1 비율로 훈련 세트와 테스트 세트로 나눕니다. 잠시 시간을 내어 마지막 단계가 왜 중요한지 생각해 보죠.

머신러닝에서 훈련에 전체 데이터셋을 사용하면 모델이 잘 **일반화**(generalization)되는지 평가할 수 있는 방법이 없게 됩니다. 이 과정에서 모델이 훈련 데이터에 너무 잘 맞아 이전에 본 적 없는 새로운 데이터에서는 정확한 예측을 만드는 데 어려움을 겪는 현상인 **과대적합**이 자주 발생합니다.

데이터셋을 훈련 세트와 테스트 세트로 나누는 것은 과대적합을 제어하기 위한 표준 방법입니다. 이는 두 단계로 수행됩니다. (1) 데이터를 섞습니다. (2) 데이터를 두 개의 부분집합으로 나눕니다. 큰 부분집합이 훈련 데이터이고 모델 훈련에 사용됩니다. 작은 부분집합은 테스트 데이터이고, 이전에 본 적 없는 샘플에서 모델의 성능을 평가하는 데 사용됩니다.

모델 성능을 안정적으로 추정하려면 테스트 세트가 충분히 커야 합니다. 테스트 세트 비율은 데이터셋 크기에 따라 다르지만 0.1에서 0.3(전체 데이터셋의 10~30%) 사이가 일반적입니다. 매우 큰 데이터셋의 경우 테스트 세트의 비율이 더 작아도 신뢰할 수 있는 성능 추정을 제공할 만큼 충분한 샘플을 제공합니다.

이 훈련 데이터는 1961년에 출판된 미국 영어 텍스트에서 추출한 백만 개의 단어 집합인 브라운 말뭉치(Brown Corpus)에서 가져온 것입니다. 이 말뭉치는 언어 연구 분야에서 자주 사용됩니다.

코드를 실행하면 다음과 같은 출력을 얻게 됩니다.

```
테스트 말뭉치에 대한 복잡도: 299.06

문맥: i will build a
다음 단어: wall

문맥: the best place to
다음 단어: live

문맥: she was riding a
다음 단어: horse
```

혼잡도는 잠시 후에 설명할 테니 여기서는 무시하세요. 카운트 기반 언어 모델은 적절한 수준의 토큰 생성을 즉각적으로 수행하므로 자동완성 시스템에 적합합니다. 하지만 한계점이 있습니다. 이런 모델은 n-그램 크기가 일반적으로 작기 때문에(최대 $n = 5$) 단어로 토큰화된 말뭉치에 잘 맞습니다. 하지만 이를 넘어가면 너무 많은 메모리가 소비되고 처리 속도도 느려집니다. 부분단어 토큰화가 더 효율적이지만 단어의 일부만 표현하는 n-그램을 만들기 때문에 다음 단어 예측의 품질이 낮아집니다.

단어 수준 토큰화는 또 다른 중요한 단점이 있습니다. 카운트 기반 모델은 OOV 단어를 다룰 수 없다는 점입니다. 이는 2.1절에서 소개한 BoW 방식에 있는 문제와 비슷합니다. 예를 들어, 문맥이 "according to WHO, COVID-19 is a"일 때를 생각해 보죠. "COVID-19"가 훈련 데이터에 없다면 모델이 "is a"에 도달하기까지 반복적으로 백오프할 것입니다. 이로 인해 의미 있는 예측을 위한 문맥이 크게 제한됩니다.

카운트 기반 모델은 언어에서 멀리 떨어진 의존성을 포착할 수도 없습니다. 최신 트랜스포머 모델은 수천 개의 토큰을 다룰 수 있지만 문맥이 1,000개 토큰인 카운트 기반 모델을 훈련하려면 $n=1$에서 $n=1000$까지 모든 n-그램을 위한 카운트를 저장해야 하므로 엄청난 양의 메모리 필요합니다.

또한 이런 모델은 훈련 후에 n-그램 카운트가 고정되므로 후속 작업에 적용할 수 없습니다. 이 값을 바꾸려면 새로운 데이터에서 다시 훈련해야 합니다.

이런 제약 때문에 고급 방법이 개발되었습니다. 특히 신경망 기반 언어 모델은 현대 자연어 처리 분야에서 카운트 기반 모델을 많이 대체하고 있습니다. 다음 두 장에서 살펴볼 순환 신경망과 트랜스포머 같은 접근 방법은 긴 문맥을 효과적으로 다루어 일관성 있고 문맥을 고려한 텍스트를 생성합니다. 이 모델들을 살펴보기 전에 언어 모델의 품질을 평가하는 방법을 알아보겠습니다.

2.6 언어 모델 평가

언어 모델을 평가하면 모델의 성능을 측정하고 모델을 비교할 수 있습니다. 이때 여러 가지 측정 지표와 기법이 사용됩니다. 이 절에서 주요 측정 방법을 살펴보겠습니다.

2.6.1 혼잡도

혼잡도(perplexity)는 언어 모델 평가에 널리 사용되는 지표로, 모델이 텍스트를 얼마나 잘 예측하는지를 측정하여 보여 줍니다. 혼잡도 값이 낮을수록 예측에 확신이 높으므로 더 좋은 모델입니다. 혼잡도는 테스트 세트에 있는 각 토큰에 대한 평균 음의 로그 가능도(negative log-likelihood, NLL)가 지수이고 밑이 e인 지수 함수로 정의됩니다.

$$\text{Perplexity}(\mathcal{D}, k) = \exp\left(-\frac{1}{D}\sum_{i=1}^{D}\log \Pr(t_i | t_{\max(1, i-k)}, \ldots, t_{i-1})\right) \quad (2.5)$$

여기서 $\mathcal{D}$는 테스트 세트를 나타내고, D는 테스트 세트에 있는 총 토큰 개수입니다. t_i는 i번째 토큰이고, $\Pr(t_i | t_{\max(1, i-k)}, \ldots, t_{i-1})$는 모델이 윈도 크기 k의

문맥이 주어졌을 때 t_i에 할당한 확률입니다. $\max(1, i-k)$는 문맥 윈도를 채울 만큼 이전 토큰이 충분하지 않을 때 첫 번째 토큰부터 시작하게 만듭니다. $\exp(x)$와 e^x는 동일하며, 여기서 e는 오일러 수입니다.

식 (2.5)에 있는 음의 로그 가능도(NLL)는 언어 모델이 할당한 확률의 음의 로그입니다. 모델이 "language models are"와 같은 텍스트를 처리하여 다음 단어 "cool"에 확률 0.77을 할당한다면, NLL은 $-\log(0.77)$이 됩니다. '음의' 로그 가능도라고 부르는 이유는 로그에 음수를 취하기 때문이며, '가능도'는 모델이 계산한 조건부 확률을 나타냅니다. 언어 모델링에서 NLL은 두 가지 목적으로 사용됩니다. 훈련 과정에서 모델이 확률 분포를 잘 학습하도록 돕는 손실 함수로 동작합니다(다음 장에서 순환 신경망 언어 모델을 훈련할 때 살펴보겠습니다). 또한 NLL은 혼잡도 공식에서 보듯이 모델이 텍스트를 얼마나 잘 예측하는지 평가하는 데 사용됩니다.

혼잡도는 기하 평균(geometric mean) 공식을 통해 더 직관적으로 이해할 수 있습니다. 어떤 숫자 집합의 기하 평균은 숫자들을 곱한 것의 D 제곱근입니다 (D는 값의 개수입니다). 혼잡도는 역확률의 기하 평균입니다.

$$\text{Perplexity}(\mathcal{D}, k) = \left(\prod_{i=1}^{D} \frac{1}{\Pr(t_i | t_{\max(1, i-k)}, \ldots, t_{i-1})}\right)^{\frac{1}{D}}$$

이 공식은 혼잡도가 모델이 토큰을 예측할 때 혼란스러운 정도를 가중 평균한 것임을 보여 줍니다. 혼잡도가 10이면 평균적으로 모델이 단계마다 10개의 가능성 중에서 하나를 균등하게 선택하는 정도로 불확실하다는 의미입니다.

> ✓ 언어 모델이 크기가 V인 어휘사전에 있는 모든 토큰에 동일한 확률을 할당한다면 혼잡도는 V가 됩니다. 이것이 혼잡도의 상한선입니다. 모델이 모든 가능한 토큰에 동일한 가능성을 할당할 때보다 더 혼란스러울 수는 없기 때문입니다.

위에서 본 두 버전의 혼잡도 공식은 수학적으로 동등합니다(증명은 책의 위키를 참고하세요). 하지만 지수 형태가 로그를 사용해 곱셈을 덧셈으로 바꾸기 때문에 계산이 더 간편하며 수치적으로 안정적입니다.

구두점은 무시하고 단어 수준 토큰화를 적용하여 샘플 텍스트 "We are evaluating a language model for English."의 혼잡도를 계산해 보죠. 간단한 예를 위해 문맥의 크기를 최대 세 단어로 가정합니다. 세 단어로 이루어진 문맥을 기반으로 모델이 제공한 각 단어의 확률은 다음과 같습니다.

$$\begin{aligned}
\Pr(\text{We}) &= 0.10 \\
\Pr(\text{are} \mid \text{We}) &= 0.20 \\
\Pr(\text{evaluating} \mid \text{We, are}) &= 0.05 \\
\Pr(\text{a} \mid \text{We, are, evaluating}) &= 0.50 \\
\Pr(\text{language} \mid \text{are, evaluating, a}) &= 0.30 \\
\Pr(\text{model} \mid \text{evaluating, a, language}) &= 0.40 \\
\Pr(\text{for} \mid \text{a, language, model}) &= 0.15 \\
\Pr(\text{English} \mid \text{language, model, for}) &= 0.25
\end{aligned}$$

이 확률을 사용해 각 단어의 음의 로그 가능도를 계산합니다.

$$\begin{aligned}
-\log\bigl(P(\text{We})\bigr) &= -\log(0.10) \approx 2.30 \\
-\log\bigl(P(\text{are} \mid \text{We})\bigr) &= -\log(0.20) \approx 1.61 \\
-\log\bigl(P(\text{evaluating} \mid \text{We, are})\bigr) &= -\log(0.05) \approx 3.00 \\
-\log\bigl(P(\text{a} \mid \text{We, are, evaluating})\bigr) &= -\log(0.50) \approx 0.69 \\
-\log\bigl(P(\text{language} \mid \text{are, evaluating, a})\bigr) &= -\log(0.30) \approx 1.20 \\
-\log\bigl(P(\text{model} \mid \text{evaluating, a, language})\bigr) &= -\log(0.40) \approx 0.92 \\
-\log\bigl(P(\text{for} \mid \text{a, language, model})\bigr) &= -\log(0.15) \approx 1.90 \\
-\log\bigl(P(\text{English} \mid \text{language, model, for})\bigr) &= -\log(0.25) \approx 1.39
\end{aligned}$$

그런 다음 이 값을 더하고 단어 개수(8)로 나누어 평균을 구합니다.

$$(2.30 + 1.61 + 3.00 + 0.69 + 1.20 + 0.92 + 1.90 + 1.39)/8 \approx 1.63$$

마지막으로 평균 음의 로그 가능도에 지수를 취해 혼잡도를 구합니다.

$$e^{1.63} \approx 5.10$$

이 텍스트에서 세 단어의 문맥을 사용할 경우 모델의 혼잡도는 약 5.10입니다. 이는 평균적으로 모델이 매 예측마다 대략 동일한 가능성을 가진 5개의 옵션 중에서 선택하는 것처럼 동작한다는 의미입니다.

이제 이전 절에서 만든 카운트 기반 모델의 혼잡도를 계산해 보죠. 이렇게 하려면 모델이 주어진 문맥에 따라 토큰의 확률을 반환하도록 수정해야 합니다. 이전에 구현한 CountLanguageModel에 이 기능을 추가합니다.

```
def get_probability(self, token, context):
    for n in range(self.n, 1, -1):  ❶
        if len(context) >= n - 1:
            context_n = tuple(context[-(n - 1):])
            counts = self.ngram_counts[n - 1].get(context_n)
            if counts:  ❷
                total = sum(counts.values())  ❸
                count = counts.get(token, 0)
                if count > 0:
                    return count / total  ❹
    unigram_counts = self.ngram_counts[0].get(())  ❺
    count = unigram_counts.get(token, 0)
    V = len(unigram_counts)
    return (count + 1) / (self.total_unigrams + V)  ❻
```

get_probability 함수는 predict_next_token 함수와 비슷합니다. 두 함수 모두 n-그램 차수를 역으로 순회하고(❶), 관련 문맥(context_n)을 추출합니다. n-그램 카운트에 context_n이 있으면(❷), 이 함수는 토큰 카운트를 추출합니다. 만약 없다면 낮은 차수의 n-그램으로 백오프하고 최종적으로 유니그램을 사용합니다(❺).

가장 가능성이 높은 토큰을 바로 반환하는 predict_next_token과 달리 get_probability는 토큰의 확률을 계산합니다. ❸의 total은 문맥 뒤에 등장하는 토큰 카운트의 합이며 분모가 됩니다. ❹에서 토큰 카운트를 total로 나누어 확률을 계산합니다. 매칭되는 고차 n-그램이 없다면 ❻에서 애드원 스무딩을 적용한 유니그램 카운트를 사용합니다.

compute_perplexity 메서드는 토큰 시퀀스에 대한 언어 모델의 혼잡도를 계산합니다. 이 메서드는 세 개의 매개변수, 즉 모델, 토큰 시퀀스, 문맥 크기를 받습니다.

```
def compute_perplexity(model, tokens, context_size):
    if not tokens:
        return float('inf')
    total_log_likelihood = 0
    num_tokens = len(tokens)
    for i in range(num_tokens):  ❶
        context_start = max(0, i - context_size)
        context = tuple(tokens[context_start:i])  ❷
        word = tokens[i]
        probability = model.get_probability(word, context)
```

```
        total_log_likelihood += math.log(probability)  ❸
    average_log_likelihood = total_log_likelihood / num_tokens  ❹
    perplexity = math.exp(-average_log_likelihood)  ❺
    return perplexity
```

❶에서 이 함수는 시퀀스에 있는 각 토큰을 순회하면서 다음을 수행합니다.

- ❷에서 최대 context_size 크기의 이전 토큰을 사용해 문맥을 추출합니다. max(0, i - context_size)는 식 (2.5)에서처럼 문맥이 가능한 범위 내에 있도록 만듭니다.
- ❸에서 토큰 확률의 로그를 더해 누적 로그 가능도를 계산합니다. 확률 계산은 모델의 get_probability 메서드가 담당합니다.

모든 토큰이 처리되면 ❹에서 총 로그 가능도를 토큰 개수로 나누어 평균 로그 가능도를 계산합니다.

마지막으로 ❺에서 식 (2.5)와 같이 음의 로그 가능도에 지수를 취해 혼잡도를 계산합니다.

이 메서드를 *https://bit.ly/thelmbook-nb-2-2* 노트북에 있는 test_corpus 시퀀스에 적용하면 다음과 같은 결과를 얻습니다.

테스트 말뭉치에 대한 혼잡도: 299.06

혼잡도가 매우 높습니다. 예를 들어, GPT-2는 약 20 정도의 혼잡도를 가집니다. 최신 LLM은 5 이하의 값이 나옵니다. 나중에 RNN과 트랜스포머 기반 모델의 혼잡도를 계산해 보고 카운트 기반 모델과 비교해 보겠습니다.

2.6.2 ROUGE

혼잡도는 레이블이 없는 대규모 데이터셋에서 훈련된 언어 모델을 평가하는 기본 지표입니다. 이 방법은 모델이 문맥에서 다음 토큰을 얼마나 잘 예측하는지 측정합니다. 이런 모델을 **사전훈련된 모델**(pretrained model) 또는 베이스 모델(base model)이라 부릅니다. 대규모 언어 모델을 다루는 5장에서 살펴보겠지만, 특정 작업을 수행하거나 질문에 대답하는 모델의 능력은 **지도 학습 미세 튜닝**(supervised fine tuning)을 통해 얻어집니다. 이 추가적인 훈련에서는 레이블

이 있는 데이터셋을 사용합니다. 데이터셋은 입력 문맥에 매칭되는 타깃 출력
(예를 들어, 대답이나 작업에 특화된 결과)으로 구성됩니다. 이를 통해 문제 해
결 능력을 키울 수 있습니다.

혼잡도는 미세 튜닝된 모델을 평가하기에 이상적인 지표는 아닙니다. 그 대
신 모델의 출력을 정답(ground truth)이라 부르는 참조 텍스트와 비교하는 지
표가 필요합니다. 흔히 **ROUGE**(Recall-Oriented Understudy for Gisting Evaluation)가 많이 사용됩니다. ROUGE는 요약이나 기계 번역과 같은 작업에 널리
사용되며, 생성된 텍스트와 참조 텍스트 사이의 토큰이나 n-그램의 중복을 평
가하여 텍스트 품질을 평가합니다.

ROUGE는 여러 변형이 있으며, 각각 텍스트 유사도의 다른 측면에 초점
을 맞춥니다. 여기서는 널리 사용되는 세 가지 방법인 ROUGE-1, ROUGE-N,
ROUGE-L을 살펴보겠습니다.

ROUGE-N은 생성된 텍스트와 참조 텍스트 사이의 n-그램의 중복을 평가합니
다. 여기서 N은 n-그램의 길이를 나타냅니다. 가장 많이 사용되는 버전 중 하
나는 ROUGE-1입니다.

ROUGE-1은 생성된 텍스트와 참조 텍스트 사이의 유니그램(단일 토큰)의 중
복을 측정합니다. 재현율 기반 지표(ROUGE의 R이 재현율(recall)의 약자입
니다)로서 생성된 출력에서 참조 텍스트가 얼마나 많이 포착되었는지 평가합
니다.

재현율은 참조 텍스트에 있는 총 토큰 개수에 대한 매칭된 토큰 개수의 비율
입니다.

$$\text{재현율} \stackrel{\text{def}}{=} \frac{\text{매칭된 토큰 개수}}{\text{참조 텍스트에 있는 총 토큰 개수}}$$

ROUGE-1은 다음과 같이 정의됩니다.

$$\text{ROUGE-1} \stackrel{\text{def}}{=} \frac{\sum_{(g,r)\in\mathcal{D}} \sum_{t\in r} \text{count}(t,g)}{\sum_{(g,r)\in\mathcal{D}} \text{length}(r)}$$

여기서 $\mathcal{D}$는 (생성된 텍스트, 참조 텍스트) 쌍으로 구성된 데이터셋입니다.
count(t, g)는 생성된 텍스트 g에 참조 텍스트 r에 있는 토큰 t가 얼마나 많이 등

장하는지 카운트합니다. 분모는 모든 참조 텍스트에 있는 총 토큰 개수입니다.

이 계산을 이해하기 위해 간단한 예를 들어 보죠.

참조 텍스트	생성된 텍스트
Large language models are very important for text processing.	Large language models are useful in processing text.

단어 수준 토큰화를 적용하고 계산해 보죠.

- 매칭 단어: large, language, models, are, processing, text(6개 단어)
- 참조 텍스트에 있는 총 단어 수: 9
- ROUGE-1: $\frac{6}{9} \approx 0.67$

ROUGE-1 점수 0.67은 참조 텍스트에 있는 단어의 대략 2/3가 생성된 텍스트에 나타난다는 것을 의미합니다. 하지만 이 숫자만으로는 큰 의미가 없습니다. ROUGE 점수는 모델이 참조 텍스트의 내용을 효과적으로 포착했는지를 나타내므로 동일한 테스트 세트에서 여러 언어 모델을 비교하는 데만 유용합니다.

ROUGE-N은 동일한 공식을 사용하지만 유니그램에서 n-그램으로 ROUGE를 확장합니다.

ROUGE-L은 가장 긴 공통 부분시퀀스(longest common subsequence, LCS)에 의존합니다. LCS는 생성된 텍스트와 참조 텍스트에서 인접하지 않고 같은 순서대로 등장하는 가장 긴 토큰 시퀀스입니다.

g와 r을 각각 길이가 L_g과 L_r인 생성된 텍스트와 참조 텍스트라고 하면 재현율과 정밀도는 다음과 같습니다.

$$\text{재현율}_{\text{LCS}} \stackrel{\text{def}}{=} \frac{\text{LCS}(g,r)}{L_r}, \quad \text{정밀도}_{\text{LCS}} \stackrel{\text{def}}{=} \frac{\text{LCS}(g,r)}{L_g}$$

여기서 $\text{LCS}(L_g, L_r)$는 생성된 텍스트 g와 참조 텍스트 r 사이의 LCS에 있는 토큰 수를 나타냅니다. 재현율은 LCS로 포착된 참조 텍스트의 비율을 측정합니다. 정밀도는 참조 텍스트에 매핑하는 생성된 텍스트의 비율을 측정합니다. 재현율과 정밀도는 다음처럼 하나의 지표로 결합할 수 있습니다.

$$\text{ROUGE-L} \stackrel{\text{def}}{=} (1 + \beta^2) \times \frac{\text{재현율}_{\text{LCS}} \times \text{정밀도}_{\text{LCS}}}{\text{재현율}_{\text{LCS}} + \beta^2 \times \text{정밀도}_{\text{LCS}}}$$

β는 ROUGE-L 점수에서 정밀도와 재현율 사이의 트레이드오프를 제어합니다. ROUGE는 일반적으로 재현율에 더 중점을 두므로 β로는 8과 같이 높은 값을 사용합니다.[8]

앞의 두 텍스트를 다시 사용해 ROUGE-L을 설명해 보죠. 두 문장에서 가장 긴 부분시퀀스는 2개이며, 각각 5개의 단어로 구성됩니다.

LCS 1	LCS 2
Large, language, models, are, text	Large, language, models, are, processing

두 부분시퀀스는 연속적이지는 않지만 동일한 순서로 등장하는 토큰으로 이루어진 가장 긴 부분시퀀스입니다. LCS가 여러 개이지만 ROUGE-L은 길이가 동일하면 어떤 것을 사용해도 괜찮습니다.

계산 방식은 다음과 같습니다. LCS의 길이는 5개 단어입니다. 참조 텍스트의 길이는 9개 단어이고, 생성된 텍스트의 길이는 8개 단어입니다. 따라서 재현율과 정밀도는 다음과 같습니다.

$$\text{재현율}_{\text{LCS}} = \frac{5}{9} \approx 0.56, \quad \text{정밀도}_{\text{LCS}} = \frac{5}{8} \approx 0.63$$

$\beta = 8$인 경우 ROUGE-L은 다음과 같습니다.

$$\text{ROUGE-L} = \frac{(1 + 8^2) \cdot 0.56 \cdot 0.63}{0.56 + 8^2 \cdot 0.63} \approx 0.56$$

ROUGE 점수는 0에서 1 사이의 범위를 가집니다. 1은 생성된 텍스트와 참조 텍스트가 완벽하게 일치한다는 것을 의미합니다. 하지만 실제로는 훌륭한 요약이나 번역도 1에 도달하는 경우가 거의 없습니다.

적절한 ROUGE 지표는 작업에 따라 다릅니다.

---

8 (옮긴이) β가 0에 가까워지면 $(1 + \beta^2)$와 $\beta^2 \times$ 정밀도가 0에 가까워지므로 ROUGE-L은 정밀도에 의해 결정됩니다. β가 매우 커지면 ROUGE-L은 $\beta^2 \times$ 재현율 $\times$ 정밀도 $/ \beta^2 \times$ 정밀도와 같이 간소화할 수 있으므로 재현율이 중요해집니다.

- ROUGE-1과 ROUGE-2는 표준적인 시작점입니다. ROUGE-1은 유니그램 중복을 사용해 전반적인 콘텐츠 유사도를 확인합니다. ROUGE-2는 바이그램 중복을 통해 국부적으로 유창성과 구문 정확성을 평가합니다.
- 문장 구조와 흐름 측면에서 텍스트 품질을 평가할 때, 특히 요약과 번역 작업에서 ROUGE-L이 ROUGE-1이나 ROUGE-2보다 선호됩니다. ROUGE-L은 상대적인 순서가 같은 가장 긴 단어 시퀀스를 포착하여 문법적 일관성을 잘 반영하기 때문입니다.
- 기술 용어나 관용구와 같은 긴 패턴을 보전하는 것이 중요한 경우 ROUGE-3이나 ROUGE-4와 같은 지표가 더 잘 맞을 수 있습니다.

ROUGE-1, ROUGE-2, ROUGE-L 같은 지표를 조합하면 콘텐츠 중복과 구조적 유연성을 모두 포괄하는 균형 잡힌 평가를 수행할 수 있는 경우가 많습니다.

하지만 ROUGE는 한계가 있다는 점을 기억하세요. 어휘 중복을 측정하지만 의미 유사성이나 사실적으로 정확한지는 측정하지 않습니다. 이런 차이를 극복하고 텍스트의 품질을 완벽하게 평가하기 위해 ROUGE는 사람의 평가나 다른 방법과 함께 수행되는 경우가 많습니다.

2.6.3 사람의 평가

자동화된 평가가 유용하지만 언어 모델을 평가하려면 사람의 평가가 여전히 필요합니다. 사람은 유창성이나 정확성과 같이 자동화된 지표가 놓치는 품질을 평가할 수 있습니다. 사람의 평가에 사용되는 두 가지 방법은 리커트 척도(Likert scale)와 엘로 평점(Elo rating)입니다.

리커트 척도는 일반적으로 대칭적이고 고정된 척도를 사용해 출력에 점수를 할당합니다. 평가자는 보통 −2~2 사이의 점수를 선택하여 품질을 평가합니다. 각각의 척도는 하나의 설명 레이블(descriptive label)에 대응됩니다. 예를 들어 −2는 '매우 동의하지 않음'이나 '나쁨'을 의미하고, 2는 '매우 동의함'이나 '좋음'을 의미할 수 있습니다. 척도는 중립적인 중간 위치부터 동의와 반대 수준이 동일하기 때문에 대칭적입니다. 이 때문에 긍정적인 응답과 부정적인 응답을 이해하기 쉽습니다.

리커트 척도는 유창성, 일관성, 관련성, 정확성과 같이 언어 모델 출력의 다양한 측면을 평가하는 데 유연하게 적용할 수 있습니다. 예를 들어, 평가자는 문장의 문법적 정확성과 프롬프트와의 관련성을 -2와 2 사이의 척도로 각각 평가할 수 있습니다.

하지만 이 방법은 한계점이 있습니다. 그중에 하나는 평가자가 극단적인 값을 피하고 중간 척도를 선호하는 **중심 경향 편향**(central tendency bias)입니다. 또 다른 문제는 평가자가 척도를 해석하는 방법이 일치하지 않는다는 것입니다. 어떤 평가자는 아주 예외적으로 뛰어난 출력에 2를 할당하지만, 다른 평가자는 고품질 응답에 2를 할당할 수 있습니다.

이런 문제를 완화하기 위해 연구자들은 여러 명의 평가자를 활용하고, 같은 평가자에게 비슷한 질문을 다른 방식으로 제시하고, 각 척도를 자세히 설명하여 명확하게 정의합니다.

뉴스 자동 요약을 평가하는 시나리오를 사용해 리커트 척도 평가를 설명해 보죠.

사람 평가자는 모델이 생성한 요약을 원본 기사와 비교합니다. 5점 리커트 척도로 일관성, 유익성, 사실적 정확성 세 가지 측면을 평가합니다.

예를 들어, 왼쪽의 뉴스 기사를 오른쪽과 같이 자동으로 요약했다고 가정해 보죠.

평가자는 이런 세 가지 기준이 얼마나 효과적으로 만족되는지를 기반으로 요약을 평가합니다.

일관성(요약이 얼마나 잘 구성되어 있고, 읽기 쉽고, 논리적으로 연결되어 있는지)의 평가 척도는 다음과 같습니다.

매우 나쁨	나쁨	보통	좋음	아주 좋음
-2	-1	0	1	2

유익성(요약이 원본 기사의 핵심과 요지를 얼마나 잘 포착하는지)의 평가 척도는 다음과 같습니다.

유익하지 않음	조금 유익하지 않음	중간 정도	매우 유익함	엄청나게 유익함
-2	-1	0	1	2

사실적 정확성(요약이 얼마나 원본 기사의 사실과 데이터를 잘 표현하는지)의 평가 척도는 다음과 같습니다.

매우 부정확함	일부 부정확함	대부분 정확함	매우 정확함	완벽함
-2	-1	0	1	2

이 예에서 평가자는 세 가지 측면에 대해 각각 하나의 옵션을 선택합니다. 척도의 각 지점에 설명적 기준(anchor)[9]을 사용하면 평가자 간의 이해를 표준화하는 데 도움이 됩니다.

여러 평가자로부터 다양한 요약에 대한 평가를 수집한 후 연구자들은 여러 방식으로 데이터를 분석합니다.

- 모든 요약과 평가자에 대해 각 기준의 점수를 평균하여 전반적인 성능 측정값을 얻습니다.
- 여러 버전의 모델에서 점수를 비교하여 성능 향상을 추적합니다.

---

[9] (옮긴이) 설명적 기준이란 '매우 낮음', '매우 높음'과 같이 각 지점에 부여된 레이블을 의미합니다.

- 다른 기준 간의 상관관계를 분석합니다(예를 들어, 높은 일관성은 높은 사실적 정확성과 연관성이 있나요?)

 리커트 척도는 원래 사람을 대상으로 고안되었지만, 고급 채팅 언어 모델의 등장으로 이제는 평가자가 사람일 수도 있고 언어 모델일 수도 있습니다.

쌍별 비교(pairwise comparison)는 두 개의 출력을 나란히 평가하고, 특정 기준에 따라 더 나은 출력을 선택하는 방법입니다. 이는 특히 출력의 품질이 비슷하거나 변화가 크지 않을 때 의사 결정을 간소화시켜 줍니다.

이 방법은 상대적인 판단이 절대적인 판단보다 쉽다는 원리를 기반으로 합니다. 이진 선택(binary choice)은 절대적인 평가에 비해 일관되고 신뢰할 수 있는 결과를 만드는 경우가 많습니다.

실제로 평가자는 번역, 요약, 답변과 같은 출력 쌍을 비교하고, 일관성, 유익성, 사실적 정확성과 같은 기준을 바탕으로 더 나은 것을 결정합니다.

예를 들어, 기계 번역 평가에서 평가자는 소스 문장에 대한 번역 쌍을 비교하여 목적 언어로 원본 문장의 의미를 더 잘 보존하는 것을 선택합니다. 많은 쌍에 대해 이 과정을 반복하여 평가자가 여러 모델이나 버전을 비교할 수 있습니다.

쌍별 비교는 모델이나 모델 버전의 순위를 매기는 데 도움이 됩니다. 여기서 평가자는 여러 쌍을 평가하면서 각 모델을 여러 번에 걸쳐 다른 모델과 비교합니다. 이런 반복이 개인적인 편향을 최소화하고 더 신뢰할 수 있는 평가를 제공합니다. 이와 유사한 방법으로 **랭킹**(ranking)이 있는데, 이는 평가자가 품질에 따라 여러 응답의 순서를 매깁니다. 랭킹은 쌍별 비교보다 노력은 덜 들이고 상대적인 품질을 파악할 수 있습니다.

일반적으로 쌍별 비교의 결과를 통계적으로 분석하여 모델 사이의 유의미한 차이를 결정합니다. 이런 분석에 흔히 사용되는 방법은 엘로 평가 시스템입니다.

엘로 평점(Elo rating)은 1960년에 아르파드 엘로(Arpad Elo)가 체스 선수 순위를 매기기 위해 개발했지만, 언어 모델 평가에도 적용할 수 있습니다. 이 시스템은 모델을 일대일로 비교해 '승리'와 '패배'를 기반으로 점수를 할당하여 상대적인 모델 성능을 정량화합니다.

언어 모델 평가에서 모든 모델은 초기 평점, 가령 1500으로 시작합니다. 두 모델을 비교할 때 한 모델의 승리 확률을 현재 평점으로 계산합니다. 비교 후에 실제 결과와 기대 결과를 비교하여 평점을 업데이트합니다.

평점이 $\text{Elo}(A)$인 모델 A가 평점이 $\text{Elo}(B)$인 모델 B를 이길 확률은 다음과 같습니다.

$$\Pr(A\ 승리) = \frac{1}{1 + 10^{(\text{Elo}(B) - \text{Elo}(A))/400}}$$

✅ 엘로 공식에서 400은 스케일링 인자로 동작하며, 평점 차이과 승리 확률 사이의 로그 관계를 형성합니다.[10] 아르파드 엘로가 400이라는 숫자를 선택한 이유는 400점의 평점 차이가 높은 평점을 가진 체스 선수가 10:1의 비율로 이긴다는 것을 반영하기 위해서입니다.[11] 원래 체스를 위해 고안되었지만 이 스케일링 인자는 언어 모델 평가와 같은 다른 분야에도 효과적이라는 것이 입증되었습니다.

비교가 끝난 후에 평점은 다음 공식을 사용해 업데이트됩니다.

$$\text{Elo}(A) \leftarrow \text{Elo}(A) + k \times (\text{score}(A) - \Pr(A\ 승리))$$

여기서 k(보통 4에서 32 사이)는 최대 평점 변화를 제어합니다. $\text{score}(A)$는 결과를 반영하며, 승리는 1, 패배는 0, 무승부는 0.5입니다.

세 모델 LM_1, LM_2, LM_3이 있다고 가정해 보죠. 일관된 텍스트를 이어서 생성하는 능력을 기반으로 이 모델들을 평가해 보겠습니다. 초기 평점이 다음과 같다고 가정합니다.

$$\begin{aligned}\text{Elo}(\text{LM}_1) &= 1500 \\ \text{Elo}(\text{LM}_2) &= 1500 \\ \text{Elo}(\text{LM}_3) &= 1500\end{aligned}$$

---

10 (옮긴이) 엘로 공식은 시그모이드 함수와 매우 비슷하며 오일러 수 대신 밑이 10인 로그를 사용합니다. 엘로 공식을 $(\text{Elo}(B) - \text{Elo}(A))/400$에 대해 정리하면 좌변은 $\log_{10}\frac{\Pr_A}{1-\Pr_A}$이 됩니다. $\Pr_A$는 모델 A가 이길 확률입니다.

11 (옮긴이) 두 선수의 엘로 평점 차이가 400이라면 $\text{Elo}(B) - \text{Elo}(A) = -400$이 되므로 $\Pr(A\ 승리) = \frac{1}{1+10^{-400/400}} = 0.909$가 됩니다.

여기서 $k = 32$를 사용하겠습니다.

프롬프트: "The scientists were shocked when they discovered…"

LM_1: "…a new species of butterfly in the Amazon rainforest. Its wings were unlike anything they had ever seen before."

LM_2: "…that the ancient artifact they unearthed was emitting a faint, pulsating light. They couldn't explain its source."

LM_3: "…the results of their experiment contradicted everything they thought they knew about quantum mechanics."

쌍별 비교를 수행하여 다음과 같은 결과를 얻었습니다.

1. LM_1 vs LM_2: LM_1 승리
    - $\Pr(LM_1 \text{ 승리}) = \dfrac{1}{1 + 10^{(1500-1500)/400}} = 0.5$
    - LM_1의 새 평점 $\leftarrow 1500 + 32(1 - 0.5) = 1516$
    - LM_2의 새 평점 $\leftarrow 1500 + 32(0 - 0.5) = 1484$

2. LM_1 vs LM_3: LM_3 승리
    - $\Pr(LM_1 \text{ 승리}) = \dfrac{1}{1 + 10^{(1500-1516)/400}} \approx 0.523$
    - LM_1의 새 평점 $\leftarrow 1516 + 32(0 - 0.523) \approx 1499$
    - LM_3의 새 평점 $\leftarrow 1500 + 32(1 - 0.477) \approx 1517$

3. LM_2 vs LM_3: LM_3 승리
    - $\Pr(LM_2 \text{ 승리}) = \dfrac{1}{1 + 10^{(1517-1484)/400}} \approx 0.453$
    - LM_2의 새 평점 $\leftarrow 1484 + 32(0 - 0.453) \approx 1470$
    - LM_3의 새 평점 $\leftarrow 1517 + 32(1 - 0.547) \approx 1531$

세 번의 비교 후 최종 평점은 다음과 같습니다.

$$\begin{aligned} \text{Elo}(LM_1) &= 1499 \\ \text{Elo}(LM_2) &= 1470 \\ \text{Elo}(LM_3) &= 1531 \end{aligned}$$

엘로 평점은 모델의 상대적인 성능을 정량화합니다. 이 예에서는 LM_3이 가장

강력하고 그다음은 순서대로 LM₁과 LM₂입니다.

성능은 한 번의 비교로 결정되지 않고 여러 번의 쌍별 비교가 필요합니다. 이는 개별 비교의 무작위한 변동이나 편향을 제한하여 모델의 성능을 더 잘 추정할 수 있습니다.

다양한 프롬프트나 입력을 사용하면 다양한 맥락이나 작업에 대해서 평가를 수행할 수 있습니다. 사람 평가자가 참여하는 경우 개인적인 편향을 줄이기 위해 여러 평가자가 각각의 비교를 평가합니다.

순서 효과를 피하기 위해 비교 순서와 출력 순서는 모두 무작위로 생성합니다. 매 비교 후에 엘로 평점을 업데이트합니다.

신뢰할 만한 결과가 되기까지 얼마나 많은 비교가 필요할까요? 모든 경우에 적용되는 일반적인 횟수는 없습니다. 일반적인 가이드라인으로 일부 연구자들은 안정적인 엘로 평점을 얻으려면 각 모델이 최소한 100~200번의 비교에 참여해야 한다고 주장합니다. 높은 신뢰도의 점수를 얻으려면 이상적으로 500번 이상 비교를 해야 한다고 합니다. 하지만 고위험 모델을 평가하거나 매우 비슷한 모델을 평가할 때는 수천 번의 비교가 필요할 수도 있습니다.

 모델의 엘로 평점에 대한 **신뢰 구간**(confidence interval)을 계산하기 위해 통계적 방법을 사용할 수 있습니다. 이 방법을 설명하는 것은 책의 범위를 벗어납니다. 관심 있는 독자는 **브래들리-테리 모델**(Bradley–Terry model)과 **부트스트랩 리샘플링**(bootstrap resampling)을 먼저 알아보세요. 두 방법 모두 문서화가 잘 되어 있으며, 책의 위키에서 관련 자료에 대한 링크를 제공합니다.

엘로 평점은 모델 순위를 매기는 데 연속적인 척도를 제공하여 점진적인 성능 향상을 추적하기 쉽습니다. 이 시스템은 약한 상대보다 강한 상대를 이긴 것에 더 많은 보상을 합니다. 이 시스템은 불완전한 비교 데이터도 다룰 수 있으므로 모든 모델을 모든 다른 모델과 비교할 필요가 없습니다. 하지만 k 값의 선택은 평점의 변동에 큰 영향을 미칩니다. k를 잘못 선택하면 평가의 안정성을 훼손할 수 있습니다.

이런 한계를 극복하기 위해 엘로 평점은 다른 평가 방법과 함께 사용되는 경우가 많습니다. 예를 들어, 연구자들은 쌍별 비교로 모델의 순위를 매기기 위해 엘로 평점을 사용하면서, 리커트 척도 평점을 수집하여 절대적인 품질을 평가합니다. 이런 복합적인 평가 방식은 언어 모델 평가에 대한 포괄적인 견해를 제시할 수 있게 해 줍니다.

이제 언어 모델링과 평가 방법에 대해 다루었으니 더 고급 모델 구조인 순환 신경망(RNN)에 대해 살펴보겠습니다. RNN은 텍스트 처리에서 큰 진전을 이루었습니다. 긴 시퀀스에서도 문맥을 유지하는 능력을 보여 주었으며, 이를 통해 강력한 언어 모델을 구축할 수 있게 되었습니다.

3장

The Hundred-Page Language Models Book

순환 신경망

이 장에서는 순차 데이터 처리에 혁명을 일으킨 구조인 순환 신경망(RNN)에 대해 알아보겠습니다. 트랜스포머가 많은 애플리케이션에서 주류가 되었지만, 먼저 RNN을 이해하는 것이 이상적인 순서입니다. RNN의 우아한 구조는 핵심적인 순차 처리 개념을 알려 주며, 이를 통해 트랜스포머 이면의 수학을 쉽게 이해할 수 있게 해 줍니다. RNN의 구조와 함께 RNN이 언어 모델링에 어떻게 적용되는지 살펴보고 더 발전된 구조를 배우기 위한 발판을 만들어 보겠습니다.

3.1 엘만 RNN

순환 신경망(recurrent neural network, RNN)은 순차 데이터(sequential data)를 위해 고안된 신경망입니다. 피드포워드 신경망과 달리 RNN은 유닛 사이에 있는 연결에 루프가 포함되어 있어 시퀀스에서 한 단계의 정보가 다음 단계로 전달될 수 있습니다. 이로 인해 시계열 분석(time series analysis), 자연어 처리와 다른 순차 데이터 문제와 같은 작업에 잘 맞습니다.

    RNN의 순차 특징을 설명하기 위해 하나의 유닛을 가진 신경망과 입력 문서 "Learning from text is cool."이 있다고 가정해 보죠. 대소문자와 구두점은 무시하고 이 문서를 표현하는 행렬은 다음과 같습니다.

단어	임베딩 벡터
learning	$[0.1, 0.2, 0.6]^\top$
from	$[0.2, 0.1, 0.4]^\top$
text	$[0.1, 0.3, 0.3]^\top$
is	$[0.0, 0.7, 0.1]^\top$
cool	$[0.5, 0.2, 0.7]^\top$
PAD	$[0.0, 0.0, 0.0]^\top$

이 행렬의 각 행은 신경망 훈련 과정에서 학습된 단어 임베딩을 나타냅니다. 단어의 순서는 보존됩니다. 행렬 차원은 (시퀀스 길이, 임베딩 차원)입니다. 시퀀스 길이는 문서에 있는 최대 단어 개수입니다. 이보다 짧은 문서는 패딩 토큰(이 예제에서는 PAD)으로 패딩되고, 더 긴 문서는 잘립니다. 패딩(padding)은 더미 임베딩(dummy embedding)으로 일반적으로 영벡터입니다.

수학적으로 표현하면, 이 행렬은 다음과 같습니다.

$$\mathbf{X} = \begin{bmatrix} 0.1 & 0.2 & 0.6 \\ 0.2 & 0.1 & 0.4 \\ 0.1 & 0.3 & 0.3 \\ 0.0 & 0.7 & 0.1 \\ 0.5 & 0.2 & 0.7 \\ 0.0 & 0.0 & 0.0 \end{bmatrix}$$

5개의 3차원 임베딩 벡터 $\mathbf{x}_1, \dots, \mathbf{x}_5$가 있으며, 각 벡터는 문서에 있는 단어를 나타냅니다. 예를 들어, $\mathbf{x}_1 = [0.1, 0.2, 0.6]^\top$, $\mathbf{x}_2 = [0.2, 0.1, 0.4]^\top$ 등입니다. 여섯 번째 벡터는 패딩 벡터입니다.

1990년 제프리 로크 엘만(Jeffrey Locke Elman)이 소개한 엘만 RNN(Elman RNN)은 단순한 순환 신경망입니다. 다음 그림처럼 임베딩 벡터의 시퀀스를 한 번에 하나씩 처리합니다.

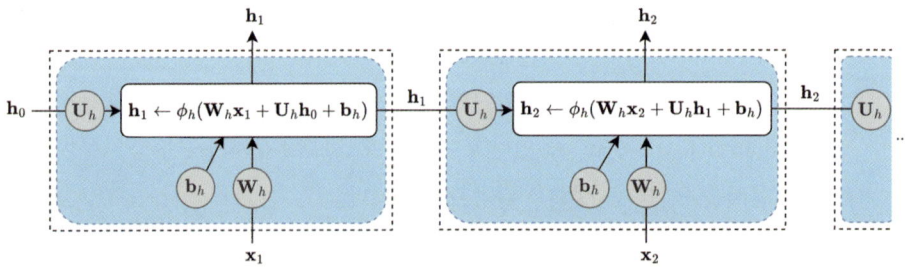

각 타임 스텝(time step) t에서 현재 입력 임베딩 $\mathbf{x}_t$와 이전 은닉 상태 $\mathbf{h}_{t-1}$가 훈련 가능한 가중치 행렬 $\mathbf{W}_h$ 및 $\mathbf{U}_h$와 곱해진 후 편향 벡터 $\mathbf{b}_h$를 더해 결합되어 업데이트된 은닉 상태 $\mathbf{h}_t$를 만듭니다. 스칼라를 출력하는 MLP 유닛과 달리 RNN 유닛은 벡터를 출력하고 하나의 층처럼 동작합니다.[1] 초기 은닉 상태 $\mathbf{h}_0$는 일반적으로 영벡터입니다.

은닉 상태(hidden state)는 시퀀스에 있는 이전 스텝의 정보를 기억하는 메모리 벡터입니다. 현재 입력과 지난 은닉 상태를 사용해 매 스텝마다 업데이트되며, 신경망이 앞선 단어의 문맥을 사용해 문장의 다음 단어를 예측하는 데 도움을 줍니다.

심층 신경망을 만들려면 두 번째 RNN 층을 추가합니다. 첫 번째 층의 출력 $\mathbf{h}_t$는 두 번째 층의 입력이 되고, 두 번째 층의 출력이 신경망의 최종 출력이 됩니다.

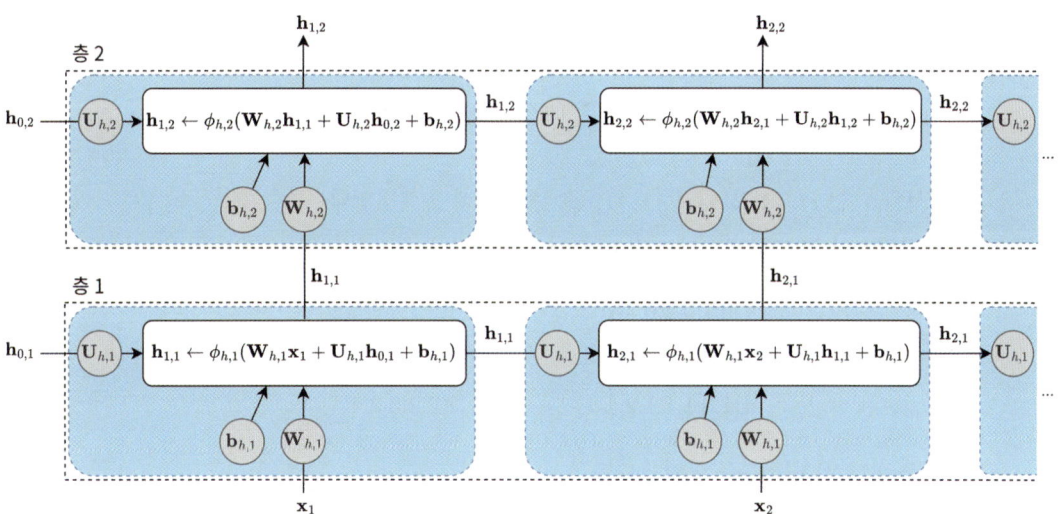

그림 3.1 두 개의 층을 가진 엘만 RNN. 첫 번째 층의 출력이 두 번째 층의 입력이 됩니다.

---

1 (옮긴이) 일반적으로 RNN에서 층을 셀(cell)이라 부르며, 유닛 개수는 층의 출력 크기(가중치 행렬 $\mathbf{W}$, $\mathbf{U}$의 열 개수)를 의미합니다. 이 책에서는 셀을 유닛이라 부릅니다.

3.2 미니 배치 경사 하강법

RNN 모델을 구현하기 전에 입력 데이터의 구조에 대해 먼저 살펴봅시다. 1.7절에서 경사 하강법 단계마다 전체 데이터셋을 사용했습니다. 앞으로 모든 모델 훈련에는 대규모 모델과 데이터셋에서 널리 사용되는 **미니 배치 경사 하강법**(mini-batch gradient descent)을 사용하겠습니다. 미니 배치 경사 하강법은 데이터의 작은 부분집합에서 도함수를 계산하여 학습 속도를 높이고 메모리 사용량을 줄이는 방법입니다.

미니 배치 경사 하강법을 사용하는 경우 데이터 크기는 (미니 배치 크기, 시퀀스 길이, 임베딩 차원)의 형태가 됩니다. 이 구조로 훈련 세트를 고정된 크기의 미니 배치로 나누고, 각 미니 배치에는 일정한 길이의 임베딩 시퀀스가 담깁니다. (지금부터는 '배치'와 '미니 배치'를 같은 의미로 사용합니다.)

예를 들어, 배치 크기가 2, 시퀀스 길이가 4, 임베딩 차원이 3이라면 미니 배치는 다음과 같이 나타낼 수 있습니다.

$$\text{배치} = \begin{bmatrix} \text{seq}_{1,1} & \text{seq}_{1,2} & \text{seq}_{1,3} & \text{seq}_{1,4} \\ \text{seq}_{2,1} & \text{seq}_{2,2} & \text{seq}_{2,3} & \text{seq}_{2,4} \end{bmatrix}$$

여기서 $\text{seq}_{i,j}$는 $i \in \{1, 2\}$이고 $j \in \{1, \dots, 4\}$인 임베딩 벡터입니다.

각 시퀀스의 임베딩 벡터가 다음과 같다고 가정해 보죠.

$$\text{seq}_1 : \begin{bmatrix} 0.1, 0.2, 0.3 \\ 0.4, 0.5, 0.6 \\ 0.7, 0.8, 0.9 \\ 1.0, 1.1, 1.2 \end{bmatrix} \quad \text{seq}_2 : \begin{bmatrix} 1.3, 1.4, 1.5 \\ 1.6, 1.7, 1.8 \\ 1.9, 2.0, 2.1 \\ 2.2, 2.3, 2.4 \end{bmatrix}$$

이 경우 미니 배치는 다음과 같습니다.

$$\text{배치} = \begin{bmatrix} [0.1, 0.2, 0.3] & [0.4, 0.5, 0.6] & [0.7, 0.8, 0.9] & [1.0, 1.1, 1.2] \\ [1.3, 1.4, 1.5] & [1.6, 1.7, 1.8] & [1.9, 2.0, 2.1] & [2.2, 2.3, 2.4] \end{bmatrix}$$

경사 하강법 단계마다 다음을 수행합니다.

1. 훈련 세트에서 미니 배치를 추출합니다.
2. 이를 신경망에 통과시킵니다.

3. 손실을 계산합니다.
4. 그레이디언트를 계산합니다.
5. 모델 파라미터를 업데이트합니다.
6. 단계 1로 돌아가 반복합니다.

매 단계마다 전체 훈련 세트를 사용하는 경우보다 미니 배치 경사 하강법이 더 빠르게 수렴(convergence)되는 경우가 많습니다. 또한 최신 하드웨어의 병렬 처리 기능을 활용하여 대규모 모델과 데이터셋을 효율적으로 다룰 수 있습니다. 파이토치에서는 배치에 샘플이 하나만 있더라도 입력 데이터의 첫 번째 차원으로 배치 차원을 지정해야 합니다.

3.3 RNN 구현하기

이제 엘만 RNN 유닛을 구현해 보죠.

```
import torch
import torch.nn as nn

class ElmanRNNUnit(nn.Module):
    def __init__(self, emb_dim):
        super().__init__()
        self.Uh = nn.Parameter(torch.randn(emb_dim, emb_dim))  ❶
        self.Wh = nn.Parameter(torch.randn(emb_dim, emb_dim))  ❷
        self.b = nn.Parameter(torch.zeros(emb_dim))  ❸

    def forward(self, x, h):
        return torch.tanh(x @ self.Wh + h @ self.Uh + self.b)  ❹
```

생성자에서 다음과 같은 작업을 수행합니다.

- ❶과 ❷는 은닉 상태와 입력 벡터를 위한 가중치 행렬인 self.Uh와 self.Wh를 랜덤한 값으로 초기화합니다.
- ❸은 편향 벡터 self.b를 0으로 설정합니다.

forward 메서드에서 ❹는 각 타임 스텝에서 수행할 계산을 처리합니다. 각각 크기가 (batch_size, emb_dim)인 현재 입력 x와 이전 은닉 상태 h에 가중치 행렬을 곱하고 편향을 더해 결합합니다. 그런 다음 tanh 활성화 함수를 적용합니다. 출력은 크기가 (batch_size, emb_dim)인 새로운 은닉 상태입니다.

@ 문자는 파이토치의 **행렬 곱셈**(matrix multiplication) 연산자입니다. self.Wh @ x가 아니라 x @ self.Wh를 사용하는 이유는 파이토치가 행렬 곱셈에서 배치 차원을 처리하는 방식 때문입니다. 배치 입력 x는 크기가 (batch_size, emb_dim)이고, self.Wh의 크기는 (emb_dim, emb_dim)입니다. 1.6절에서 설명했듯이, 두 행렬을 곱하려면 왼쪽 행렬의 열 개수와 오른쪽 행렬의 행 개수가 같아야 합니다. 따라서 x @ self.Wh로 해야 이 조건이 만족됩니다.

이제 ElmanRNNUnit을 핵심 구성요소로 활용해 두 개의 RNN 층을 가진 Elman RNN 클래스를 정의해 보죠.

```
class ElmanRNN(nn.Module):
    def __init__(self, emb_dim, num_layers):
        super().__init__()
        self.emb_dim = emb_dim
        self.num_layers = num_layers
        self.rnn_units = nn.ModuleList(
            [ElmanRNNUnit(emb_dim) for _ in range(num_layers)]
        ) ❶

    def forward(self, x):
        batch_size, seq_len, emb_dim = x.shape ❷
        h_prev = [
            torch.zeros(batch_size, emb_dim, device=x.device) ❸
            for _ in range(self.num_layers)
        ]
        outputs = []
        for t in range(seq_len): ❹
            input_t = x[:, t]
            for l, rnn_unit in enumerate(self.rnn_units):
                h_new = rnn_unit(input_t, h_prev[l])
                h_prev[l] = h_new      # 은닉 상태를 업데이트합니다.
                input_t = h_new        # 다음 층의 입력으로 사용합니다.
            outputs.append(input_t)    # 출력을 모읍니다.
        return torch.stack(outputs, dim=1) ❺
```

생성자 안의 ❶에서 층마다 하나씩 생성한 ElmanRNNUnit 인스턴스를 포함하는 ModuleList를 만들어 RNN 층을 초기화합니다. 일반적인 파이썬 리스트 대신 ModuleList를 사용하면 부모 모듈(ElmanRNN)이 모든 RNN 유닛의 파라미터를 올바르게 등록할 수 있습니다. 이는 부모 모듈에서 `.parameters()`나 `.to(device)` 메서드를 호출할 때 `ModuleList`에 있는 모든 모듈의 파라미터가 포함되게 합니다. `forward` 메서드에서는 다음과 같은 작업을 수행합니다.

- ❷는 입력 텐서 x에서 `batch_size, seq_len, emb_dim`을 추출합니다.
- ❸은 모든 층의 은닉 상태 `h_prev`를 0 텐서로 초기화합니다. 이 리스트에 있는 각 은닉 상태의 크기는 `(batch_size, emb_dim)`입니다.

> ✅ 각 층의 은닉 상태는 훈련 과정에서 업데이트해야 하므로 다차원 텐서 대신 리스트에 저장합니다. 텐서 값을 수정하면 파이토치의 자동 미분 시스템에 문제를 발생시켜 그레이디언트 계산이 잘못될 수 있습니다.

- ❹에서 입력 시퀀스에 있는 타입 스텝 t에 대해 반복합니다. 각 t에서 다음을 수행합니다.
  - 타임 스텝 t의 입력을 추출합니다: `input_t = x[:, t]`.
  - 각 층 l에서 다음을 수행합니다:
    - `input_t`와 `h_prev[l]`을 사용해 새로운 은닉 상태 `h_new`를 계산합니다.
    - 은닉 상태를 업데이트합니다: `h_prev[l] = h_new`.
    - 다음 층으로 보내기 위해 `input_t = h_new`로 설정합니다.
  - 마지막 층의 출력을 추가합니다: `outputs.append(input_t)`.
- 모든 타임 스텝이 처리되면 ❺에서 outputs 리스트를 타임 스텝 차원을 따라 쌓아 텐서로 변환합니다. 만들어진 텐서의 크기는 `(batch_size, seq_len, emb_dim)`입니다.

3.4 RNN 언어 모델

`ElmanRNN`을 구성요소로 사용하는 RNN 기반 언어 모델을 만들어 보죠.

```
class RecurrentLanguageModel(nn.Module):
    def __init__(self, vocab_size, emb_dim, num_layers, pad_idx):
        super().__init__()
        self.embedding = nn.Embedding(
            vocab_size,
```

```
            emb_dim,
            padding_idx=pad_idx
        ) ❶
        self.rnn = ElmanRNN(emb_dim, num_layers)
        self.fc = nn.Linear(emb_dim, vocab_size)

    def forward(self, x):
        embeddings = self.embedding(x)
        rnn_output = self.rnn(embeddings)
        logits = self.fc(rnn_output)
        return logits
```

RecurrentLanguageModel 클래스는 임베딩 층, 앞서 만든 ElmanRNN, 최종 선형 층을 통합합니다.

생성자에서 ❶은 임베딩 층을 정의합니다. 이 층은 입력 토큰 인덱스를 밀집 벡터로 변환합니다. padding_idx 매개변수는 패딩 토큰을 영벡터로 표현하게 만듭니다. (임베딩 층은 다음 절에서 다루겠습니다.)

그런 다음 임베딩 차원과 층 개수를 지정하여 ElmanRNN을 초기화합니다. 마지막으로 완전 연결 층을 추가하여 시퀀스에 있는 각 토큰에 대한 RNN의 출력을 어휘사전 크기의 로짓으로 바꿉니다.

forward 메서드에서는 다음과 같은 작업을 수행합니다.

- 입력 x를 임베딩 층에 전달합니다. 입력 x의 크기는 (batch_size, seq_len)이고, 출력된 embeddings의 크기는 (batch_size, seq_len, emb_dim)입니다.
- 그런 다음 임베딩된 입력을 ElmanRNN에 통과시켜 (batch_size, seq_len, emb_dim) 크기의 rnn_output을 얻습니다.
- 마지막으로 RNN 출력에 완전 연결 층을 적용하여 시퀀스에 있는 각 위치마다 어휘사전에 있는 각 토큰에 대한 로짓을 만듭니다. 출력된 로짓의 크기는 (batch_size, seq_len, vocab_size)입니다.

3.5 임베딩 층

임베딩 층(embedding layer)은 파이토치에서 nn.Embedding에 구현되어 있으며, 어휘사전에서 얻은 토큰 인덱스를 고정된 크기의 밀집 벡터로 매핑합니다. 이는 각 토큰에 고유한 임베딩 벡터가 할당되는 학습 가능한 룩업 테이블(lookup table)처럼 동작합니다. 훈련 과정에서 이 벡터는 토큰에 대해 의미 있는 수치 표현을 포착하도록 업데이트됩니다.

임베딩 층이 어떻게 동작하는지 알아봅시다. 5개의 토큰(인덱스는 0~4)을 가진 어휘사전이 있다고 가정해 보죠. 각 토큰을 3차원 임베딩 벡터로 바꿔야 합니다. 먼저 임베딩 층을 만듭니다.

```
import torch
import torch.nn as nn

vocab_size = 5      # 고유한 토큰 개수
emb_dim = 3         # 임베딩 벡터의 크기
emb_layer = nn.Embedding(vocab_size, emb_dim)
```

임베딩 층은 임베딩 행렬 $\mathbf{E}$를 랜덤한 값으로 초기화합니다. 이 예에서는 행렬에 (토큰마다 하나씩) 5개의 행과 (임베딩 차원에 해당하는) 3개의 열이 있습니다.

$$\mathbf{E} = \begin{bmatrix} 0.2 & -0.4 & 0.1 \\ -0.3 & 0.8 & -0.5 \\ 0.7 & 0.1 & -0.2 \\ -0.6 & 0.5 & 0.4 \\ 0.9 & -0.7 & 0.3 \end{bmatrix}$$

$\mathbf{E}$에 있는 각 행은 어휘사전에 있는 특정 토큰에 대한 임베딩 벡터를 나타냅니다.

이제 토큰 인덱스의 시퀀스를 준비해 보죠.

```
token_indices = torch.tensor([0, 2, 4])
```

임베딩 층은 입력 인덱스에 해당하는 $\mathbf{E}$의 행을 추출합니다.

$$\text{임베딩} = \begin{bmatrix} 0.2 & -0.4 & 0.1 \\ 0.7 & 0.1 & -0.2 \\ 0.9 & -0.7 & 0.3 \end{bmatrix}$$

행의 수는 입력 시퀀스의 길이와 같고, 열의 수는 임베딩 차원과 같은 행렬이 출력됩니다.

```
embeddings = embedding_layer(token_indices)
print(embeddings)
```

출력은 다음과 같습니다.

```
tensor([[ 0.2, -0.4,  0.1],
        [ 0.7,  0.1, -0.2],
        [ 0.9, -0.7,  0.3]])
```

임베딩 층은 패딩 토큰도 다룰 수 있습니다. 패딩은 미니 배치에 있는 시퀀스가 동일한 길이가 되게 만듭니다. 훈련 과정에서 모델이 패딩 토큰에 대한 임베딩을 업데이트하지 않도록 이 층은 패딩 토큰을 영벡터에 매핑합니다. 예를 들어, 다음처럼 패딩 인덱스를 지정할 수 있습니다.

```
emb_layer = nn.Embedding(vocab_size, emb_dim, padding_idx=0)
```

이렇게 설정하면 토큰 0(패딩 토큰)의 임베딩은 항상 $[0,0,0]^\top$이 됩니다.[2]

입력을 임베딩 층에 전달해 보죠.

```
token_indices = torch.tensor([0, 2, 4])
embeddings = emb_layer(token_indices)
print(embeddings)
```

결과는 다음과 같습니다.

```
tensor([[ 0.0,  0.0,  0.0],   # 패딩 토큰
        [ 0.7,  0.1, -0.2],   # 토큰 2 임베딩
        [ 0.9, -0.7,  0.3]])  # 토큰 4 임베딩
```

최신 언어 모델의 어휘사전에는 흔히 수십만 개의 토큰이 포함되며, 임베딩 차원이 보통 수천에 이릅니다. 이로 인해 임베딩 행렬은 모델에서 매우 중요한 부분을 차지하며, 때로는 최대 20억 개의 파라미터가 포함되기도 합니다.

---

2 (옮긴이) 즉, 임베딩 행렬의 첫 번째 행이 영벡터가 됩니다.

3.6 RNN 언어 모델 훈련시키기

먼저 필요한 라이브러리를 임포트하고 유틸리티 함수를 정의해 보죠.

```
import torch, torch.nn as nn

def set_seed(seed):
    random.seed(seed)
    torch.manual_seed(seed)
    torch.cuda.manual_seed_all(seed) ❶
    torch.backends.cudnn.deterministic = True ❷
    torch.backends.cudnn.benchmark = False ❸
```

set_seed 함수는 파이썬 랜덤 시드, 파이토치 CPU 시드 그리고 ❶에서 모든 GPU(Graphics Processing Units)에 대한 CUDA 시드를 지정하여 재현성을 확보합니다. CUDA는 엔비디아의 병렬 컴퓨팅 플랫폼이자 API로, GPU를 활용하여 컴퓨팅 성능을 크게 높일 수 있습니다. torch.cuda.manual_seed_all을 사용하면 GPU 기반의 랜덤한 동작을 일관성 있게 만들 수 있습니다. ❷와 ❸은 CUDA의 오토 튜너(auto-tuner)를 비활성화하고 결정론적인 알고리즘을 강제하여 서로 다른 GPU 간에 동일한 결과가 만들어지도록 보장합니다.[3]

모델 클래스를 준비했으니 신경망 언어 모델을 훈련시켜 보겠습니다. 먼저 transformers 패키지를 설치합니다. 이 패키지는 허깅 페이스 허브(Hugging Face Hub)에서 사전훈련된 모델을 손쉽게 다운로드, 훈련, 사용할 수 있는 API와 도구를 제공하는 오픈 소스 라이브러리입니다.

```
$ pip3 install transformers
```

이 패키지는 파이토치와 텐서플로를 사용해 훈련할 수 있는 파이썬 API를 제공합니다. 여기에서는 토크나이저만 사용하겠습니다.

transformers를 임포트하고, 토크나이저를 준비하고, 하이퍼파라미터 값을 정의하고, 데이터를 준비하고, 모델과 손실 함수, 옵티마이저 객체를 초기화합니다.

---

3 (옮긴이) 오토 튜너는 CUDA 커널의 성능을 최대화하기 위해 동적으로 최적의 GPU 설정을 찾는 기법입니다.

```
from transformers import AutoTokenizer

device = torch.device("cuda" if torch.cuda.is_available() else "cpu") ❶
tokenizer = AutoTokenizer.from_pretrained(
    "microsoft/Phi-3.5-mini-instruct"
) ❷
vocab_size = len(tokenizer) ❸

emb_dim, num_layers, batch_size, learning_rate, num_epochs = get_hyperparameters()

data_url = "https://www.thelmbook.com/data/news"
train_loader, test_loader = download_and_prepare_data(
    data_url, batch_size, tokenizer) ❹

model = RecurrentLanguageModel(
    vocab_size, emb_dim, num_layers, tokenizer.pad_token_id
)
initialize_weights(model) ❺
model.to(device)

criterion = nn.CrossEntropyLoss(ignore_index=tokenizer.pad_token_id) ❻
optimizer = torch.optim.AdamW(model.parameters(), lr=learning_rate)
```

❶에서 사용할 수 있는 CUDA 장치가 있는지 확인합니다. 그렇지 않으면 CPU를 사용합니다.

 CUDA가 신경망 훈련을 위한 유일한 GPU 가속 프레임워크는 아닙니다. 파이토치는 `torch.backends.mps.is_available()` 메서드를 통해 MPS(애플 메탈(Metal))의 가용성을 확인하는 기능도 지원합니다. 하지만 CUDA가 머신러닝 가속에 가장 널리 사용되는 플랫폼이므로 이 책에서는 CUDA를 사용하겠습니다.

허깅 페이스 허브에 있는 대부분의 모델은 훈련할 때 사용했던 토크나이저를 포함하고 있습니다. ❷에서 Phi 3.5 미니 모델의 토크나이저를 초기화합니다. 이 토크나이저는 바이트 페어 인코딩 알고리즘으로 대규모 텍스트 말뭉치에서 훈련되었으며, 어휘사전의 크기는 32,064입니다.

❸에서 토크나이저의 어휘사전 크기를 구합니다. ❹에서 온라인 기사의 뉴스 문장으로 이루어진 데이터셋을 다운로드하고, 토큰화하고, `DataLoader` 객체를 만들어 준비합니다. 잠시 후에 `DataLoader`에 대해 살펴보겠습니다. 지금

은 이를 배치를 순회하는 반복자로 생각해 주세요.

❺에서 모델 파라미터를 초기화합니다. 이 초기 파라미터 값은 훈련 과정 전반에 큰 영향을 미칠 수 있습니다. 훈련의 진행 속도와 최종 손실 값에도 영향을 미칠 수 있습니다. 세이비어 초기화(Xavier initialization) 같은 특정 초기화가 실제로 좋은 결과를 냅니다. initialize_weights 함수에 이 방식이 구현되어 있으며, 깃허브 노트북(*https://bit.ly/thelmbook-nb-3-1*)에서 볼 수 있습니다.

❻은 ignore_index 매개변수를 사용해 손실 함수를 정의합니다. 이 매개변수를 사용하면 패딩 토큰에 대해 손실을 계산하지 않습니다.

이제 훈련 루프를 확인해 보죠.

```
for epoch in range(num_epochs):  ❶
    model.train()  ❷
    for batch in train_loader:  ❸
        input_seq, target_seq = batch
        input_seq = input_seq.to(device)  ❹
        target_seq = target_seq.to(device)  ❺
        batch_size_current, seq_len = input_seq.shape  ❻
        optimizer.zero_grad()
        output = model(input_seq)
        output = output.reshape(batch_size_current * seq_len, vocab_size)  ❼
        target = target_seq.reshape(batch_size_current * seq_len)  ❽
        loss = criterion(output, target)  ❾
        loss.backward()
        optimizer.step()
```

❶에서 에포크를 반복합니다. 에포크(epoch)란 전체 데이터셋을 사용하여 훈련한 횟수를 말합니다. 여러 에포크 동안 모델을 훈련시키면 특히 훈련 데이터가 제한적일 때 성능을 향상시킬 수 있습니다. 에포크 횟수는 테스트 세트에 대한 모델의 성능을 기반으로 사람이 수정해야 하는 하이퍼파라미터입니다.

에포크를 시작할 때마다 ❷에서 model.train()을 호출하여 모델을 훈련 모드로 지정합니다. 이는 훈련과 평가에서 다른 동작을 수행하는 층이 있는 모델일 경우 매우 중요합니다.[4]

---

[4] (옮긴이) 대표적으로 드롭아웃(dropout) 층이 이에 해당합니다. 드롭아웃에 대해서는 《머신러닝, 핵심만 빠르게!》(인사이트, 2025) 8장을 참고하세요.

이 RNN 모델이 이런 층을 사용하지는 않지만, model.train()은 훈련에 맞도록 모델을 적절히 설정합니다. 특히 나중에 모드에 따라 다르게 동작하는 층을 추가할 때도 예상치 못한 동작을 피하고 일관성을 유지할 수 있습니다.

❸은 배치를 반복합니다. 각 배치는 입력 시퀀스를 담은 텐서와 타깃 시퀀스를 담은 텐서로 구성된 튜플입니다. ❹와 ❺에서 이 텐서를 모델과 동일한 장치로 이동합니다. 모델과 데이터가 다른 장치에 있다면 파이토치가 오류를 일으킵니다.

❻에서 input_seq로부터 배치 크기와 시퀀스 길이를 구합니다(target_seq도 크기가 동일합니다). 크기가 (batch_size_current, seq_len, vocab_size)인 모델의 출력 텐서와 크기가 (batch_size_current, seq_len)인 타깃 텐서의 크기를 크로스 엔트로피 손실 함수에서 기대하는 크기로 바꾸기 위해 이런 차원이 필요합니다. ❼에서 출력은 (batch_size_current * seq_len, vocab_size) 크기로 바뀌고, ❽에서 타깃이 batch_size_current * seq_len 크기 벡터로 펼쳐집니다. 이를 통해 ❾에서 손실 함수가 배치에 있는 모든 토큰을 동시에 처리하여 토큰당 평균 손실을 반환할 수 있습니다.

이것으로 훈련 루프 구현을 마쳤습니다. RNN 언어 모델 훈련을 위한 전체 코드는 깃허브 노트북(*https://bit.ly/thelmbook-nb-3-1*)에 있습니다. 이제 배치 처리를 위한 DataLoader와 Dataset 클래스를 알아보죠.

3.7 Dataset과 DataLoader

앞서 언급한 download_and_prepare_data 함수는 train_loader와 test_loader 객체 두 개를 반환합니다. 이를 데이터 배치를 순회하는 반복자로 생각하라고 했는데요. 정확히 이 객체는 무엇일까요?

이 클래스는 훈련 과정에서 데이터를 효율적으로 관리하기 위해 설계되었습니다. 이 책이 데이터 로딩과 조작에 초점을 맞추고 있지는 않지만, 명확하게 하기 위해 간단한 설명이 필요할 것 같습니다.

Dataset 클래스는 실제 데이터 소스에 대한 인터페이스 역할을 합니다. __len__ 메서드를 구현하여 데이터셋의 크기를 얻을 수 있으며, __getitem__

메서드를 구현하여 개별 샘플에 접근할 수 있습니다. 샘플은 물리적인 소스, 즉 파일, 데이터베이스, 심지어 동적으로 생성되는 데이터에서 가져올 수 있습니다.

예를 들어 보죠. data.jsonl이란 JSONL 파일이 있고, 각 라인은 두 개의 입력 특성과 하나의 레이블을 담은 JSON 객체라고 가정해 보죠. 이 파일의 내용은 다음과 같습니다.

```
{"feature1": 1.0, "feature2": 2.0, "label": 3.0}
{"feature1": 4.0, "feature2": 5.0, "label": 9.0}
...
```

이 파일을 읽는 사용자 정의 Dataset 클래스를 다음과 같이 만들 수 있습니다.

```python
import json
import torch
from torch.utils.data import Dataset

class JSONDataset(Dataset):
    def __init__(self, file_path):
        self.data = []
        with open(file_path, 'r') as f:
            for line in f:
                item = json.loads(line)
                features = [item['feature1'], item['feature2']]
                label = item['label']
                self.data.append((features, label))

    def __len__(self):
        return len(self.data)

    def __getitem__(self, idx):
        features, label = self.data[idx]
        features = torch.tensor(features, dtype=torch.float32)
        label = torch.tensor(label, dtype=torch.long)
        return features, label
```

이 클래스에 있는 메서드를 설명하면 다음과 같습니다.

- __init__는 파일을 읽어 데이터를 메모리에 저장합니다.
- __len__는 총 샘플 개수를 반환합니다.
- __getitem__는 하나의 샘플을 추출해 텐서로 변환합니다.

다음처럼 개별 샘플에 접근할 수 있습니다.

```
dataset = JSONDataset('data.jsonl')
features, label = dataset[0]
```

DataLoader는 Dataset과 함께 사용되어 배치, 셔플링(shuffling), 병렬 로딩과 같은 작업을 처리합니다. 예를 들면 다음과 같습니다.

```
from torch.utils.data import DataLoader

dataset = JSONLDataset('data.jsonl')  ❶

data_loader = DataLoader(
    dataset,
    batch_size=32, # 배치의 샘플 개수
    shuffle=True,  # 에포크마다 데이터를 섞을지 여부
    num_workers=0  # 데이터 로딩을 위해 사용할 프로세스 개수
) ❷

num_epochs = 5
for epoch in range(num_epochs):
    for batch_features, batch_labels in data_loader: ❸
        print(f"배치 특성 크기: {batch_features.shape}")
        print(f"배치 레이블 크기: {batch_labels.shape}")
        # batch_features와 batch_labels를 모델에 주입합니다.
```

❶에서 Dataset 클래스의 인스턴스를 만듭니다. ❷에서 이 데이터셋을 DataLoader로 감쌉니다. 마지막으로 ❸에서 다섯 번의 에포크 동안 DataLoader를 반복합니다. shuffle=True로 지정하면 에포크마다 배치를 반복하기 전에 데이터를 섞습니다. 이렇게 하면 모델이 훈련 데이터에 있는 순서를 학습하지 못하게 막을 수 있습니다.

num_workers=0이면 데이터 로딩이 메인 프로세스에서 수행됩니다. 이 설정은 간단하지만 대규모 데이터셋의 경우 효율적이지 않을 수 있습니다. num_workers를 양수로 지정하면 파이토치가 여러 워커 프로세스를 실행하여 데이터 로딩을 병렬로 수행할 수 있습니다. 데이터 로딩이 병목이 되지 않도록 하여 훈련 속도를 크게 높일 수 있습니다.

출력은 다음과 같습니다.

```
배치 특성 크기: torch.Size([32, 2])
배치 레이블 크기: torch.Size([32])
```

잘 설계된 `Dataset`과 `DataLoader`를 사용하면 훈련 파이프라인을 대규모 데이터셋을 처리하도록 확장하고, 병렬 워커를 사용하여 데이터 로딩을 최적화하고, 다양한 배치 전략을 실험해 볼 수 있습니다. 이런 접근 방식이 훈련 프로세스를 간소화하므로 모델의 설계와 최적화에만 집중할 수 있습니다.

3.8 훈련 데이터와 손실 계산

신경망 언어 모델을 공부할 때 훈련 샘플의 구조를 이해하는 것이 중요합니다. 텍스트 말뭉치는 중첩된 입력과 타깃 시퀀스로 분할됩니다. 각 입력 시퀀스에 대해 타깃 시퀀스는 토큰 하나씩 밀려서 구성됩니다. 이런 방식을 통해 모델이 시퀀스에 있는 각 위치에서 다음 단어를 예측하도록 훈련할 수 있습니다.

예를 들어, "We train a recurrent neural network as a language model."이라는 문장을 생각해 보죠. Phi 3.5 미니 모델로 토큰화한 결과는 다음과 같습니다.

```
["_We", "_train", "_a", "_rec", "urrent", "_neural", "_network", "_as",
 "_a", "_language", "_model", "."]
```

이 문장으로 훈련 샘플을 만들기 위해 토큰을 한 위치씩 이동시켜 입력과 타깃 시퀀스로 변환합니다.

```
입력: ["_We", "_train", "_a", "_rec", "urrent", "_neural", "_network",
"_as", "_a", "_language", "_modcl"]
타깃: ["_train", "_a", "_rec", "urrent", "_neural", "_network", "_as",
"_a", "_language", "_model", "."]
```

훈련 샘플이 완전한 문장일 필요는 없습니다. 현대 언어 모델은 한 번에 처리할 수 있는 최대 토큰 수(예를 들어, 8192)인 문맥 윈도(context window) 길이까지 시퀀스를 처리합니다. 이 윈도는 모델이 텍스트에서 얼마나 멀리 관계를 맺을 수 있는지를 제한합니다. 훈련하는 동안 텍스트를 윈도 크기 청크(chunk)로 나누며, 각 타깃 시퀀스는 입력에서 토큰을 하나씩 앞으로 이동시킨 것입니다.

훈련 과정에서 RNN은 한 번에 하나의 토큰을 처리하여 층마다 은닉 상태를 업데이트합니다. 각 타임 스텝에서 시퀀스에 있는 다음 토큰을 예측하기 위한 로짓을 생성합니다. 각 로짓은 어휘사전의 토큰에 대응되며, 소프트맥스를 사용하여 확률로 변환됩니다. 그런 다음 이 확률을 사용하여 손실을 계산합니다.

각 훈련 샘플은 여러 개의 예측과 손실을 만듭니다. 예를 들어, 모델이 처음에 "_We"를 처리하고 어휘사전에 있는 모든 토큰에 대해 확률을 할당하여 "_train"을 예측합니다. 식 (2.1)에 정의된 것과 같이 "_train"의 확률을 사용해 손실을 계산합니다. 그런 다음 모델이 "_train"을 처리하여 "_a"를 예측하고 또 다른 손실을 생성합니다. 이런 식으로 입력 시퀀스에 있는 모든 토큰에 대해 예측과 손실 계산이 계속됩니다. 위 예시의 경우 모델이 11개의 예측을 만들고 11개의 손실을 계산합니다.

이 손실이 훈련 샘플에 있는 토큰과 배치에 있는 모든 샘플에 대해 평균됩니다. 역전파에서 이 평균 손실을 사용해 모델 파라미터를 업데이트합니다.

가상의 숫자로 각 위치에서 손실 계산을 단계별로 수행해 보죠.

- 위치 1:
    - 타깃 토큰: "_train"
    - "_train"에 대한 로짓: -0.5
    - 이 로짓에 소프트맥스를 적용한 후 "_train"의 확률이 0.1이라고 가정합니다.
    - 식 (2.1)에 의해 총 손실에 대한 기여는 $-\log(0.1) = 2.30$입니다.

- 위치 2:
    - 타깃 토큰: "_a"
    - "_a"에 대한 로짓: 3.2
    - 소프트맥스 적용 후 "_a"의 확률: 0.05
    - 손실에 대한 기여: $-\log(0.05) = 2.99$

- 위치 3:
    - "_rec"의 확률: 0.02
    - 손실에 대한 기여: $-\log(0.02) = 3.91$

- 위치 4:
  - "urrent"의 확률: 0.34
  - 손실에 대한 기여: $-\log(0.34) = 1.08$

이를 계속하여 마지막 토큰인 마침표까지 손실을 계산합니다.

- 위치 11:
  - 타깃 토큰: "."
  - "."에 대한 로짓: -1.2
  - 소프트맥스 적용 후 "."의 확률: 0.11
  - 손실에 대한 기여: $-\log(0.11) = 2.21$

이 값의 평균으로 최종 손실을 계산합니다.

$$\frac{(2.30 + 2.99 + 3.91 + 1.08 + \cdots + 2.21)}{11} = 2.11 \text{ (가상의 값입니다.)}$$

훈련 과정의 목표는 손실을 최소화하는 것입니다. 이는 각 위치에서 올바른 타깃 토큰에 높은 확률을 할당하도록 모델을 향상시킵니다.

RNN 기반 언어 모델을 훈련하는 전체 코드는 깃허브 노트북(*https://bit.ly/thelmbook-nb-3-1*)에서 볼 수 있습니다. 이 노트북에서 사용한 하이퍼파라미터는 다음과 같습니다: `emb_dim = 128`, `num_layers = 2`, `batch_size = 128`, `learning_rate = 0.001`, `num_epochs = 1`.

다음은 훈련 후반부에 "The President"란 프롬프트로 생성된 세 개의 텍스트입니다.

```
The President refused to comment on the best news in the five on BBC .
The President has been a `` very serious '' and `` unacceptable '' .
The President 's office is not the first time to be able to take the lead .
```

 엘만이 1990년에 RNN을 소개했을 때, 당시 하드웨어의 제약 때문에 평균 3.92개 단어로 이루어진 시퀀스로 실험을 했습니다. 2014년에 컴퓨팅 기술 발전과 고급 활성화 함수 덕분에 수백 단어 길이의 시퀀스에서 RNN을 훈련할 수 있었고, 이것은 학문적인 아이디어가 실용적인 도구로 전환되는 계기가 되었습니다.

훈련 초기에는 모델이 거의 랜덤하게 토큰을 생성합니다. 하지만 점차 향상되어 복잡도가 72.41에 도달합니다. 이는 카운트 기반 모델의 299.06점보다 좋지만 GPT-2의 20이나 최신 LLM의 5 미만의 점수보다는 많이 뒤쳐집니다.

이런 성능 차이를 만드는 핵심 요인은 다음과 같습니다.

1. 이 모델은 작습니다. 8,292,619개의 파라미터를 가지고 있으며, 대부분 임베딩 층의 파라미터입니다.
2. 문맥 윈도 크기가 비교적 작습니다(30토큰).
3. 엘만 RNN의 은닉 상태는 초기 토큰에서 얻은 정보를 점진적으로 잊어 버립니다.

LSTM(Long short-term memory) 신경망은 RNN보다 개선되었지만 여전히 매우 긴 시퀀스를 다룰 때 어려움을 겪습니다.[5] 나중에 트랜스포머가 이 두 구조를 모두 대체하였습니다. 트랜스포머는 긴 문맥을 더 잘 다루고, 향상된 병렬 계산으로 대규모 모델이 가능해져 2023년에 자연어 처리 분야를 휩쓸었습니다.

> ✅ RNN에 대한 관심은 트랜스포머 기반 모델과 비슷한 성능을 보이는 **minLSTM**과 **xLSTM** 구조가 2024년에 개발되면서 다시 불이 붙었습니다. 이런 부활은 AI 연구의 전반적인 트렌드를 반영합니다. 어떤 모델도 완전히 사라지지는 않습니다. 연구자들은 이전 아이디어를 재발견하고 개선하여 현재 하드웨어 성능을 활용하여 최신 문제를 해결하도록 적용하는 경우가 많습니다.

이것으로 순환 신경망과 언어 모델링 적용에 대한 소개를 마칩니다. 이 책의 나머지 부분에서는 트랜스포머 신경망과 이를 기반으로 한 언어 모델링을 다루겠습니다. 질문 답변, 문서 분류 같은 작업 및 다른 실용적인 애플리케이션에 트랜스포머 모델을 적용하는 방법을 살펴보겠습니다.

---

[5] (옮긴이) LSTM와 또 다른 종류의 순환 신경망인 GRU에 대한 자세한 내용은 《핸즈온 머신러닝, 3판》(한빛미디어, 2023)을 참고하세요.

4장

The Hundred-Page Language Models Book

트랜스포머

트랜스포머(Transformer) 모델은 NLP 분야를 크게 발전시켰습니다. 이 모델은 넓은 범위의 의존성을 관리하는 데 있어서 RNN의 한계를 극복하고 입력 시퀀스를 병렬로 처리할 수 있습니다. 트랜스포머 모델에는 다음과 같이 세 가지 주요 유형이 있습니다. 인코더-디코더 구조는 기계 번역을 위해 고안되었고, 인코더 기반 구조는 일반적으로 분류를 위해 사용되며, 디코더 기반 구조는 채팅 LM에 널리 사용됩니다.

이 장에서는 **자기회귀 언어 모델**(autoregressive language model) 훈련에 가장 널리 사용되는 디코더 기반 트랜스포머 구조에 대해 자세히 살펴보겠습니다.[1]

트랜스포머 구조의 주요 혁신 두 가지는 셀프 어텐션과 위치 인코딩입니다. 셀프 어텐션을 통해 모델은 예측 과정에서 각 단어가 다른 모든 단어와 얼마나 관련이 있는지 평가합니다. 위치 인코딩은 단어의 순서와 순차 패턴을 포착합니다. RNN과 달리 트랜스포머는 모든 토큰을 동시에 처리합니다. 하지만 토큰을 병렬 처리함에도 불구하고 위치 인코딩을 사용해 순차적인 맥락을 유지할 수 있습니다. 이 장에서는 트랜스포머의 기본 구성요소에 대해 자세히 알아보겠습니다.

---

1 (옮긴이) 인코더 구조와 인코더-디코더 구조 기반의 트랜스포머 모델에 대한 자세한 설명은 《혼자 만들면서 배우는 딥러닝》(한빛미디어, 2025)을 참고하세요.

디코더 기반 트랜스포머(decoder-only Transformer)(앞으로는 간단히 "디코더"라고 부르겠습니다)는 오른쪽의 그림처럼 디코더 블록[2]이라 부르는 층을 수직으로 여러 개 쌓아 구성됩니다.

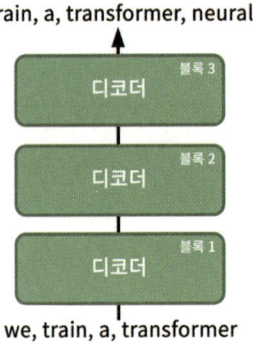

그림에서 볼 수 있듯이, 디코더를 훈련시키려면 입력 시퀀스와 한 토큰씩 앞으로 이동시킨 타깃 시퀀스 쌍이 필요합니다. 동일한 방법을 RNN 기반 언어 모델에서 사용했습니다.

4.1 디코더 블록

디코더 블록에는 두 개의 하위 층이 있습니다. 다음 그림에서 보듯이 셀프 어텐션과 위치별 다층 퍼셉트론(MLP)입니다.

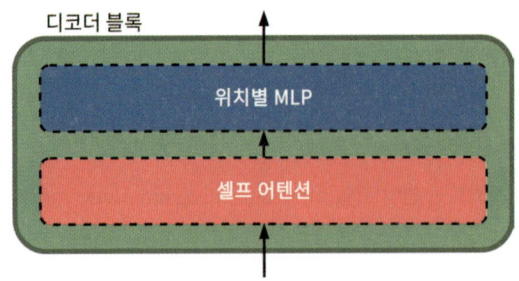

이 그림은 한꺼번에 너무 많은 새로운 개념을 담지 않도록 간소화한 것입니다. 여기에 나타나지 않은 상세 내용은 단계적으로 소개하겠습니다.

그럼 첫 번째 디코더 블록에서 어떤 일이 일어나는지 자세히 알아보겠습니다. 첫 번째 디코더 블록은 입력 토큰 임베딩을 처리합니다. 이 예에서는 입력과 출력 임베딩이 모두 6차원이지만, 실무에서는 파라미터 개수 및 토큰 어휘사전, 임베딩 차원이 훨씬 더 큽니다. 셀프 어텐션 층(self-attention layer)은 1부터 L까지 모든 토큰 t에 대해 입력 임베딩 벡터 $\mathbf{x}_t$를 새로운 벡터 $\mathbf{g}_t$로 변환합니다. 여기서 L은 입력 길이를 나타냅니다.

---

[2] 디코더 블록의 구조는 모두 동일하지만 각 블록마다 자신만의 고유한 파라미터가 있습니다.

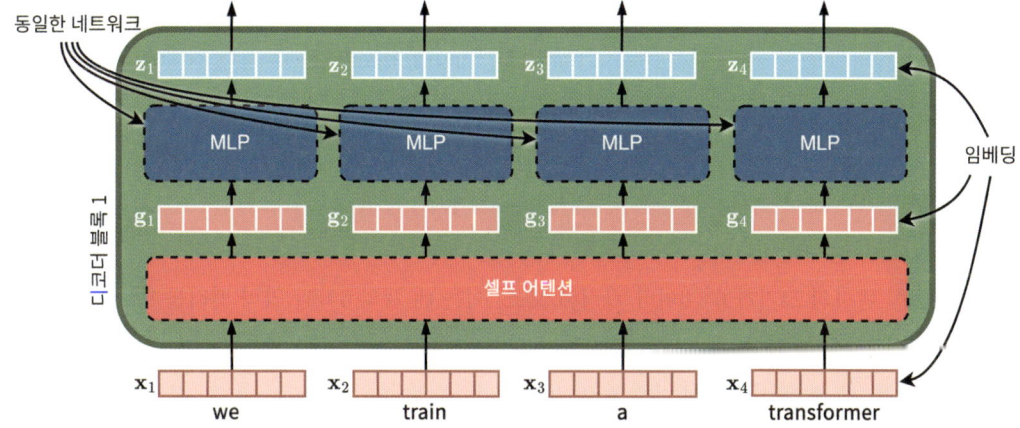

> ✅ 여기서는 1.5절에서 네 개의 유닛을 가진 신경망을 나타낼 때 사용한 것과 동일한 방식을 따라 각 유닛을 하나의 사각형으로 단순화했습니다. 이전 장에서는 신경망의 정보가 왼쪽에서 오른쪽으로 흐른다고 표현했지만 여기서는 아래에서 위쪽으로 방향을 바꾸었습니다. 많은 자료에서 언어 모델을 고수준 다이어그램으로 나타낼 때 관례적으로 이 방식을 사용합니다. 따라서 지금부터는 수직 방향을 사용하겠습니다.

셀프 어텐션 다음에는 위치별 MLP가 각 벡터 g_t를 독립적으로 처리합니다. 디코더 블록마다 독자적인 파라미터를 가진 MLP가 있습니다. 디코더 블록 안에 있는 MLP 하나가 각 위치의 벡터에 독립적으로 적용되며, g_t를 입력으로 받아 z_t를 출력합니다. MLP가 각 위치에 대한 처리를 마치고 나면 출력 벡터 z_t의 개수는 입력 토큰 x_t의 개수와 같아집니다.

그런 다음 출력 벡터 z_t가 다음 디코더 블록의 입력이 됩니다. 이 과정이 모든 디코더 블록에서 반복되며, 출력 벡터의 개수는 입력 토큰 x_t의 개수와 동일하게 유지됩니다.

4.2 셀프 어텐션

셀프 어텐션(self-attention)의 작동 방식을 이해하기 위해 직관적인 비교를 해 보죠. g_t를 z_t로 변환하는 것은 간단합니다. 위치별 MLP는 입력 벡터를 받아 학습된 변환을 적용하여 새로운 벡터를 만듭니다. 이것이 피드포워드 네트워크가하는 일이죠. 하지만 셀프 어텐션은 더 복잡합니다.

5개의 토큰을 가진 샘플 ["we," "train," "a," "transformer," "model"]과 최대 입력 길이가 4인 디코더가 있다고 가정해 보죠.

각 디코더 블록에서 셀프 어텐션은 훈련 가능한 세 개의 파라미터 텐서 $\mathbf{W}^Q$, $\mathbf{W}^K$, $\mathbf{W}^V$를 사용합니다. 윗첨자 Q는 '쿼리(query)', K는 '키(key)', V는 '값(value)'을 나타냅니다.

이 텐서의 크기가 6×6이라 가정해 보죠. 이는 네 개의 6차원 입력 벡터를 네 개의 6차원 출력 벡터로 변환할 거라는 의미입니다. "train" 단어를 표현하는 두 번째 토큰 $\mathbf{x}_2$를 사용해서 예를 들어 보겠습니다. $\mathbf{x}_2$에 대한 출력 $\mathbf{g}_2$를 계산하기 위해 셀프 어텐션 층은 여섯 단계를 거칩니다.

4.2.1 셀프 어텐션 단계 1

다음과 같이 행렬 $\mathbf{Q}, \mathbf{K}, \mathbf{V}$를 계산합니다.

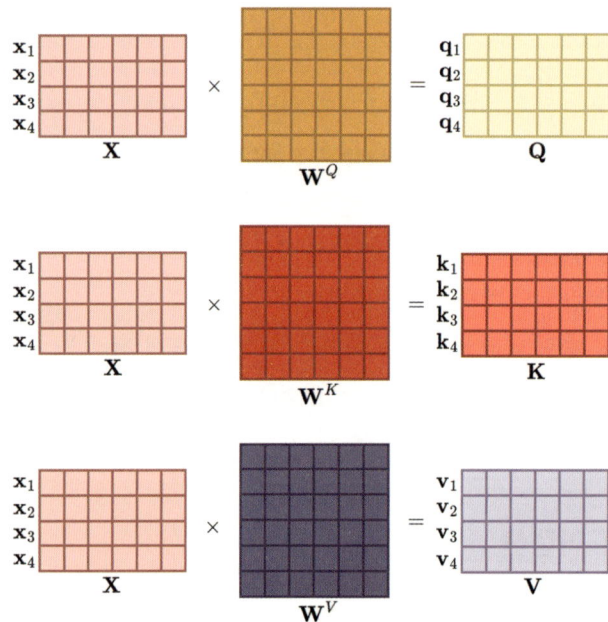

그림 4.1 셀프 어텐션 층의 행렬 곱셈

이 그림에서 네 개의 입력 임베딩 x_1, x_2, x_3, x_4를 행렬 X로 나타냈습니다. 그런 다음 X에 가중치 행렬 W^Q, W^K, W^V를 곱해 Q, K, V 행렬을 만듭니다. 이 행렬들은 각각 6차원의 쿼리, 키, 값 벡터를 담고 있습니다. 입력 임베딩과 동일한 개수의 쿼리, 키, 값 벡터가 만들어지므로 각각의 입력 임베딩 k_t는 쿼리 벡터 q_t, 키 벡터 k_t, 값 벡터 v_t에 대응됩니다.

4.2.2 셀프 어텐션 단계 2

두 번째 토큰 x_2를 예로 들어 보죠. 이 토큰의 쿼리 벡터인 q_2와 모든 키 벡터 k_t를 점곱하여 어텐션 점수(attention score)를 계산합니다. 다음과 같은 결과를 얻었다고 가정해 보죠.

$$q_2 \cdot k_1 = 4.90, \quad q_2 \cdot k_2 = 17.15, \quad q_2 \cdot k_3 = 9.80, \quad q_2 \cdot k_4 = 12.25$$

벡터로 나타내면 다음과 같습니다.

$$\text{어텐션 점수}_2 = [4.90, 17.15, 9.80, 12.25]^\top$$

4.2.3 셀프 어텐션 단계 3

스케일 조정된 점수(scaled score)를 얻기 위해 어텐션 점수를 키 벡터 차원의 제곱근으로 나눕니다. 이 예에서 키 벡터의 차원이 6이므로 모든 점수를 $\sqrt{6} \approx 2.45$로 나눕니다.

$$\text{스케일 조정된 점수}_2 = \left[\frac{4.9}{2.45}, \frac{17.15}{2.45}, \frac{9.8}{2.45}, \frac{12.25}{2.45}\right]^\top = [2, 7, 4, 5]^\top$$

4.2.4 셀프 어텐션 단계 4

그런 다음 코잘 마스크(causal mask)를 스케일 조정된 점수에 적용합니다(코잘 마스크를 사용하는 이유가 아직 명확하지 않지만 잠시 후에 자세히 설명하겠습니다). 두 번째 입력 위치에 대한 코잘 마스크는 다음과 같습니다.

$$\text{코잘 마스크}_2 \stackrel{\text{def}}{=} [0, 0, -\infty, -\infty]^\top$$

스케일 조정된 점수에 코잘 마스크를 더해 마스크드 점수(masked score)를 얻습니다.

$$\text{마스크드 점수}_2 = \text{스케일 조정된 점수}_2 + \text{코잘 마스크}_2 = [2, 7, -\infty, -\infty]^\top$$

4.2.5 셀프 어텐션 단계 5

마스크드 점수에 소프트맥스 함수를 적용하여 어텐션 가중치(atttention weight)를 만듭니다.

$$\text{어텐션 가중치}_2 = \text{softmax}([2, 7, -\infty, -\infty]^\top)$$

$-\infty$에 지수 함수를 적용하면 0이 되므로 세 번째와 네 번째 위치의 어텐션 점수는 0이 됩니다. 남은 두 가중치를 계산하면 다음과 같습니다.

$$\text{어텐션 가중치}_2 = \left[\frac{e^2}{e^2 + e^7}, \frac{e^7}{e^2 + e^7}, 0, 0\right]^\top \approx [0.0067, 0.9933, 0, 0]^\top$$

> ✅ 어텐션 점수를 키 차원의 제곱근으로 나누면 차원이 커짐에 따라 점곱 결과가 너무 커지는 것을 막는 데 도움이 됩니다. 큰 점곱 결과에 소프트맥스를 적용하면 그레이디언트가 매우 작아질 수 있습니다(매우 큰 음수나 양수는 소프트맥스 출력을 0 또는 1로 만들기 때문입니다).

4.2.6 셀프 어텐션 단계 6

이전 단계에서 얻은 어텐션 가중치를 사용해 값 벡터 $\mathbf{v}_1, \mathbf{v}_2, \mathbf{v}_3, \mathbf{v}_4$의 가중치 합을 구해 입력 임베딩 $\mathbf{x}_2$에 대한 출력 벡터 $\mathbf{g}_2$를 계산합니다.

$$\mathbf{g}_2 \approx 0.0067 \cdot \mathbf{v}_1 + 0.9933 \cdot \mathbf{v}_2 + 0 \cdot \mathbf{v}_3 + 0 \cdot \mathbf{v}_4$$

여기서 보듯이 위치 2에 대한 디코더의 출력은 위치 1과 위치 2에 있는 입력에만 의존합니다(또는 주의를 기울입니다). 이 중에 위치 2의 입력이 출력에 더 강한 영향력을 미칩니다. 이는 주어진 위치에서 출력을 생성할 때 모델이 미래의 위치를 참고하지 못하도록 막는 코잘 마스크로 인한 효과입니다. 이는 언어 모델이 자기회귀적 성질을 유지하는 데 필수적입니다. 즉, 각 위치의 예측은 미래 입력이 아니라 현재 입력과 이전 입력에만 의존합니다.

 이 예에서는 두 번째 토큰이 주로 자기 자신에게 주의를 기울이지만, 어텐션 패턴은 문맥에 따라 다릅니다. 문장 구조에 따라 토큰은 관련 있는 의미나 구문 정보를 제공하는 다른 토큰에 강하게 주의를 기울일 수 있습니다.

벡터 $\mathbf{q}_t$, $\mathbf{k}_t$, $\mathbf{v}_t$를 다음과 같이 이해할 수 있습니다. 각 입력 위치(토큰 또는 임베딩)는 다른 위치에 대한 정보를 찾습니다. 예를 들어 "I"와 같은 토큰은 다른 위치에 있는 이름을 찾을 수 있습니다. 이를 통해 모델이 "I"와 이름을 비슷한 방식으로 처리할 수 있습니다. 이렇게 하기 위해 모든 위치 t를 쿼리 $\mathbf{q}_t$에 할당합니다.

셀프 어텐션 메커니즘은 $\mathbf{q}_t$와 각 위치 p에 있는 키 $\mathbf{k}_p$ 사이에서 **점곱**(dot product)을 계산합니다. 점곱 결과가 크면 두 벡터 사이의 유사도가 크다는 것을 나타냅니다. 만약 어떤 위치 p의 키 $\mathbf{k}_p$가 위치 t의 쿼리 $\mathbf{q}_t$와 밀접하게 관련되어 있다면 위치 p의 값 $\mathbf{v}_p$가 최종 결과에 더 많이 기여하게 됩니다.

 어텐션 개념은 트랜스포머가 나오기 전에 등장했습니다. 2014년 요수아 벤지오(Yoshua Bengio)의 지도하에서 연구하던 드미트리 바흐다나우(Dzmitry Bahdanau)는 근본적인 기계 번역 문제를 해결하였습니다. 바로 RNN이 문장에서 가장 관련 있는 부분에 초점을 맞추도록 만드는 것입니다. 바흐다나우는 영어를 배울 때 문장의 여러 다른 부분에 초점을 맞췄던 자신의 학습 경험을 토대로 RNN이 각 번역 단계에서 가장 중요한 입력 단어를 '결정'하도록 하는 메커니즘을 개발했습니다. 나중에 벤지오가 어텐션이라 부른 이 메커니즘이 현대 트랜스포머 모델의 초석이 되었습니다.

$\mathbf{g}_2$ 계산에 사용된 과정이 입력 시퀀스에 있는 다른 위치에도 반복되어 출력 벡터 $\mathbf{g}_1$, $\mathbf{g}_2$, $\mathbf{g}_3$, $\mathbf{g}_4$를 만듭니다. 각 위치의 코잘 마스크는 다르므로 $\mathbf{g}_1$, $\mathbf{g}_3$, $\mathbf{g}_4$를 계산할 때 다른 코잘 마스크가 적용됩니다. 모든 위치에 대한 전체 코잘 마스크는 다음과 같습니다.

$$\mathbf{M} \stackrel{\text{def}}{=} \begin{bmatrix} 0 & -\infty & -\infty & -\infty \\ 0 & 0 & -\infty & -\infty \\ 0 & 0 & 0 & -\infty \\ 0 & 0 & 0 & 0 \end{bmatrix}$$

여기서 보듯이 첫 번째 토큰은 자기 자신에만 주의를 기울이고, 두 번째 토큰은 자기 자신과 첫 번째 토큰에만 주의를 기울입니다. 세 번째 토큰은 자기 자신과 처음 두 개의 토큰, 마지막 토큰은 자기 자신과 앞에 있는 모든 토큰에 주의를 기울입니다.

모든 위치에 대해 어텐션을 계산하는 일반화된 공식은 다음과 같습니다.

$$\mathbf{G} = \text{attention}(\mathbf{Q}, \mathbf{K}, \mathbf{V}) \stackrel{\text{def}}{=} \text{softmax}\left(\frac{\mathbf{Q}\mathbf{K}^\top}{\sqrt{d_k}} + \mathbf{M}\right) \mathbf{V}$$

여기에서 $\mathbf{Q}$와 $\mathbf{V}$는 $L \times d_k$ 크기인 쿼리와 값 행렬입니다. $\mathbf{K}^\top$는 $d_k \times L$ 크기의 전치된 키 행렬입니다. d_k는 키, 쿼리, 값 벡터의 차원이며, L은 시퀀스 길이입니다.

앞에서는 $\mathbf{x}_2$에 대한 어텐션 점수를 직접 계산했지만, 행렬 곱셈 $\mathbf{Q}\mathbf{K}^\top$는 한 번에 모든 위치에 대한 점수를 계산하므로 훨씬 빠릅니다.

이것으로 셀프 어텐션에 대한 설명을 마칩니다.

4.3 위치별 다층 퍼셉트론

마스크드 셀프 어텐션 층 다음에 출력 벡터 $\mathbf{g}_t$가 다층 퍼셉트론(MLP)에서 독립적으로 처리됩니다. 이 MLP는 다음과 같이 일련의 변환을 적용합니다.

$$\mathbf{z}_t = \mathbf{W}_2(\text{ReLU}(\mathbf{W}_1 \mathbf{g}_t + \mathbf{b}_1)) + \mathbf{b}_2$$

여기서 $\mathbf{W}_1, \mathbf{W}_2, \mathbf{b}_1, \mathbf{b}_2$는 학습된 파라미터입니다. 그다음에 만들어진 벡터 $\mathbf{z}_t$가 다음 디코더 블록에 전달됩니다. 만약 마지막 디코더 블록이라면 출력 벡터를 생성하는 데 사용됩니다.

> ✅ 이 구성요소는 위치별 다층 퍼셉트론입니다. 일부 자료에서는 이를 피드포워드 신경망, 밀집 층 또는 완전 연결 층이라고 부르는데, 이런 이름은 오해의 소지가 있습니다. 전체 트랜스포머가 하나의 피드포워드 신경망입니다. 또한 밀집 층이나 완전 연결 층은 일반적으로 하나의 가중치 행렬과 하나의 편향 벡터를 사용하고 비선형 함수를 적용합니다.

하지만 트랜스포머에 있는 위치별 MLP는 두 개의 가중치 행렬과 두 개의 편향 벡터를 사용하고 최종 출력에 비선형 함수를 적용하지 않습니다.

4.4 로터리 위치 임베딩

지금까지 설명한 트랜스포머 구조는 본질적으로 단어의 순서를 고려하지 않습니다. 코잘 마스크가 각 토큰이 미래의 토큰에 주의를 기울이지 못하게 만들지만, 왼쪽 토큰을 재배열해도 현재 토큰의 어텐션 가중치에는 영향을 미치지 못합니다. 은닉 상태가 순차적으로 계산되어 이전 은닉 상태에 의존하는 RNN과 다릅니다. RNN에서는 단어 순서를 바꾸면 은닉 상태도 바뀌고 결국 출력이 달라집니다. 반대로 트랜스포머는 순차적인 의존성 없이 모든 토큰에 대해 한 번에 어텐션 점수를 계산합니다.

단어 순서를 고려하려면 트랜스포머는 위치 정보를 통합해야 합니다. 이를 위해 널리 사용되는 방법은 로터리 위치 임베딩(rotary position embedding, RoPE)입니다. RoPE는 어텐션 메커니즘 안에서 쿼리 벡터와 키 벡터를 위치에 따라 회전시킵니다. RoPE의 주요 장점 중 하나는 훈련 과정에서 본 것보다 더 긴 시퀀스를 효과적으로 일반화하는 능력입니다. 따라서 시간과 계산 자원을 절약하기 위해 모델을 짧은 시퀀스에서 훈련하고 추론할 때 더 긴 문맥에 적용할 수 있습니다.

RoPE는 쿼리 벡터와 키 벡터를 회전하여 위치 정보를 인코딩합니다. 어텐션 계산을 하기 전에 이 회전이 수행됩니다. 다음 그림은 RoPE의 작동 방식을 2차원에 나타낸 것입니다. '원본'이라 표시된 검은 화살표는 셀프 어텐션에 있는 위치 정보가 없는 키 벡터나 쿼리 벡터를 보여 줍니다. RoPE는 이 벡터를 토큰 위치에 따라 회전시킴으로써 위치 정보를 임베딩합니다.[3] 색깔이 있는 화살표는 위치 1, 3, 5, 7에 대해 회전된 결과 벡터를 보여 줍니다.

RoPE의 핵심 특징은 회전한 두 벡터 사이의 각도가 시퀀스에 있는 두 벡터 사

---

3 잠시 후에 살펴보겠지만, 실제로 RoPE는 쿼리와 키 벡터 전체를 회전시키는 것이 아니라 벡터 안에 있는 인접한 차원 쌍을 회전시킵니다.

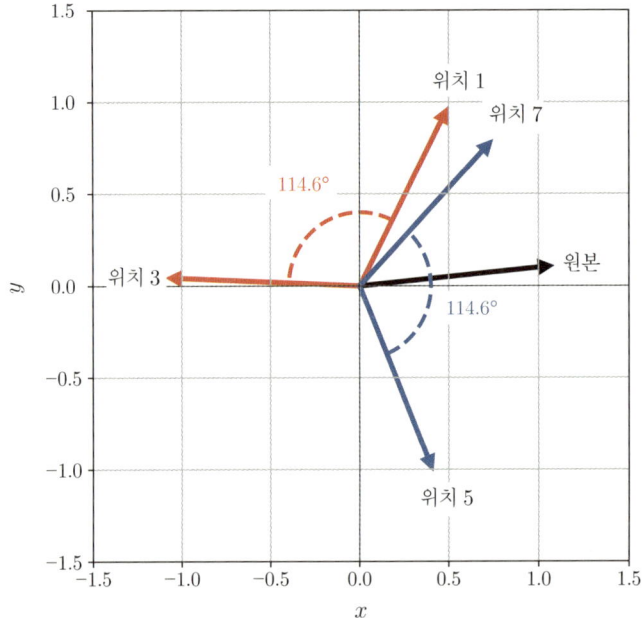

이의 거리를 인코딩한다는 것입니다. 예를 들어, 위치 1과 3 사이의 각도는 위치 5와 7 사이의 각도와 같습니다. 위치 사이의 거리가 동일하게 두 위치만큼 떨어져 있기 때문입니다.

그럼 어떻게 벡터를 회전시킬까요? 행렬 곱셈을 하면 됩니다! 컴퓨터 그래픽과 같은 분야에서 3차원 장면을 회전시키기 위해 **회전 행렬**(rotation matrix)을 널리 사용하며, 이는 신경망 훈련에 적용되기 전에 GPU(G는 그래픽의 첫 글자입니다)의 원래 목적 중 하나였습니다.

2차원의 경우 각도 θ에 대한 회전 행렬은 다음과 같습니다.

$$\mathbf{R}_\theta = \begin{bmatrix} \cos(\theta) & -\sin(\theta) \\ \sin(\theta) & \cos(\theta) \end{bmatrix}$$

2차원 벡터 $\mathbf{q} = [2, 1]^\top$를 회전시켜 보죠. 이 벡터를 회전시키려면 $\mathbf{q}$와 회전 행렬 $\mathbf{R}_\theta$를 곱합니다. 만들어진 새로운 벡터는 각도 θ만큼 반시계 방향으로 회전한 $\mathbf{q}$를 나타냅니다.

45° 회전($\theta = \pi/4$ 라디안)의 경우 특별히 $\cos(\theta) = \sin(\theta) = \frac{\sqrt{2}}{2}$를 사용할 수 있습니다. 이 경우 회전 행렬은 다음과 같습니다.

$$\mathbf{R}_{45°} = \begin{bmatrix} \frac{\sqrt{2}}{2} & -\frac{\sqrt{2}}{2} \\ \frac{\sqrt{2}}{2} & \frac{\sqrt{2}}{2} \end{bmatrix}$$

회전된 벡터를 구하려면 $\mathbf{R}_{45°}$와 $\mathbf{q}$를 곱합니다.

$$\mathbf{q}_{\text{rotated}} = \mathbf{R}_{45°} \cdot \mathbf{q} = \begin{bmatrix} \frac{\sqrt{2}}{2} & -\frac{\sqrt{2}}{2} \\ \frac{\sqrt{2}}{2} & \frac{\sqrt{2}}{2} \end{bmatrix} \begin{bmatrix} 2 \\ 1 \end{bmatrix}$$

이 곱셈을 단계적으로 계산해 보죠.

$$\mathbf{q}_{\text{rotated}} = \begin{bmatrix} \frac{\sqrt{2}}{2} \cdot 2 - \frac{\sqrt{2}}{2} \cdot 1 \\ \frac{\sqrt{2}}{2} \cdot 2 + \frac{\sqrt{2}}{2} \cdot 1 \end{bmatrix} = \begin{bmatrix} \frac{\sqrt{2}}{2}(2-1) \\ \frac{\sqrt{2}}{2}(2+1) \end{bmatrix} = \begin{bmatrix} \frac{\sqrt{2}}{2} \cdot 1 \\ \frac{\sqrt{2}}{2} \cdot 3 \end{bmatrix} = \begin{bmatrix} \frac{\sqrt{2}}{2} \\ \frac{3\sqrt{2}}{2} \end{bmatrix}$$

다음 그림은 $\mathbf{q}$와 $\theta = 45°$로 회전된 버전을 보여 줍니다.[4]

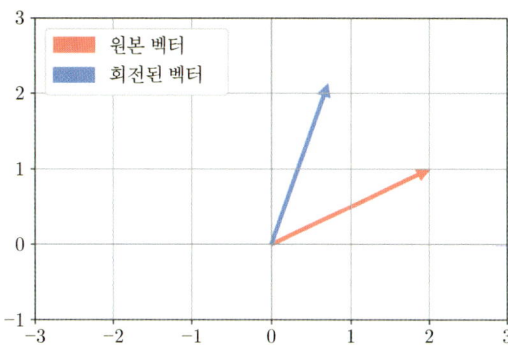

---

[4] (옮긴이) 회전 행렬이 적용된 쿼리와 키를 행렬 곱셈한 결과에는 두 벡터의 회전 각도 차이가 인코딩됩니다. 따라서 이를 두 벡터의 위치 차이로 볼 수 있으며, 이런 방식을 상대 위치 임베딩(relative positional embedding)이라 부릅니다.

위치 t에서 RoPE는 다음과 같은 쿼리와 키 벡터 안에 있는 차원 쌍을 회전시킵니다.

$$\begin{aligned} \mathbf{q}_t &= \left[q_t^{(1)}, q_t^{(2)}, \ldots, q_t^{(d_q-1)}, q_t^{(d_q)}\right]^\top \\ \mathbf{k}_t &= \left[k_t^{(1)}, k_t^{(2)}, \ldots, k_t^{(d_k-1)}, k_t^{(d_k)}\right]^\top \end{aligned}$$

여기서 d_q와 d_k는 쿼리와 키 벡터의 차원으로, 크기가 같습니다. RoPE는 $(2p-1, 2p)$ 위치의 차원 쌍을 회전시킵니다. 여기서 인덱스 p는 범위가 1에서 $d_q/2$까지입니다.

$\mathbf{q}_t$의 차원을 다음와 같이 $d_q/2$개 쌍으로 나눕니다.

$$\left[q_t^{(1)}, q_t^{(2)}\right]^\top, \left[q_t^{(3)}, q_t^{(4)}\right]^\top, \ldots, \left[q_t^{(d_q-1)}, q_t^{(d_q)}\right]^\top$$

$\mathbf{q}_t(p)$는 $[q_t^{(2p-1)}, q_t^{(2p)}]$ 쌍을 나타냅니다. 예를 들어, $\mathbf{q}_t(3)$은 다음과 같습니다.

$$\left[q_t^{(2\cdot 3-1)}, q_t^{(2\cdot 3)}\right] = \left[q_t^{(5)}, q_t^{(6)}\right]$$

각 쌍 p는 다음처럼 토큰 위치 t와 회전 프리퀀시(rotation frequency) θ_p를 기반으로 회전합니다.

$$\text{RoPE}(\mathbf{q}_t(p)) \stackrel{\text{def}}{=} \begin{bmatrix} \cos(\theta_p t) & -\sin(\theta_p t) \\ \sin(\theta_p t) & \cos(\theta_p t) \end{bmatrix} \begin{bmatrix} q_t^{(2p-1)} \\ q_t^{(2p)} \end{bmatrix}$$

행렬-벡터 곱셈(matrix-vector multiplication) 규칙을 적용하면 회전 결과는 다음과 같은 2차원 벡터가 됩니다.

$$\text{RoPE}(\mathbf{q}_t(p)) = \left[q_t^{(2p-1)}\cos(\theta_p t) - q_t^{(2p)}\sin(\theta_p t),\ q_t^{(2p-1)}\sin(\theta_p t) + q_t^{(2p)}\cos(\theta_p t)\right]^\top$$

여기서 θ_p는 p번째 쌍에 대한 회전 프리퀀시이며, 다음과 같이 정의됩니다.

$$\theta_p \stackrel{\text{def}}{=} \frac{1}{\Theta^{2(p-1)/d_q}}$$

여기서 Θ는 상수 값입니다. 초기에는 10,000으로 설정되었으나 나중에 실험을 통해 Θ 값이 더 커지면(예를 들어, Llama 2나 3 시리즈에서 사용하는 500,000이나 Qwen 2나 2.5 시리즈에서 사용하는 1,000,000) 문맥 크기를 (수십만 개의 토큰으로) 더 늘릴 수 있다는 것이 밝혀졌습니다.

회전된 전체 임베딩 $\text{RoPE}(\mathbf{q}_t)$는 회전된 쌍을 모두 연결해 구성됩니다.

$$\text{RoPE}(\mathbf{q}_t) \stackrel{\text{def}}{=} \text{concat}\left[\text{RoPE}(\mathbf{q}_t(1)),\ \text{RoPE}(\mathbf{q}_t(2)), \ldots,\ \text{RoPE}\left(\mathbf{q}_t(d_q/2)\right)\right]$$

분모에 지수 항이 있으므로 회전 프리퀀시 θ_p는 p가 커짐에 따라 급격히 줄어듭니다. 이를 통해 RoPE는 회전이 많이 되는 초반부 차원에서는 세밀하게 국부적인 위치 정보를 포착하고, 회전이 느려지는 후반부 차원에서는 듬성듬성하게 전역 위치 정보를 포착합니다. 이런 조합이 위치 임베딩 표현을 풍부하게 하며, 모든 차원에 하나의 회전 프리퀀시를 사용하는 것보다 모델이 시퀀스에 있는 토큰 위치를 더 효과적으로 구분할 수 있게 만듭니다.

이 과정을 설명하기 위해 위치 t에서 6차원 쿼리 벡터와 $\Theta = 10{,}000$을 예로 들어 보겠습니다.

$$\mathbf{q}_t = \left[q_t^{(1)}, q_t^{(2)}, q_t^{(3)}, q_t^{(4)}, q_t^{(5)}, q_t^{(6)}\right]^\top \stackrel{\text{def}}{=} [0.8, 0.6, 0.7, 0.3, 0.5, 0.4]^\top$$

먼저 이 벡터를 세 개의 쌍($d_q/2 = 3$)으로 나눕니다.

$$\mathbf{q}_t(1) = \left[q_t^{(1)}, q_t^{(2)}\right] = [0.8, 0.6]^\top$$

$$\mathbf{q}_t(2) = \left[q_t^{(3)}, q_t^{(4)}\right] = [0.7, 0.3]^\top$$

$$\mathbf{q}_t(3) = \left[q_t^{(5)}, q_t^{(6)}\right] = [0.5, 0.4]^\top$$

각 쌍 q는 $\theta_p t$ 각도만큼 회전합니다. 여기서 θ_p는 다음과 같습니다.

$$\theta_p = \frac{1}{10000^{2(p-1)/d_q}}$$

위치 t를 100이라 해 보죠. 먼저 각 쌍의 회전 각도(라디안)를 계산합니다.

$$\theta_1 = \frac{1}{10000^{2(1-1)/6}} = \frac{1}{10000^{0/6}} = 1.0000, \quad \text{따라서 } \theta_1 t = 100.00$$

$$\theta_2 = \frac{1}{10000^{2(2-1)/6}} = \frac{1}{10000^{2/6}} \approx 0.0464, \quad \text{따라서 } \theta_2 t = 4.64$$

$$\theta_3 = \frac{1}{10000^{2(3-1)/6}} = \frac{1}{10000^{4/6}} \approx 0.0022, \quad \text{따라서 } \theta_3 t = 0.22$$

회전된 첫 번째 쌍은 다음과 같습니다.

$$\text{RoPE}(\mathbf{q}_{100}(1)) = \begin{bmatrix} \cos(100) & -\sin(100) \\ \sin(100) & \cos(100) \end{bmatrix} \begin{bmatrix} 0.8 \\ 0.6 \end{bmatrix} \approx \begin{bmatrix} 0.86 & 0.51 \\ -0.51 & 0.86 \end{bmatrix} \begin{bmatrix} 0.8 \\ 0.6 \end{bmatrix} = [0.99, 0.11]^\top$$

회전된 두 번째 쌍은 다음과 같습니다.

$$\text{RoPE}(\mathbf{q}_{100}(2)) = \begin{bmatrix} \cos(4.64) & -\sin(4.64) \\ \sin(4.64) & \cos(4.64) \end{bmatrix} \begin{bmatrix} 0.7 \\ 0.3 \end{bmatrix} \approx \begin{bmatrix} -0.07 & 1.00 \\ -1.00 & -0.07 \end{bmatrix} \begin{bmatrix} 0.7 \\ 0.3 \end{bmatrix} = [0.25, -0.72]^\top$$

회전된 세 번째 쌍은 다음과 같습니다.

$$\text{RoPE}(\mathbf{q}_{100}(3)) = \begin{bmatrix} \cos(0.22) & -\sin(0.22) \\ \sin(0.22) & \cos(0.22) \end{bmatrix} \begin{bmatrix} 0.5 \\ 0.4 \end{bmatrix} \approx \begin{bmatrix} 0.98 & -0.21 \\ 0.21 & 0.98 \end{bmatrix} \begin{bmatrix} 0.5 \\ 0.4 \end{bmatrix} = [0.40, 0.50]^\top$$

원본 쌍과 회전된 쌍을 그래프로 나타내면 다음과 같습니다.

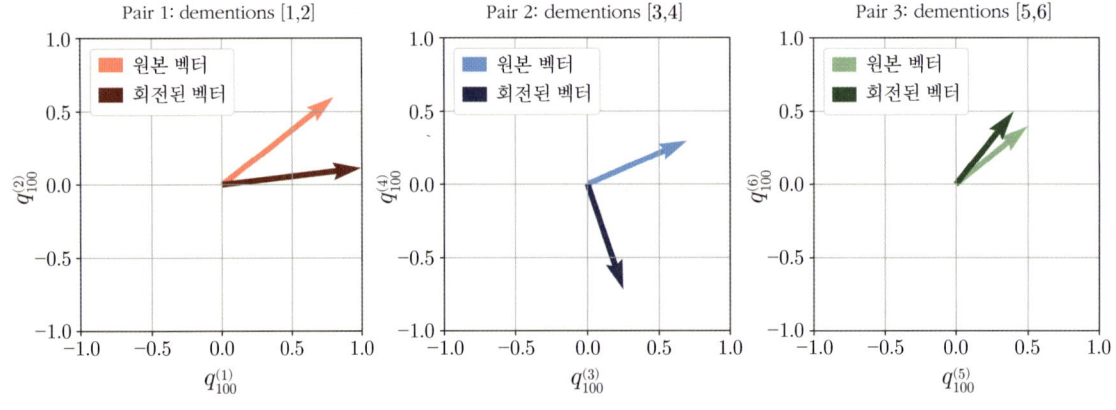

마지막으로 회전된 쌍을 연결하여 최종 RoPE 인코딩된 벡터를 만듭니다.

$$\text{RoPE}(\mathbf{q}_{100}) \approx [0.99, 0.11, 0.25, -0.72, 0.40, 0.50]^\top$$

$\text{RoPE}(\mathbf{k}_t)$를 계산하는 방법은 $\text{RoPE}(\mathbf{q}_t)$와 동일합니다. 디코더 블록의 셀프 어텐션 메커니즘에서 쿼리($\mathbf{Q}$)와 키($\mathbf{K}$) 행렬의 각 행에 RoPE가 적용됩니다.

 값 벡터는 어텐션 가중치가 결정된 후에 쿼리와 키가 결합되어 선택된 정보만 제공합니다. 위치 관계는 이미 쿼리, 키 벡터에서 포착되었으므로 값 벡터는 로터리 임베딩이 필요하지 않습니다. 다른 말로 하면, 위치를 고려한 어텐션이 참조할 곳을 파악한 후 값 벡터는 단순히 콘텐츠를 '전달'만 합니다.

그림 4.1에서 보았듯이 디코더 블록의 입력과 가중치 행렬 $\mathbf{W}^Q$와 $\mathbf{W}^K$를 곱하여 $\mathbf{Q}$와 $\mathbf{K}$를 만든다는 것을 기억하세요. RoPE는 $\mathbf{Q}$와 $\mathbf{K}$를 얻은 다음, 어텐션 점수를 계산하기 전에 적용됩니다.

RoPE는 모든 디코더 블록에 적용되어 위치 정보가 네트워크를 통해 일관성 있게 전달됩니다. 다음 그림은 두 개의 디코더 블록이 쌓인 모습을 보여 줍니다. 이 그림에서는 두 번째 디코더 블록의 출력을 사용해 각 위치에 대한 로짓을 계산합니다. 이 값은 마지막 디코더 블록의 출력과 (임베딩 차원, 어휘사전 크기)의 행렬을 곱하여 구합니다. 이 행렬은 모든 위치에서 공유됩니다.[5] 파이썬으로 디코더 모델을 구현할 때 이 부분에 대해 더 자세히 설명하겠습니다.

셀프 어텐션 메커니즘의 작동 방식은 이와 같습니다. 하지만 트랜스포머는 일반적으로 **멀티헤드 어텐션**(multi-head attention)이라 부르는 더 고급 버전을 사용합니다. 이를 통해 모델이 여러 정보에 동시에 초점을 맞출 수 있습니다. 예를 들어, 한 어텐션 헤드는 구문 관계를 포착하고, 다른 어텐션 헤드는 의미 유사성을 강조하며, 또 다른 어텐션 헤드는 토큰 사이 장거리 의존성을 감지할 수 있습니다.

---

[5] (옮긴이) 이 행렬은 그림에서 $\mathbf{W}^O$로 표시되어 있습니다. 동일한 표기법이 다음 절에 나오는 투영 행렬에도 사용되지만, 둘은 서로 다른 행렬이므로 혼동하지 마세요.

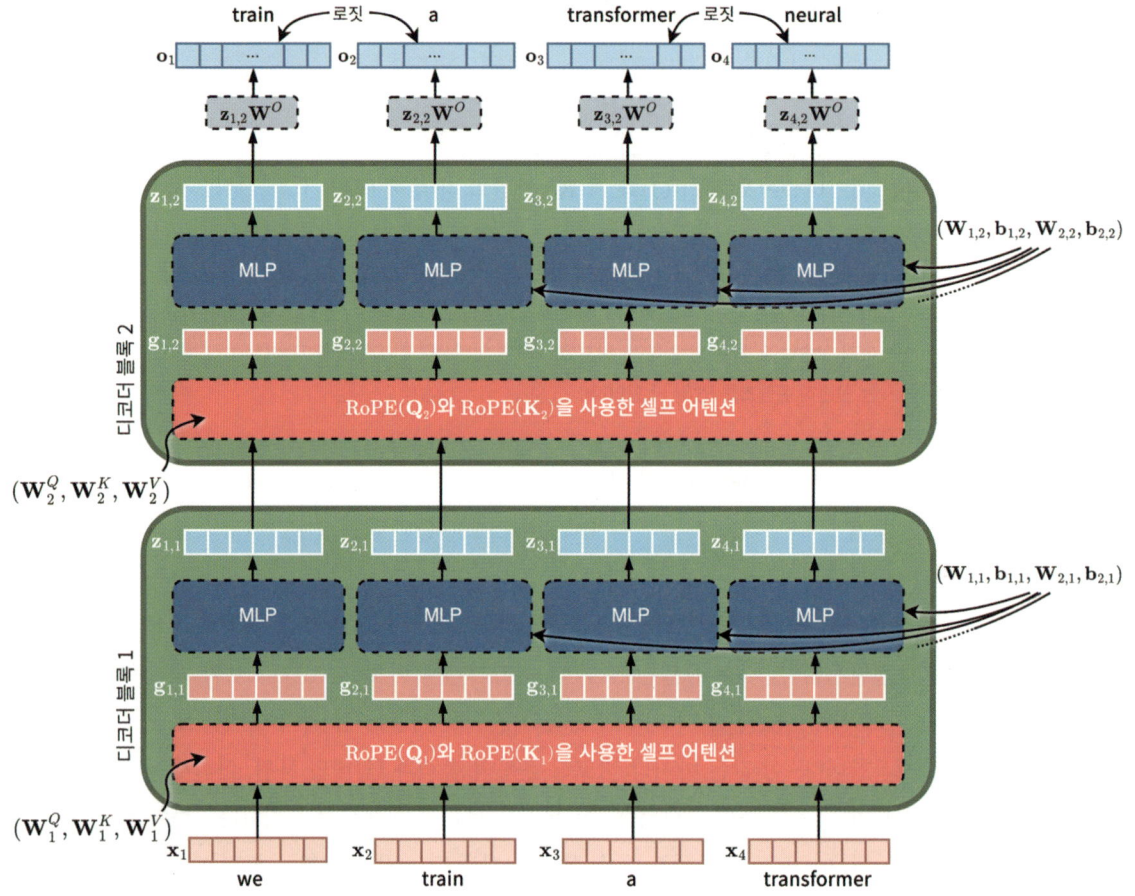

4.5 멀티헤드 어텐션

셀프 어텐션을 이해하고 나면 멀티헤드 어텐션은 비교적 쉽게 이해할 수 있습니다. 1부터 H까지 각 헤드 h마다 고유한 세 개의 어텐션 가중치가 있습니다.

$$\{(\mathbf{W}_h^Q, \mathbf{W}_h^K, \mathbf{W}_h^V)\}_{h \in 1,\dots,H}$$

헤드마다 세 개의 행렬이 입력 벡터 $\mathbf{x}_1, \dots, \mathbf{x}_4$에 적용되어 H개의 $\mathbf{G}_h$ 행렬을 만듭니다. 세 개의 헤드가 있는 그림 4.2에서 보듯이 각 헤드에서 네 개의 벡터 $\mathbf{g}_{h,1}, \dots, \mathbf{g}_{h,4}$가 만들어집니다. 여기서 볼 수 있듯이 멀티헤드 셀프 어텐션 메커니즘은 입력 시퀀스를 여러 개의 셀프 어텐션 '헤드'를 통해 처리합니다. 예를 들어, 세 개의 헤드가 있다면 각 헤드가 입력 토큰에 대해 독립적으로 셀프 어텐션 점수를 계산합니다. RoPE도 각 헤드에서 독립적으로 적용됩니다.

모든 입력 토큰 $\mathbf{x}_1, \ldots, \mathbf{x}_4$가 세 개의 헤드에서 처리되어 출력 행렬 $\mathbf{G}_1, \mathbf{G}_2, \mathbf{G}_3$를 만듭니다. 각 행렬 $\mathbf{G}_h$는 입력 토큰 개수만큼의 행을 가지고 있습니다. 이는 각 헤드가 모든 토큰에 대한 임베딩을 생성한다는 의미입니다. 일반적으로 $\mathbf{G}_h$의 임베딩 차원은 헤드 개수에 반비례하게 전체 임베딩 차원의 1/3로 줄어듭니다. 결과적으로 각 헤드는 원본 임베딩 크기에 비해 저차원 임베딩을 출력합니다.

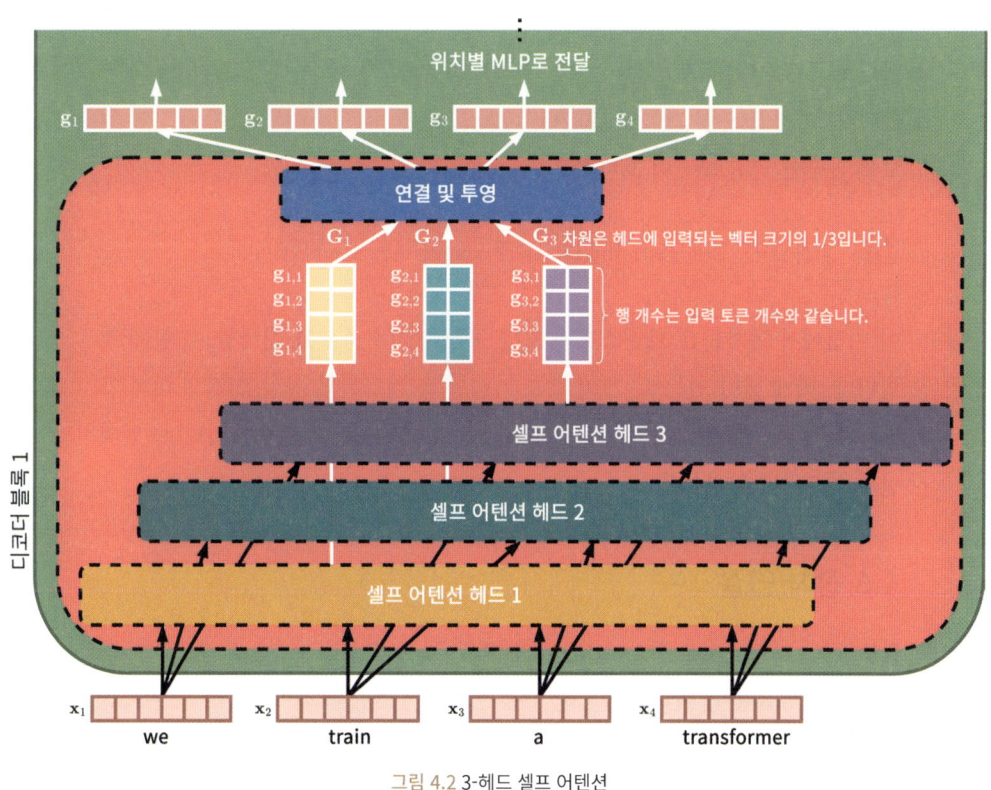

그림 4.2 3-헤드 셀프 어텐션

연결 및 투영 층(concatenation and projection layer)에서 세 개의 헤드에서 나온 출력을 임베딩 차원을 따라 연결하여 모든 헤드에서 구한 정보를 통합하는 하나의 행렬을 만듭니다. 그런 다음 이 행렬을 **투영 행렬**(projection matrix) $\mathbf{W}^O$를 통해 변환하여 최종 출력 행렬 $\mathbf{G}$를 만듭니다. 이 출력이 위치별 MLP로 전달됩니다.

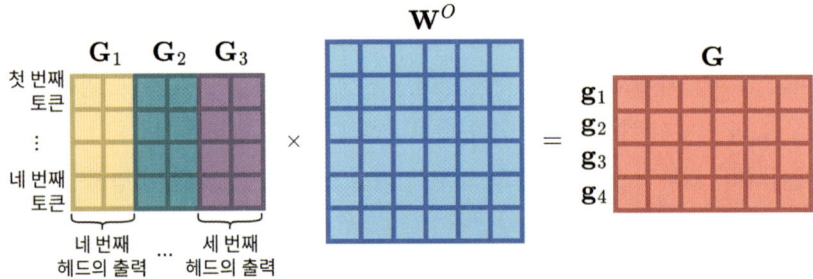

행렬 $\mathbf{G}_1, \mathbf{G}_2, \mathbf{G}_3$를 연결하면 원본 임베딩 차원(예를 들어, 이 경우 6)을 회복합니다. 하지만 훈련 가능한 파라미터 행렬 $\mathbf{W}^O$를 적용하여 모델이 헤드의 정보를 단순한 연결보다 더 효과적으로 결합할 수 있습니다.

> ✅ 최신 대규모 언어 모델은 최대 128개의 헤드를 사용하는 경우가 많습니다.

이 지점에서 독자들은 트랜스포머 모델 구조를 고수준에서 이해할 수 있을 것입니다. 이제 남아 있는 두 개의 주요 기술인 층 정규화와 잔차 연결에 대해 알아보겠습니다. 이 두 요소는 트랜스포머의 효율성을 위해 필수적입니다. 먼저 잔차 연결부터 알아보죠.

4.6 잔차 연결

잔차 연결(residual connection)(또는 **스킵 연결**(skip connection))은 트랜스포머 구조에 필수적입니다. 이러한 기법은 심층 신경망에 있는 그레이디언트 소실(vanishing gradient) 문제를 해결하여 매우 깊은 신경망을 훈련시킬 수 있습니다.

두 개 이상의 층을 가진 신경망을 **심층 신경망**(deep neural network)이라고 부르며, 이런 신경망을 훈련시키는 것을 **딥러닝**(deep learning)이라 합니다. ReLU와 잔차 연결이 등장하기 전에는 그레이디언트 소실 문제 때문에 신경망의 깊이가 크게 제한되었습니다. 신경망 훈련에서 경사 하강법이 수행되는 동안에는 각 파라미터가 그 기울기의 반대 방향으로 조금씩 갱신되는데, 이는 편미분 값에 따라 이루어집니다. 심층 신경망의 (입력과 가까운) 앞쪽 층에서는 이런 업데이트가 매우 작아져 파라미터 조정이 이루어지지 않습니다. 잔차 연결은 그레이디언트가 특정 층을 우회할 수 있는 경로를 만들어 이런 업데이트가 작아지지 않게 만듭니다. 그래서 스킵 연결이라고 부릅니다.

그레이디언트 소실 문제를 잘 이해하기 위해 **합성 함수**로 표현된 3층 신경망을 생각해 보죠.

$$f(x) = f_3\left(f_2(f_1(x))\right)$$

여기서 f_1이 첫 번째 층, f_2가 두 번째 층, f_3가 세 번째 (출력) 층입니다. 이 함수를 다음과 같이 정의해 보죠.

$$z = f_1(x) \stackrel{\text{def}}{=} w_1 x + b_1$$
$$r = f_2(z) \stackrel{\text{def}}{=} w_2 z + b_2$$
$$y = f_3(r) \stackrel{\text{def}}{=} w_3 r + b_3$$

여기서 w_l와 b_l는 층 $l \in \{1, 2, 3\}$의 스칼라 가중치와 편향입니다.

신경망 출력 $f(x)$와 정답 레이블 y의 함수로 손실 함수 L을 $L(f(x), y)$로 정의해 보죠. w_1에 대한 손실 L의 그레이디언트 $\frac{\partial L}{\partial w_1}$은 다음과 같습니다.

$$\frac{\partial L}{\partial w_1} = \frac{\partial L}{\partial f} \cdot \frac{\partial f}{\partial w_1} = \frac{\partial L}{\partial f_3} \cdot \frac{\partial f_3}{\partial f_2} \cdot \frac{\partial f_2}{\partial f_1} \cdot \frac{\partial f_1}{\partial w_1}$$

여기서

$$\frac{\partial f_3}{\partial f_2} = w_3, \quad \frac{\partial f_2}{\partial f_1} = w_2, \quad \frac{\partial f_1}{\partial w_1} = x$$

입니다. 따라서 다음과 같이 쓸 수 있습니다.

$$\frac{\partial L}{\partial w_1} = \frac{\partial L}{\partial f_3} \cdot w_3 \cdot w_2 \cdot x$$

그레이디언트 소실 문제는 w_2, w_3와 같은 가중치가 (1보다) 작을 때 일어납니다. 작은 가중치끼리 곱하면 더 작은 값이 되며, w_1와 같이 앞쪽 층의 가중치에 대한 그레이디언트가 0에 가까워집니다. 이 문제는 특히 많은 층을 가진 신경망에서 심합니다.

대규모 언어 모델을 예로 들어 보죠. 이런 모델은 32개 이상의 디코더 블록을 포함하고 있는 경우가 많습니다. 간단한 설명을 위해 모든 블록이 완전 연결 층이라고 가정해 보죠. 평균적인 가중치 값이 0.5라면, 입력 층 파라미터의 그레이디언트는 $0.5^{32} \approx 0.0000000002$가 될 것입니다. 이는 극도로 작은 값입니다. 학습률을 곱하고 나면 이런 층의 업데이트는 무시할 수준이 됩니다. 결과적으로 이 신경망은 학습을 멈추게 됩니다.

잔차 연결은 그레이디언트 계산 경로에 지름길을 만들어 그레이디언트 소실 문제를 해결합니다. 기본적인 아이디어는 간단합니다. 어떤 층의 출력을 다음 층으로 그냥 전달하지 않고 해당 층의 입력을 출력에 더하는 것입니다. 수학적으로 나타내면 다음과 같습니다.

$$y = f(x) + x$$

여기서 x는 입력, $f(x)$는 층의 함수, y는 출력입니다. 이런 덧셈이 잔차 연결을 만듭니다. 그림으로 나타내면 아래와 같습니다. 이 그림에서 입력 x가 ($f(x)$로 표현된) 층을 통과하여 처리되고 이 층의 출력에도 더해집니다.

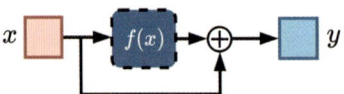

3층 신경망에 잔차 연결을 추가해 보죠. 이런 기법이 어떻게 그레이디언트 계산을 바꾸고 그레이디언트 소실 문제를 완화하는지 보게 될 것입니다. 원본 신경망 $f(x) = f_3(f_2(f_1(x)))$의 층 2와 3에 잔차 연결을 추가해 보죠.

$$\begin{aligned} z &\leftarrow f_1(x) \stackrel{\text{def}}{=} w_1 x + b_1 \\ r &\leftarrow f_2(z) \stackrel{\text{def}}{=} w_2 z + b_2 + z \\ y &\leftarrow f_3(r) \stackrel{\text{def}}{=} w_3 r + b_3 + r \end{aligned}$$

합성 함수는 다음과 같이 됩니다.

$$f(x) = w_3[w_2(w_1x + b_1) + b_2 + w_1x + b_1] + b_3 + w_2(w_1x + b_1) + b_2 + w_1x + b_1$$

이제 w_1에 대한 손실 L의 그레이디언트를 계산해 보죠.

$$\frac{\partial L}{\partial w_1} = \frac{\partial L}{\partial f} \cdot \frac{\partial f}{\partial w_1}$$

$\frac{\partial f}{\partial w_1}$를 확장하면 다음과 같습니다.

$$\frac{\partial f}{\partial w_1} = \frac{\partial}{\partial w_1}[(w_3(w_2(w_1x + b_1) + b_2 + (w_1x + b_1)) + b_3) + (w_2(w_1x + b_1) + b_2 + (w_1x + b_1))]$$
$$= (w_3w_2 + w_3 + w_2 + 1) \cdot x$$

따라서 전체 그레이디언트는 다음과 같이 됩니다.

$$\frac{\partial L}{\partial w_1} = \frac{\partial L}{\partial f} \cdot (w_3w_2 + w_3 + w_2 + 1) \cdot x$$

이를 잔차 연결이 없는 원래 그레이디언트와 비교해 보죠.

$$\frac{\partial L}{\partial w_1} = \frac{\partial L}{\partial f} \cdot w_3 \cdot w_2 \cdot x$$

잔차 연결이 세 개의 항 $w_3, w_2, 1$을 추가했습니다. w_2, w_3가 작더라도 상수 항 1이 있기 때문에 그레이디언트가 완전히 사라지지 않게 됩니다.

예를 들어, 이전처럼 $w_2 = w_3 = 0.5$라고 가정해 보죠.

- 잔차 연결이 없을 때: $0.5 \cdot 0.5 = 0.25$
- 잔차 연결이 있을 때: $0.5 \cdot 0.5 + 0.5 + 0.5 + 1 = 2.25$

다음 그림은 잔차 연결을 가진 디코더 블록을 보여 줍니다.

위의 그림에 나타나 있듯이 각 디코더 블록에는 두 개의 잔차 연결이 있습니다. 층 이름은 잠시 후에 구현할 파이썬 클래스로 표시했습니다. 또한 두 개의 RMSNorm 층이 추가되었습니다. 이 층의 용도에 대해 알아보죠.

4.7 RMS 정규화

RMSNorm 층은 입력 벡터에 RMS 정규화(root mean square normalization)를 적용합니다. 이 연산은 벡터가 셀프 어텐션 층과 위치별 MLP에 들어가기 직전에 수행됩니다. 3차원 벡터를 예로 설명해 보겠습니다.

벡터 $\mathbf{x} = [x^{(1)}, x^{(2)}, x^{(3)}]^\top$가 있다고 가정해 보죠. RMS 정규화를 적용하려면 먼저 벡터의 RMS(root mean square)를 계산해야 합니다.

$$\text{RMS}(\mathbf{x}) = \sqrt{\frac{1}{3}\sum_{i=1}^{3}(x^{(i)})^2} = \sqrt{\frac{1}{3}[(x^{(1)})^2 + (x^{(2)})^2 + (x^{(3)})^2]}$$

그런 다음 이 벡터의 각 원소를 RMS로 나누어 $\tilde{\mathbf{x}}$를 얻습니다.

$$\tilde{\mathbf{x}} = \frac{\mathbf{x}}{\text{RMS}(\mathbf{x})} = \left[\frac{x^{(1)}}{\text{RMS}(\mathbf{x})}, \frac{x^{(2)}}{\text{RMS}(\mathbf{x})}, \frac{x^{(3)}}{\text{RMS}(\mathbf{x})}\right]^\top$$

마지막으로 $\tilde{\mathbf{x}}$의 각 차원에 스케일 인자 γ를 곱합니다.

$$\tilde{\mathbf{x}} = \text{RMSNorm}(\mathbf{x}) \stackrel{\text{def}}{=} \boldsymbol{\gamma} \odot \tilde{\mathbf{x}} = [\gamma^{(1)}\tilde{x}^{(1)}, \gamma^{(2)}\tilde{x}^{(2)}, \gamma^{(3)}\tilde{x}^{(3)}]^\top$$

여기서 $\odot$는 **원소별 곱셈**(element-wise product)을 나타냅니다. 벡터 γ는 훈련 가능한 파라미터이며, RMSNorm 층마다 독자적인 γ를 가지고 있습니다.

RMSNorm의 주요 목적은 층의 입력 스케일을 일정하게 유지시킴으로써 훈련을 안정화하는 것입니다. 이는 수치적으로 안정성을 높이고 그레이디언트 업데이트가 과도하게 커지거나 작아지는 것을 막는 데 도움이 됩니다.

이제 트랜스포머 구조의 주요 구성요소를 모두 다루었으니 디코더 블록이 입력을 처리하는 과정을 요약해 보죠.

1. 입력 임베딩 $\mathbf{x}_t$가 먼저 RMS 정규화 층을 통과합니다.
2. 키와 쿼리 벡터에 RoPE를 적용하는 멀티헤드 셀프 어텐션 메커니즘으로 정규화된 임베딩 $\tilde{\mathbf{x}}_t$을 처리합니다.
3. 셀프 어텐션 출력 $\mathbf{g}_t$를 원본 입력 $\mathbf{x}_t$에 더합니다(잔차 연결).
4. 잔차 연결에서 더해진 $\hat{\mathbf{g}}_t$가 다시 RMS 정규화를 거칩니다.
5. 정규화된 $\tilde{\mathbf{g}}_t$가 다중 퍼셉트론을 통과합니다.
6. 퍼셉트론 출력 $\mathbf{z}_t$을 RMS 정규화 이전 벡터인 $\hat{\mathbf{g}}_t$에 더합니다(두 번째 잔차 연결).
7. 결과 벡터 $\hat{\mathbf{z}}_t$가 디코더 블록의 출력으로, 다음 블록(마지막 블록이라면 최종 출력 층)의 입력으로 사용됩니다.

이 과정이 트랜스포머에 있는 각 디코더 블록마다 반복됩니다.

4.8 키-값 캐싱

훈련 과정에서 디코더는 모든 위치를 병렬로 처리할 수 있습니다. 각 블록이 전체 입력 시퀀스 $\mathbf{X}$에 대해 쿼리, 키, 값 행렬 $\mathbf{Q} = \mathbf{X}\mathbf{W}^Q$, $\mathbf{K} = \mathbf{X}\mathbf{W}^K$, $\mathbf{V} = \mathbf{X}\mathbf{W}^V$를 계산할 수 있기 때문입니다. 하지만 (왼쪽에서 오른쪽으로) 자기회귀 방식으로 수행되는 추론(inference)에서는 한 번에 하나씩 토큰을 생성해야 합니다. 일반적으로 새로운 토큰을 생성할 때마다 다음과 같은 작업을 수행해야 합니다.

1. 새로운 토큰에 대한 키, 쿼리, 값 벡터를 계산합니다.
2. 모든 이전 토큰에 대한 키, 값 행렬을 다시 계산합니다.
3. 이를 새로운 토큰의 키와 값 벡터에 합쳐서 새로운 토큰에 대한 셀프 어텐션을 계산합니다.

키-값 캐싱(key-value caching)을 사용하면 키와 값 행렬을 저장하여 단계 2를 건너뛸 수 있으므로 계산이 반복되는 것을 막습니다. $\mathbf{W}^K$와 $\mathbf{W}^V$는 훈련 후에 고정되므로 이전 토큰의 키와 값 벡터는 추론 과정에서 동일하게 유지됩니다. 이런 벡터를 한 번 계산한 후 저장('캐싱')할 수 있습니다. 새로운 토큰에 다음과 같은 작업을 수행합니다.

- $\mathbf{W}^K$와 $\mathbf{W}^V$를 사용해 키와 값 벡터를 계산합니다.
- 이 벡터를 셀프 어텐션을 위해 캐싱된 키-값 쌍에 추가합니다.

하지만 쿼리 벡터는 처리하려는 현재 토큰에 의존하기 때문에 캐싱하지 않습니다. 새로운 토큰이 추가될 때마다 쿼리 벡터는 동적으로 계산되어 캐싱된 모든 키와 값 벡터에 주의를 기울입니다.

이 방식은 이전 시퀀스를 다시 처리하지 않으므로 긴 시퀀스일 경우 계산량을 크게 줄여 줍니다. 각 디코더 블록의 어텐션 헤드마다 캐싱된 키와 값이 $(L \times d_h)$ 크기의 행렬에 저장됩니다. 여기서 L은 새로운 토큰이 추가됨에 따라 증가하고, d_h는 쿼리, 키, 값 벡터의 차원입니다. H개의 헤드를 가진 모델의 경우 디코더 블록에 있는 키와 값 캐시를 합치면 $(H \times L \times d_h)$ 크기가 됩니다.

RoPE는 위치에 따라 벡터에 회전을 적용하지만 캐싱에 영향을 미치지 않습니다. 새로운 토큰이 추가될 때 다음 위치 인덱스를 받게 되고(시퀀스에 L개의 토큰이 있다면 새로운 토큰의 위치는 $L+1$이 됩니다), 이전에 처리된 토큰은 1에서 L까지 원래 위치를 그대로 유지합니다. 이는 이미 각자의 위치에 따라 회전된, 캐싱된 키와 값이 바뀌지 않는다는 의미입니다. 회전은 $L+1$ 위치에 있는 새로운 토큰에만 적용됩니다.

이제 트랜스포머의 작동 방식에 대해 이해했으니 직접 구현해 보겠습니다.

4.9 트랜스포머 구현

디코더를 구현하기 위해 먼저 `AttentionHead` 클래스를 정의해 보죠.

```python
class AttentionHead(nn.Module):
    def __init__(self, emb_dim, d_h):
        super().__init__()
        self.W_Q = nn.Parameter(torch.empty(emb_dim, d_h))
        self.W_K = nn.Parameter(torch.empty(emb_dim, d_h))
        self.W_V = nn.Parameter(torch.empty(emb_dim, d_h))
        self.d_h = d_h

    def forward(self, x, mask):
        Q = x @ self.W_Q    ❶
        K = x @ self.W_K
        V = x @ self.W_V    ❷

        Q, K = rope(Q), rope(K)    ❸

        scores = Q @ K.transpose(-2, -1) / math.sqrt(self.d_h)    ❹
        masked_scores = scores.masked_fill(mask == 0, float("-inf"))    ❺
        attention_weights = torch.softmax(masked_scores, dim=-1)    ❻
        return attention_weights @ V    ❼
```

이 클래스는 멀티헤드 어텐션 메커니즘에 있는 하나의 어텐션 헤드를 구현합니다. 생성자에서는 세 개의 가중치 행렬을 초기화합니다. `W_Q`는 쿼리 행렬, `W_K`는 키 행렬, `W_V`는 값 행렬입니다. 이 행렬은 모두 (emb_dim, d_h) 크기의 `Parameter` 텐서입니다. `emb_dim`은 입력 임베딩 차원이고, `d_h`는 어텐션 헤드에 사용되는 쿼리, 키, 값 벡터의 차원입니다.

forward 메서드에서는 다음과 같은 작업이 수행됩니다.

- ❶과 ❷에서 입력 벡터 x에 각각의 가중치 행렬을 곱하여 쿼리, 키, 값 행렬을 계산합니다. x의 크기가 (batch_size, seq_len, emb_dim)이라면, Q, K, V의 크기는 (batch_size, seq_len, d_h)가 됩니다.

- ❸에서 Q와 K에 로터리 위치 인코딩을 적용합니다. 쿼리와 키 벡터를 회전시킨 후에 ❹에서 어텐션 점수를 계산합니다. 이 과정을 자세히 나누어 살펴보죠.
    - K.transpose(-2, -1)은 K에 있는 마지막 두 차원을 바꿉니다. K의 크기가 (batch_size, seq_len, d_h)라면 전치된 결과는 (batch_size, d_h, seq_len)가 됩니다. K를 Q에 곱하기 위해 준비하는 과정입니다.
    - Q @ K.transpose(-2, -1)은 배치 행렬 곱셈을 수행하여 (batch_size, seq_len, seq_len) 크기의 어텐션 점수 텐서를 만듭니다.
    - 4.2절에서 설명했듯이, 수치적 안정성을 위해 sqrt(d_h)로 나눕니다.

> ✅ 행렬 곱셈 연산자 @을 두 개 이상의 차원을 가진 텐서에 적용하면 파이토치는 **브로드캐스팅**(broadcasting)을 사용합니다. 이 기법은 일반적으로 2차원 텐서(행렬)에서만 정의되는 @ 연산자와 직접 호환되지 않는 차원을 처리합니다. 이런 경우에 파이토치는 첫 번째 차원을 배치 차원으로 다루어 배치에 있는 각 샘플에 개별적으로 행렬 곱셈을 수행합니다. 이런 방식을 **배치 행렬 곱셈**(batch matrix multiplication)이라고 합니다.

- ❺에서 코잘 마스크를 적용합니다. mask 텐서의 크기는 (seq_len, seq_len)이고 0과 1로 채워져 있습니다. masked_fill 함수는 입력 행렬에서 mask == 0인 모든 원소를 음의 무한대로 바꿉니다. 이를 통해 미래의 토큰에 주의를 기울이지 못하게 막습니다. mask는 배치 차원이 없고, scores는 배치 차원이 있으므로 파이토치는 브로드캐스팅을 사용해 mask를 배치에 있는 각 시퀀스의 scores에 적용합니다.

- ❻에서 scores에 마지막 차원을 따라 소프트맥스를 적용하여 어텐션 가중치로 바꿉니다. 그런 다음 ❼에서 어텐션 가중치와 V를 곱해 (batch_size, seq_len, d_h) 크기의 출력을 만듭니다.

이 어텐션 헤드 클래스를 바탕으로 MultiHeadAttention 클래스를 정의할 수 있습니다.

```
class MultiHeadAttention(nn.Module):
    def __init__(self, emb_dim, num_heads):
        super().__init__()
        d_h = emb_dim // num_heads  ❶
        self.heads = nn.ModuleList([
            AttentionHead(emb_dim, d_h)
            for _ in range(num_heads)
        ])  ❷
        self.W_O = nn.Parameter(torch.empty(emb_dim, emb_dim))  ❸

    def forward(self, x, mask):
        head_outputs = [head(x, mask) for head in self.heads]  ❹
        x = torch.cat(head_outputs, dim=-1)  ❺
        return x @ self.W_O  ❻
```

생성자에 수행하는 작업은 다음과 같습니다.

- ❶에서 모델의 임베딩 차원인 emb_dim을 헤드 개수로 나누어 어텐션 헤드의 차원 d_h를 계산합니다.
- ❷에서 num_heads 개수의 AttentionHead 인스턴스를 담고 있는 ModuleList를 만듭니다. 각 헤드는 입력 차원 emb_dim과 헤드 차원 d_h를 입력 받습니다.
- ❸에서 모든 어텐션 헤드의 출력을 결합하기 위해 학습 가능한 (emb_dim, emb_dim) 크기의 투영 행렬인 W_O를 초기화합니다.

forward 메서드에서는 다음과 같은 작업을 수행합니다.

- ❹에서 각 어텐션 헤드를 (batch_size, seq_len, emb_dim) 크기의 입력 x에 적용합니다. 각 헤드의 출력 크기는 (batch_size, seq_len, d_h)입니다.
- ❺에서 모든 헤드의 출력을 마지막 차원을 따라 연결합니다. num_heads * d_h = emb_dim이므로 만들어진 x의 크기는 (batch_size, seq_len, emb_dim)입니다.

- ❻에서 앞서 연결한 출력을 투영 행렬 W_O와 곱합니다. 출력의 크기는 입력과 동일합니다.

멀티헤드 어텐션을 구현했으니 디코더 블록을 만들기 위해 남은 것은 위치별 다층 퍼셉트론입니다. 이를 구현해 보죠.

```
class MLP(nn.Module):
    def __init__(self, emb_dim):
        super().__init__()
        self.W_1 = nn.Parameter(torch.empty(emb_dim, emb_dim * 4))
        self.B_1 = nn.Parameter(torch.empty(emb_dim * 4))
        self.W_2 = nn.Parameter(torch.empty(emb_dim * 4, emb_dim))
        self.B_2 = nn.Parameter(torch.empty(emb_dim))

    def forward(self, x):
        x = x @ self.W_1 + self.B_1    ❶
        x = torch.relu(x)              ❷
        x = x @ self.W_2 + self.B_2    ❸
        return x
```

생성자에서는 학습 가능한 가중치와 편향을 초기화합니다.

forward 메서드는 다음과 같은 작업을 수행합니다.

- ❶에서 입력 x와 가중치 행렬 W_1을 곱하고 편향 벡터 B_1을 더합니다. 입력의 크기가 (batch_size, seq_len, emb_dim)이므로 만들어진 결과의 크기는 (batch_size, seq_len, emb_dim * 4)입니다.
- ❷에서 ReLU 활성화 함수를 각 원소에 적용하여 비선형성을 주입합니다.
- ❸에서 이 결과와 두 번째 가중치 행렬 W_2를 곱하고 편향 벡터 B_2를 더해 차원을 다시 (batch_size, seq_len, emb_dim) 차원으로 줄입니다.

첫 번째 선형 변환은 임베딩 차원을 네 배(emb_dim * 4) 늘려 신경망이 복잡한 패턴과 변수 사이의 관계를 학습하는 용량을 늘립니다. 4배라는 숫자는 표현력과 효율성 사이에 균형을 이룹니다. 차원을 확장한 후에 원본 임베딩 차원(emb_dim)으로 다시 압축합니다. 이렇게 해야 차원이 같아야 하는 잔차 연결을 적용할 수 있습니다. 실증적 결과는 이러한 확장-축소 접근법이 계산 비용과 성능 사이에서 효과적인 절충을 제공함을 보여 줍니다.

모든 요소가 정의되었으므로 디코더 블록을 완성할 준비가 되었습니다.

```python
class DecoderBlock(nn.Module):
    def __init__(self, emb_dim, num_heads):
        super().__init__()
        self.norm1 = RMSNorm(emb_dim)
        self.attn = MultiHeadAttention(emb_dim, num_heads)
        self.norm2 = RMSNorm(emb_dim)
        self.mlp = MLP(emb_dim)

    def forward(self, x, mask):
        attn_out = self.attn(self.norm1(x), mask)   ❶
        x = x + attn_out                            ❷
        mlp_out = self.mlp(self.norm2(x))           ❸
        x = x + mlp_out                             ❹
        return x
```

`DecoderBlock` 클래스는 트랜스포머 모델에 있는 하나의 디코더 블록을 표현합니다. 그리고 생성자에서는 필요한 층들을 설정합니다. 두 개의 `RMSNorm` 층, (임베딩 차원과 헤드 개수를 매개변수로 갖는) 하나의 `MultiHeadAttention` 층, 하나의 `MLP` 층입니다.

`forward` 메서드는 다음과 같은 작업을 수행합니다.

- ❶에서 (batch_size, seq_len, emb_dim) 크기인 입력 x에 `RMSNorm`를 적용합니다. `RMSNorm`의 출력 크기는 동일합니다. 그런 다음 정규화된 이 텐서가 멀티헤드 어텐션 층에 전달되어 동일한 크기의 텐서를 얻습니다.
- ❷에서 어텐션 출력 attn_out과 원본 입력 x를 더하는 잔차 연결을 추가합니다. 크기는 바뀌지 않습니다.
- ❸에서 잔차 연결의 결과에 두 번째 `RMSNorm`을 적용하여 동일 크기의 출력을 얻습니다. 그런 다음 이 정규화된 텐서를 MLP로 전달하여 (batch_size, seq_len, emb_dim) 크기의 텐서를 얻습니다.
- ❹에서 mlp_out과 정규화되지 않은 입력을 더하는 두 번째 잔차 연결을 추가합니다. 디코더 블록의 최종 출력 크기는 (batch_size, seq_len, emb_dim)이며, 다음 디코더 블록이나 최종 출력 층의 입력으로 사용할 수 있습니다.

디코더 블록을 정의했으므로 여러 개의 디코더 블록을 순차적으로 쌓아 디코더 트랜스포머 언어 모델을 구축할 수 있습니다.

```python
class DecoderLanguageModel(nn.Module):
    def __init__(
        self, vocab_size, emb_dim,
        num_heads, num_blocks, pad_idx
    ):
        super().__init__()
        self.embedding = nn.Embedding(
            vocab_size, emb_dim,
            padding_idx=pad_idx
        ) ❶
        self.layers = nn.ModuleList([
            DecoderBlock(emb_dim, num_heads) for _ in range(num_blocks)
        ]) ❷
        self.output = nn.Parameter(torch.rand(emb_dim, vocab_size)) ❸

    def forward(self, x):
        x = self.embedding(x) ❹
        _, seq_len, _ = x.shape
        mask = torch.tril(torch.ones(seq_len, seq_len, device=x.device)) ❺
        for layer in self.layers: ❻
            x = layer(x, mask)
        return x @ self.output ❼
```

DecoderLanguageModel 클래스의 생성자에서 수행하는 작업은 다음과 같습니다.

- ❶에서 입력 토큰 인덱스를 밀집 벡터로 변환하는 임베딩 층을 만듭니다. padding_idx에 패딩 토큰의 ID를 지정하여 패딩 토큰을 영벡터에 매핑합니다.
- ❷에서 num_blocks개의 DecoderBlock 인스턴스가 담긴 ModuleList를 만들어 디코더 층의 스택을 구성합니다.
- ❸에서 다음 토큰 예측을 위해 마지막 디코더 블록의 출력을 어휘사전의 토큰에 대한 로짓으로 투영하는 행렬을 정의합니다.

forward 메서드는 다음과 같은 작업을 수행합니다.

- ❹에서 입력 토큰 인덱스를 임베딩으로 변환합니다. 입력 텐서 x의 크기는 (batch_size, seq_len)입니다. 출력 크기는 (batch_size, seq_len, emb_dim)입니다.
- ❺에서 코잘 마스크를 만듭니다.
- ❻에서 각 디코더 블록을 (batch_size, seq_len, emb_dim) 크기의 입력 텐서 x에 적용하여 동일 크기의 출력 텐서를 만듭니다. 각 블록은 시퀀스를 정제하여 최종 블록에 도달할 때까지 다음 블록으로 전달합니다.
- ❼에서 최종 디코더 블록의 출력에 (emb_dim, vocab_size) 크기의 self.output 행렬을 곱해 어휘사전 크기의 로짓으로 투영합니다. 배치 행렬 곱셈 후 최종 출력은 (batch_size, seq_len, vocab_size) 크기이며, 입력 시퀀스에 있는 각 위치마다 어휘사전의 모든 토큰에 대한 점수를 제공합니다. 그런 다음 이 출력을 사용해 모델의 예측을 생성합니다. 이에 대해서는 다음 장에서 알아보겠습니다.

DecoderLanguageModel의 훈련 루프는 (3.6절의) RNN과 동일합니다. 따라서 여기서 반복해 쓰지 않겠습니다. RMSNorm와 RoPE의 구현도 생략합니다. 훈련 데이터는 RNN에서와 동일하게 준비합니다. 타깃 시퀀스는 3.7절에서 설명한 것처럼 입력 시퀀스에서 한 위치 이동한 것입니다. 디코더 언어 모델을 훈련하는 전체 코드는 깃허브 노트북(https://bit.ly/thelmbook-nb-4-1)에서 볼 수 있습니다.

이 노트북은 다음과 같은 하이퍼파라미터 값을 사용합니다: emb_dim = 128, num_heads = 8, num_blocks = 2, batch_size = 128, learning_rate = 0.001, num_epochs = 1, context_size = 30. 이런 설정으로 모델은 55.19의 혼잡도를 달성했습니다. 이는 RNN의 72.23보다 향상된 것입니다. 훈련 파라미터의 개수가 비슷한 것을 감안하면 좋은 성과입니다(트랜스포머는 8,621,963개, RNN은 8,292,619개). 하지만 트랜스포머의 진짜 강점은 모델 크기, 문맥 길이, 훈련 데이터가 커졌을 때 나타납니다. 물론 이 책에서 이런 스케일의 실험을 재현하기는 어렵습니다.

마지막 훈련 스텝에서 디코더 모델이 생성한 "The President" 프롬프트의 결과를 살펴보죠.

The President has been in the process of a new deal to make a decision on the issue .

The President 's office said the government had `` no intention of making any mistakes '' .

The President of the United States has been a key figure for the first time in the past ## years .

훈련 데이터에 있는 '#' 문자는 개별 숫자를 나타냅니다. 예를 들어 '##'은 연도일 가능성이 높습니다.

* * *

여기까지 도달했다면 축하합니다! 이제 언어 모델의 작동 방식을 이해했을 것입니다. 하지만 작동 방식을 이해했다고 최신 언어 모델이 무엇을 할 수 있는지 완전히 이해할 수 있는 것은 아닙니다. 이를 정말로 이해하려면 실제로 사용해 봐야 합니다.

다음 장에서 대규모 언어 모델(LLM)을 살펴보겠습니다. 왜 '대규모'라고 부르는지, 규모가 왜 그렇게 특별한지 알아보겠습니다. 그런 다음 질문 대답과 문서 분류 같은 실제 작업을 위해 기존 LLM을 미세 튜닝하는 방법과 다양한 실전 문제를 해결하기 위해 LLM을 사용하는 방법을 다루겠습니다.

5장

The Hundred-Page Language Models Book

대규모 언어 모델

대규모 언어 모델(Large Language Model, LLM)은 텍스트 생성, 번역, 질문 답변과 같은 작업에서 놀라운 성능을 내면서 NLP 분야를 바꾸었습니다. 하지만 다음 단어를 예측하도록 모델을 훈련하는 것만으로 어떻게 이런 결과를 달성할 수 있을까요? 이에 대한 답은 규모와 지도 학습 미세 튜닝 두 가지에 있습니다.

5.1 규모가 클수록 좋은 이유

LLM은 파라미터가 많고, 문맥 윈도가 크고, 상당한 컴퓨팅 자원을 바탕으로 대규모 말뭉치에서 훈련됩니다. 이런 규모 덕분에 복잡한 언어 패턴을 학습하고 심지어 정보를 기억할 수 있습니다.

대화를 이어가고 복잡한 지시를 따를 수 있는 **채팅 LM**을 만드는 작업은 두 단계로 구성됩니다. 첫 번째 단계는 수조 개의 토큰으로 구성된 대규모 데이터셋에서 **사전훈련**(pretraining)하는 것입니다. 이 단계에서 모델은 문맥을 바탕으로 다음 토큰을 예측하는 방법을 학습합니다. RNN과 디코더 모델에서 했던 것과 비슷하지만 매우 큰 규모로 수행됩니다.

많은 파라미터와 큰 문맥 윈도를 통해 모델은 가능한 한 문맥을 깊게 이해하여 다음 토큰 예측을 향상하고 크로스-엔트로피 손실을 최소화하는 것이 목표입니다. 예를 들어, 다음과 같은 문맥을 생각해 보죠.

```
The CRISPR-Cas9 technique has revolutionized genetic engineering by
enabling precise modifications to DNA sequences. The process uses a guide
RNA to direct the Cas9 enzyme to a specific location in the genome. Once
positioned, Cas9 acts like molecular scissors, cutting the DNA strand.
This cut activates the cell's natural repair mechanisms, which scientists
can exploit to
```

다음 토큰을 정확하게 예측하려면 모델은 다음과 같은 내용을 알아야 합니다.

1. 가이드(guide) RNA[1]와 Cas9 단백질과 같은 CRISPR-Cas9과 그 구성요소
2. 특정 DNA 서열을 찾아 절단하는 CRISPR-Cas9의 작동 방식
3. 세포 복구 메커니즘
4. 이런 메커니즘이 어떻게 유전자 편집을 가능하게 하는지

잘 훈련된 LLM은 "insert new genetic material"이나 "delete unwanted genes"와 같은 문장을 이어가야 합니다. "change"나 "fix" 같은 모호한 단어 대신 "insert"나 "delete"를 선택하려면 카운트 기반 모델처럼 표면적인 수준의 패턴에 의지하지 않고 유전자 편집 과정에 대한 깊은 이해를 바탕으로 문맥을 임베딩 벡터로 인코딩해야 합니다.

    단어와 문단이 밀집 임베딩 벡터로 표현될 수 있다면 전체 문서나 복잡한 설명도 이론적으로는 같은 방식으로 표현할 수 있습니다. 하지만 LLM이 등장하기 전에는 NLP 연구자들이 임베딩이 "animal", "building", "economy", "technology", "verb", "noun"과 같은 기본 개념만 표현할 수 있다고 믿었습니다. 이런 믿음은 2010년대 가장 영향력 있는 논문 중 하나에 잘 드러나 있습니다. 그 당시 최고 수준의 언어 모델을 훈련시키는 방법에 대해 자세히 소개한 논문이었습니다.

    "언어 모델에 의해 생성된 모든 텍스트에서 볼 수 있듯이 샘플이 짧은 구절을 넘어서면 말이 되지 않습니다. 대규모 네트워크나 더 많은 데이터를 통해 사실

---

[1] (옮긴이) CRISPR-Cas9 유전자 편집 기술에서 가이드 RNA는 Cas9 단백질이 특정 DNA 서열을 찾아 자를 수 있도록 안내하는 역할을 합니다.

성을 향상시킬 수 있을 것입니다. 하지만 언어가 표현하는 감각적 세계(sensory world)를 경험해 본 적 없는 기계에게 의미 있는 언어를 기대하는 것은 부질없는 일입니다." (알렉스 그레이브스(Alex Graves), "Generating Sequences With RNNs," 2014)

GPT-3는 비교적 복잡한 패턴을 이어가는 능력을 보여 주었습니다. 하지만 여러 단계의 대화를 처리하고 정교한 지시를 따를 수 있는 GPT-3.5를 보면서 언어 모델이 특정 파라미터 규모를 넘어서고 충분히 큰 규모의 말뭉치에서 사전 훈련될 때 예상치 못한 무언가가 일어난다는 것이 명확해졌습니다.

규모는 유능한 LLM을 구축하는 데 필수적입니다. LLM을 대규모로 만드는 핵심 특징과 이런 특징이 LLM의 능력에 어떻게 기여하는지 알아보겠습니다.

5.1.1 대규모 파라미터 개수

LLM의 가장 놀라운 특징 중 하나는 엄청난 파라미터 개수입니다. 앞서 만든 디코더 모델은 8백만 개의 파라미터를 가지고 있지만, 최신 LLM은 수천 억 개 또는 심지어 수조 개의 파라미터를 가질 수 있습니다.

트랜스포머 모델에서 파라미터 개수는 임베딩 차원(`emb_dim`)과 디코더 블록 개수(`num_blocks`)에 의해 크게 좌우됩니다. 이런 값이 커질수록 파라미터 개수가 셀프 어텐션과 MLP 층에서 사용하는 임베딩 차원의 제곱 비율로 늘어나고, 디코더 블록의 개수와 함께 선형적으로 늘어납니다. 즉, 임베딩 차원을 두 배로 늘리면 각 디코더 블록에 있는 어텐션과 MLP의 파라미터 개수는 대략 네 배로 늘어납니다.[2]

 오픈 웨이트 모델(open-weight model)은 훈련된 가중치가 공개된 모델입니다. 이런 가중치를 다운로드하여 텍스트 생성 같은 작업에 사용하거나 특정 애플리케이션을 위해 미세 튜닝할 수 있습니다. 하지만 가중치가 공개되었더라도 상업적인 사용 허용 여부를 포함해 모델의 라이선스는 허가된 용도를 규정할 수 있습니다. 아파치 2.0과 MIT 같은 라이선스는 제한 없이 상업적으로 사용할 수 있습니다. 하지만 항상 라이선스를 확인하여 사용하려는 목적이 제작자의 약관에 부합하는지 확인해야 합니다.

---

2 (옮긴이) 4.2.1절에서 보았듯이 쿼리, 키, 값을 만들기 위한 가중치 행렬이 임베딩 차원의 제곱에 비례하며, 4.9절의 MLP 구현에서 보았듯이 MLP 파라미터 개수도 임베딩 차원의 제곱에 비례합니다.

다음 표는 이 책에서 만든 모델과 여러 오픈 웨이트 LLM의 주요 특징을 비교하여 보여 줍니다.[3]

	num_blocks	emb_dim	num_heads	vocab_size
앞서 만든 모델	2	128	8	32,011
Llama 3.1 8B	32	4,096	32	128,000
Gemma 2 9B	42	3,584	16	256,128
Gemma 2 27B	46	4,608	32	256,128
Llama 3.1 70B	80	8,192	64	128,000
Llama 3.1 405B	126	16,384	128	128,000

관례적으로 오픈 웨이트 모델의 이름에서 'B' 앞의 숫자는 10억 단위의 파라미터 개수를 의미합니다.

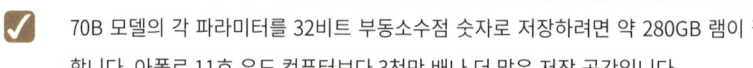 70B 모델의 각 파라미터를 32비트 부동소수점 숫자로 저장하려면 약 280GB 램이 필요합니다. 아폴로 11호 유도 컴퓨터보다 3천만 배나 더 많은 저장 공간입니다.

이런 엄청난 수의 파라미터 덕분에 LLM이 문법, 의미, 세계 지식에 대한 방대한 양의 정보를 학습하고 표현하며 추론 능력까지 발휘합니다.

5.1.2 큰 문맥 크기

또 다른 LLM의 중요한 특징은 이전의 모델보다 훨씬 큰 문맥을 처리하고 유지하는 능력입니다. 이 책에서 만든 디코더 모델은 30개의 토큰만을 문맥으로 사용하지만, 최신 LLM은 수천 개의 토큰, 심지어 수백만 개의 토큰까지도 다룰 수 있습니다.

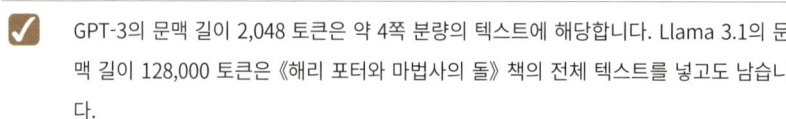 GPT-3의 문맥 길이 2,048 토큰은 약 4쪽 분량의 텍스트에 해당합니다. Llama 3.1의 문맥 길이 128,000 토큰은 《해리 포터와 마법사의 돌》 책의 전체 텍스트를 넣고도 남습니다.

---

3 (옮긴이) 메타의 Llama와 구글의 Gemma 모델에 대한 자세한 구조와 구현 방법은 《혼자 만들면서 배우는 딥러닝》(한빛미디어, 2025)을 참고하세요.

트랜스포머 모델에서 긴 텍스트를 처리할 때 가장 큰 어려움은 셀프 어텐션 메커니즘의 계산 복잡도에 있습니다. 길이가 n인 시퀀스의 경우 셀프 어텐션은 모든 토큰 쌍 사이의 어텐션 점수를 계산해야 하므로 시간 및 공간 복잡도는 2차 다항 복잡도에 해당하는 $O(n^2)$입니다. 이는 입력 길이가 두 배로 늘어나면 메모리 공간과 계산 비용이 네 배가 된다는 의미입니다. 이런 2차 다항 복잡도는 특히 긴 문서일 경우 문제가 됩니다. 예를 들어, 10,000개의 토큰으로 구성된 입력을 처리하려면 어텐션 층마다 1억 개의 어텐션 점수를 계산하고 저장해야 합니다.

구조를 개선하고 어텐션 계산을 최적화하여 문맥 크기를 늘릴 수 있습니다. 그룹 쿼리 어텐션(group-query attention)과 (이 책의 범위를 벗어난 주제인) 플래시 어텐션(Flash Attention)은 메모리를 효율적으로 관리하여 LLM이 과도한 계산 비용을 들이지 않고 더 긴 문맥을 처리할 수 있게 해 줍니다.

일반적으로 LLM은 4K~8K개의 토큰 정도의 짧은 문맥에서 사전훈련됩니다. 이는 어텐션 메커니즘의 2차 다항 복잡도로 인해 긴 시퀀스에서 훈련할 때 계산 비용이 많이 들기 때문입니다. 또한 대부분 훈련 데이터는 태생적으로 짧은 시퀀스로 구성됩니다.

긴 문맥을 다루는 능력은 초기 훈련 후에 이어진 특별 단계인 긴 문맥 사전훈련(long-context pretraining)을 통해 나타납니다. 이 훈련 과정은 다음과 같습니다.

1. **긴 문맥을 위한 점진적 훈련**: 모델의 문맥 윈도를 여러 단계를 거쳐 4,000~8,000개의 토큰에서 128,000~256,000개의 토큰으로 점진적으로 늘립니다. 각 단계에서 문맥 길이를 증가시키고 모델이 두 가지 핵심 조건을 만족할 때까지 훈련합니다. 이 두 조건은 짧은 문맥에서 달성한 성능을 회복하고 '모래사장에서 바늘 찾기(needle in a haystack)' 평가와 같은 긴 문맥과 관련된 작업을 성공적으로 처리하는 것입니다.

> ✅ '모래사장에서 바늘 찾기' 테스트는 모델이 매우 긴 문맥 안에 묻혀 있는 정보를 식별하고 활용하는 능력을 평가합니다. 일반적으로 시퀀스의 앞부분에 중요 정보를 배치하고 수천 개의 관련 없는 토큰으로 채워진 텍스트에서 특정 세부 사항을 추출해야 하는 질문을 합니다.

2. **셀프 어텐션을 위한 효율적인 규모 확장**: 시퀀스 길이에 대한 셀프 어텐션의 2차 계산 복잡도를 다루기 위해 **문맥 병렬화**(context parallelism)를 구현합니다. 이 방법은 입력 시퀀스를 다루기 용이한 청크(chunk)로 나누고, 메모리 효율적인 처리를 위해 all-gather 메커니즘을 사용합니다.

> ✅ **all-gather**는 분산 컴퓨팅에서 각 GPU가 로컬 데이터를 다른 모든 GPU와 공유하고, 데이터를 집계하여 최종적으로 모든 GPU가 완전하고 연결된 데이터셋을 갖는 집단적 통신 연산입니다.

5.1.3 대규모 훈련 데이터셋

LLM의 성능을 뒷받침하는 세 번째 인자는 훈련에 사용된 말뭉치 크기입니다. 이 책에서 만든 디코더는 약 2500만 개의 토큰으로 구성된 작은 뉴스 말뭉치에서 훈련되었지만, 최신 LLM은 수조 개의 토큰으로 구성된 데이터셋을 사용합니다. 이런 데이터셋은 종종 다음으로 구성됩니다.

1. 다양한 장르와 시대의 책과 문학
2. 다양한 주제의 웹 페이지와 온라인 글
3. 학술 논문과 과학 연구 자료
4. 소셜 미디어 게시물과 토론
5. 코드 저장소와 기술 문서

데이터셋의 다양성과 규모를 통해 LLM이 광범위한 어휘를 학습하고, 여러 언어를 이해하고, 폭넓은 주제(역사와 과학에서부터 현재 이슈와 대중 문화까지)에 대한 지식을 획득할 수 있습니다. 또한 다양한 글 스타일과 형태에 적응하고, 기초적인 추론과 문제 해결 기술을 습득할 수 있습니다.

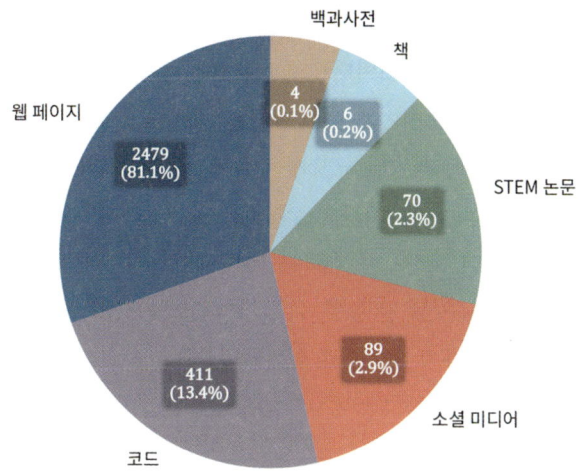

위의 그림은 공개 Dolma 데이터셋[4]을 예로 들어 LLM 훈련 데이터셋의 구성을 보여 줍니다. 이 원그래프의 각 조각은 다양한 문서 유형을 보여 줍니다. 가장 큰 범주인 웹 페이지가 그래프를 압도하지 않도록 로그 스케일로 나타냈습니다. 각 조각은 토큰 개수(십억 단위)와 전체 말뭉치에서 차지하는 비율을 보여 줍니다. Dolma의 토큰 3조 개는 상당한 규모이지만 Qwen 2.5의 토큰 18조 개와 같이 최신 데이터셋에 비하면 부족합니다. 이 수치는 향후 버전에서 더 늘어날 것으로 보입니다.

 사람이 전체 Dolma 데이터셋을 읽으려면 분당 250단어씩 매일 8시간 동안 읽었을 때 약 51,000년이 걸립니다.

신경망 언어 모델이 이런 방대한 말뭉치에서 훈련하므로 일반적으로 딱 한 번 데이터를 처리합니다. 이런 단일 에포크 훈련(single-epoch training) 방식은 계산량을 줄이면서 과대적합을 방지합니다. 방대한 데이터셋을 여러 번 처리하는 것은 시간이 많이 소모되고 추가적인 이득이 크지 않을 수 있습니다.

---

4 https://allenai.org/dolma

5.1.4 대량의 계산량

한 대의 최신 GPU로 Dolma 데이터셋의 토큰 3조 개를 처리하려면 100년이 걸릴 것입니다. 이것이 주요 언어 모델이 대규모 컴퓨팅 클러스터를 사용하는 이유입니다. LLM 훈련에는 상당한 규모의 컴퓨팅 자원이 필요하며, FLOPs(floating-point operations)나 GPU 시간으로 측정하는 경우가 많습니다. 예를 들어, 이 책에서 만든 디코더 모델을 훈련하는 데 한 대의 GPU에서 몇 시간이 걸릴 수 있습니다. 최신 LLM은 몇 달 동안 수천 개의 GPU가 필요할 수 있습니다.

컴퓨팅 요구량은 세 가지 요인으로 늘어납니다.

1. 모델의 파라미터 개수
2. 훈련 말뭉치 크기
3. 훈련에 사용되는 문맥 길이

예를 들어, Llama 3.1 모델 시리즈를 훈련하는 데 약 4천만 GPU 시간이 걸렸습니다. 한 대의 GPU로 약 4600년 동안 실행해야 하는 것과 동일합니다. Llama 3.1의 훈련 과정은 **4차원 병렬화**라 불리는 고급 시스템을 사용합니다. 네 개의 서로 다른 병렬 처리 방법을 통합하여 모델을 수천 대의 GPU에 효율적으로 분산합니다.

네 개의 병렬화는 가중치 행렬($\mathbf{W}^Q, \mathbf{W}^K, \mathbf{W}^V, \mathbf{W}^O, \mathbf{W}_1, \mathbf{W}_2$)을 여러 장치에 분할하는 **텐서 병렬화**(tensor parallelism), 각기 다른 트랜스포머 층을 여러 GPU에 할당하는 **파이프라인 병렬화**(pipeline parallelism), 긴 시퀀스 처리를 위해 입력 시퀀스를 분할하는 **문맥 병렬화**(context parallelism), 여러 GPU에서 동시에 배치를 처리하고 사후 동기화를 수행하는 **데이터 병렬화**(data parallelism)입니다.

 이 네 개의 병렬화 방식은 각기 하나의 장을 할애해야 할 만큼 방대한 주제이므로 이에 대한 자세한 설명은 이 책에서 다루지 않습니다.[5]

대규모 언어 모델을 훈련시키는 데 수천만 달러에서 수억 달러의 비용이 들 수

---

5 (옮긴이) 병렬화 방법에 대한 자세한 소개는 《머신 러닝 Q & AI》(길벗, 2025) 7장을 참고하세요.

있습니다. 이런 비용에는 하드웨어, 전력, 냉방, 엔지니어링 기술이 포함됩니다. 이런 비용 때문에 최첨단 LLM 개발은 빅테크 기업과 자금력이 풍부한 연구실에서만 가능합니다. 하지만 오픈 웨이트 모델은 이런 장벽을 낮추고 있습니다. 작은 조직은 지도 학습 미세 튜닝과 프롬프트 엔지니어링과 같은 방법을 통해 기존의 모델을 활용할 수 있습니다.

5.2 지도 학습 미세 튜닝

사전훈련 과정에서 모델은 대부분의 능력을 학습합니다. 하지만 다음 단어를 예측하도록 훈련되기 때문에 입력을 이어가는 것이 기본적인 동작입니다. 예를 들어, "Explain how machine learning works"를 입력하면 사전훈련된 모델은 "and also name three most popular algorithms"과 같이 응답할 수 있습니다. 하지만 이는 기대한 답변이 아닐 것입니다. 지시를 따르고, 질문에 답하고, 대화를 이어가는 모델의 능력은 **지도 학습 미세 튜닝**(supervised finetuning)이란 과정을 통해 개발됩니다.

사전훈련된 모델과 이와 동일한 모델이지만 지시를 따르고 질문에 답하도록 미세 튜닝된 모델의 동작을 비교해 보죠.

다음 토큰 예측을 위해 사전훈련된 google/gemma-2-2b와 지시를 따르도록 미세 튜닝된 버전인 google/gemma-2-2b-it를 사용하겠습니다.

 허깅 페이스 허브(Hugging Face Hub)에 있는 모델 이름은 공백이 없이 'creator/model'와 같은 규칙을 따릅니다. 'model' 부분에는 일반적으로 모델의 버전, 파라미터 개수, 대화나 지시를 위해 미세 튜닝되었는지 등의 정보를 포함시킵니다. google/gemma-2-2b-it의 경우 개발자는 구글, 모델 버전은 2, 파라미터 개수는 20억 개이며, 지시를 따르도록 미세 튜닝되었다는 것을 알 수 있습니다('it'는 'instruction-tuned'의 약자입니다).

다음과 같은 프롬프트를 사용하겠습니다.

Continue the list: apple, orange, tomato.

위 프롬프트를 사용했을 때 사전훈련만 된 google/gemma-2-2b의 출력은 다음과 같습니다.

The list of fruits and vegetables that are good for you is long. But there
are some that are better than others.

The best fruits and vegetables are those that are high in fiber, low in
sugar, and high in vitamins and minerals.

The best fruits and vegetables are those that are high in fiber, low in
sugar, and high in vitamins and minerals.
...

출력이 완료되지 않고 모델이 동일한 문장을 끝없이 반복합니다. 4장에서 만든 디코더 모델에서 보았던 것과 비슷합니다. google/gemma-2-2b는 규모가 크기 때문에 조금 더 일관성 있는 문장 구조를 만들지만, 생성된 텍스트는 과일 목록을 요청하는 문맥에 맞지 않습니다.

그럼 동일한 입력을 미세 튜닝된 google/gemma-2-2b-it에 적용해 보죠. 출력은 다음과 같습니다.

Here are a few more fruits to continue the list:

* **Banana**
* **Grapefruit**
* **Strawberry**
* **Pineapple**
* **Blueberry**

Let me know if you'd like more!

여기서 볼 수 있듯이, 동일한 파라미터 개수를 가진 이 모델은 지시를 따릅니다. 이런 차이는 지도 학습 미세 튜닝 때문에 생겨납니다.

지도 학습 미세 튜닝 또는 간단히 **미세 튜닝**은 사전훈련된 모델의 파라미터를 특정 작업에 맞춰 수정합니다. 모델이 모든 질문에 답을 하거나 모든 지시를 따르게 하는 것이 목표가 아닙니다. 미세 튜닝은 모델이 사전훈련 과정에서 학습한 지식과 기술을 잠금해제하는 것입니다. 미세 튜닝을 하지 않으면 이 지식은 숨겨진 채로 남아 있어 문제 해결이 아니라 다음 토큰을 예측하는 데 주로 사용됩니다.

미세 튜닝 과정에서 모델이 여전히 다음 토큰을 예측하도록 훈련되지만 일반적인 텍스트가 아니라 좋은 품질의 대화와 문제 해결이 담긴 샘플을 통해 학습합니다. 이런 목적 지향적 훈련은 모델이 기존 지식을 더 잘 활용하게 만들며, 임의의 문장을 연속하는 것이 아니라 프롬프트에 대해 관련 있는 정보로 응답하게 만듭니다.

5.3 사전훈련된 모델 미세 튜닝하기

LLM을 밑바닥부터 훈련시키려면 복잡하고 비용도 많이 듭니다. 상당한 양의 컴퓨팅 자원, 대량의 고품질 훈련 데이터, 머신러닝 연구와 엔지니어링에 관한 전문 기술이 필요합니다.

좋은 소식은 오픈 웨이트 모델은 퍼미시브 라이선스(permissive license)로 제공되는 경우가 많아 비즈니스 문제를 위해 이를 사용하거나 미세 튜닝할 수 있습니다. 80억 개의 파라미터를 가진 모델도 코랩 노트북에서 미세 튜닝할 수 있습니다(코랩 유료 버전은 더 강력한 GPU를 제공합니다). 하지만 이 과정은 시간이 많이 걸리며 단일 GPU의 메모리 제약으로 모델 크기와 문맥 길이가 제한될 수 있습니다.

미세 튜닝 속도를 높이고 더 긴 문맥을 처리하기 위해 기업들은 종종 여러 개의 고성능 GPU가 병렬로 동작하는 서버를 사용합니다. 각 GPU는 계산 과정에 필요한 모델과 데이터를 저장할 수 있는 상당한 양의 VRAM을 가지고 있습니다. 모델의 가중치를 각 GPU의 메모리에 분산시키면 단일 GPU를 사용할 때보다 미세 튜닝의 속도가 상당히 빨라집니다. 이런 전략을 모델 **병렬화**(model parallelism)라고 부릅니다.

 파이토치는 **FSDP**(Fully Sharded Data Parallel)와 같은 방법으로 모델 병렬화를 지원합니다. FSDP는 모델을 더 작은 부분으로 분할하는 **샤딩**(sharding)을 통해 파라미터를 여러 GPU에 효율적으로 분산할 수 있습니다. 이런 방식으로 각 GPU는 모델의 일부분만 처리합니다.

대규모 언어 모델을 미세 튜닝하기 위해 다중 GPU 서버를 임대하려면 작은 조직이나 개인에게는 너무 많은 비용이 듭니다. 컴퓨팅 자원의 필요량에 따라 많은 비용이 들 수 있으며, 모델 크기와 훈련 데이터셋에 따라 몇 시간에서 몇 주까지 훈련이 지속될 수 있습니다.

유료 LLM 서비스 제공 업체는 더 비용 효율적인 미세 튜닝 옵션을 제공합니다. 훈련 데이터에 있는 토큰 개수를 기반으로 과금을 하고 비용을 낮출 수 있는 다양한 기법을 사용합니다. 이 책에서 이런 방법을 다루지는 않지만 이 책의 위키에서 최신 LLM 미세 튜닝 서비스와 토큰당 가격을 볼 수 있습니다.

감정을 분류하도록 사전훈련된 LLM을 미세 튜닝해 보죠. 데이터셋의 구조는 다음과 같습니다.

```
{"text": "i slammed the door and screamed in rage", "label": "anger"}
{"text": "i danced and laughed under the bright sun", "label": "joy"}
{"text": "tears rolled down my face in silence today", "label": "sadness"}
...
```

이 파일은 JSON 객체 형식으로 각 행에 레이블이 있는 샘플을 기록한 JSONL 파일입니다. text 키는 여섯 개의 감정 중 하나를 나타내는 텍스트를 담고 있습니다. label 키는 이에 해당하는 감정입니다. 레이블은 sadness, joy, love, anger, fear, surprise 중 하나입니다. 따라서 여섯 개의 클래스를 가진 문서 분류 문제입니다.

제한 없는 상업적 이용이 허용되는 MIT 라이선스로 사전훈련된 모델인 GPT-2를 미세 튜닝해 보겠습니다. 1억 2,400만 개의 파라미터를 가진 이 언어 모델은 종종 SLM(small language model)로 분류됩니다.[6] 규모가 작지만 특정 작업에서 인상적인 능력을 보여 주며, 코랩의 무료 노트북에서도 미세 튜닝이 가능합니다.

복잡한 모델을 훈련하기 전에 성능의 기준점을 세워 놓는 게 좋습니다. 기준점(baseline)은 간단하고 구현이 간단한 솔루션으로 최소 허용 성능 수준을 제시합니다. 기준점이 없다면 모델에 추가된 복잡도가 성능에 비해 그만한 가치가 있는지 판단할 수 없습니다.

기준 모델로는 BoW 기반의 로지스틱 회귀를 사용하겠습니다. 이 조합이 문서 분류에 효과적임이 입증되어 왔습니다. 전통적이고 얕은 머신러닝 모델을

---

6 (옮긴이) 일반적으로 파라미터 개수가 약 10억 개 이하인 모델을 SLM이라 부릅니다.

손쉽게 훈련하고 평가할 수 있는 오픈 소스 라이브러리인 사이킷런(scikit-learn)을 사용하여 구현해 보겠습니다.

5.3.1 기준 감정 분류기

먼저 사이킷런을 설치합니다.

```
$ pip3 install scikit-learn
```

그런 다음 머신러닝을 위한 데이터를 로드하고 준비합니다.[7]

```
random.seed(42)  ❶

data_url = "https://www.thelmbook.com/data/emotions"
X_train_text, y_train, X_test_text, y_test = download_and_split_data(
    data_url, test_ratio=0.1
)  ❷
```

(*https://bit.ly/thelmbook-nb-5-1* 노트북에 정의된) download_and_split_data 함수는 지정된 URL에서 압축된 데이터셋을 다운로드하고, 훈련 샘플을 추출하고, 훈련 세트와 테스트 세트로 나눕니다. ❷에 있는 test_ratio 매개변수는 데이터셋에서 테스트 세트로 덜어 낼 비율입니다. 재현성을 위해 ❶에서 랜덤 시드를 지정하면 실행할 때마다 ❷에서 데이터를 랜덤하게 섞어도 동일한 결과가 나오게 됩니다.

데이터를 로드하고 훈련 세트와 테스트 세트로 분할한 후 이를 BoW 표현으로 변환합니다.[8]

```
from sklearn.feature_extraction.text import CountVectorizer

vectorizer = CountVectorizer(max_features=10_000, binary=True)
X_train = vectorizer.fit_transform(X_train_text)
X_test = vectorizer.transform(X_test_text)
```

---

[7] 나중에도 이 데이터를 사용할 수 있도록 책의 웹사이트에서 제공합니다. 데이터셋의 원본 출처는 *https://huggingface.co/datasets/dair-ai/emotion*입니다. Saravia et al., "CARER: Contextualized Affect Representations for Emotion Recognition," Proceedings of the 2018 Conference on Empirical Methods in Natural Language Processing, 2018에서 처음 사용되었습니다.

[8] (옮긴이) 사이킷런의 CountVectorizer와 TF-IDF를 사용하는 TfidfVectorizer에 대한 자세한 내용은 《파이썬 라이브러리를 활용한 머신러닝, 번역개정2판》(한빛미디어, 2022) 7장을 참고하세요.

CountVectorizer의 fit_transform 메서드는 훈련 데이터를 BoW 포맷으로 변환합니다. max_features 매개변수로 어휘사전의 크기를 지정하고, binary 매개변수는 특성이 단어의 존재 여부를 나타낼지(binary=True), 등장 횟수를 나타낼지(binary=False) 결정합니다. 이어지는 transform 메서드는 훈련 세트에서 구축한 어휘사전을 사용해 테스트 데이터를 BoW 표현으로 변환합니다. 이런 방식은 테스트 세트의 정보가 의도치않게 머신러닝 훈련 과정에 영향을 미치는 데이터 누수(data leakage)를 막아 줍니다. 훈련 세트와 테스트 세트를 분리하는 것은 매우 중요합니다. 정보 누수가 발생하면 이전에 본 적 없는 샘플에 대한 모델의 진짜 일반화 성능이 왜곡되기 때문입니다.

사이킷런의 로지스틱 회귀 구현은 문자열 레이블을 받을 수 있으므로 이를 숫자로 바꿀 필요가 없습니다. 사이킷런이 자동으로 이런 변환을 처리합니다.[9]

그럼 로지스틱 회귀 모델을 훈련해 보죠.

```
from sklearn.linear_model import LogisticRegression
from sklearn.metrics import accuracy_score

model = LogisticRegression(random_state=42, max_iter=1000)
model.fit(X_train, y_train) # 모델을 훈련합니다.

y_train_pred = model.predict(X_train)
y_test_pred = model.predict(X_test)

train_accuracy = accuracy_score(y_train, y_train_pred)
test_accuracy = accuracy_score(y_test, y_test_pred)

print(f"훈련 정확도: {train_accuracy * 100:.2f}%")
print(f"테스트 정확도: {test_accuracy * 100:.2f}%")
```

출력은 다음과 같습니다.

훈련 정확도: 0.9854
테스트 정확도: 0.8855

먼저 LogisticRegression 객체를 만듭니다. 그런 다음 fit 메서드를 호출하여

---

[9] (옮긴이) 사이킷런은 타깃 데이터에 있는 고유한 문자열을 알파벳 순서대로 정렬하여 0부터 정수 레이블을 할당합니다.

훈련 데이터에서 모델을 훈련합니다.[10] 그 후 모델을 사용해 훈련 세트와 테스트 세트에 대한 예측을 만들고 각각에 대한 정확도를 계산합니다.

LogisticRegression의 random_state 매개변수는 난수 생성기를 위해 랜덤 시드를 지정합니다. max_iter 매개변수에서 솔버(solver)의 반복 횟수를 최대 1000으로 지정합니다.

> ✓ **솔버**(solver)란 모델 파라미터를 최적화하는 알고리즘을 말합니다. 경사 하강법과 비슷하게 동작하지만 효율성을 높이고, 제약조건을 처리하고, 수치적 안정성을 위해 다른 기법을 사용할 수 있습니다. LogisticRegression의 기본 솔버는 **lbfgs**(Limited-memory Broyden–Fletcher–Goldfarb–Shanno)입니다. 이 알고리즘은 중규모 이하의 데이터셋에서 잘 동작하며, 로지스틱 손실과 같은 손실 함수에 적합합니다. max_iter=1000으로 지정하면 솔버가 수렴할 수 있을 만큼 충분히 반복할 수 있습니다.[11]

정확도(accuracy) 지표는 모든 예측 중에 올바른 예측의 비율을 계산합니다.

$$정확도 = \frac{올바른\ 예측의\ 수}{전체\ 예측의\ 수}$$

여기서 볼 수 있듯이 모델이 과대적합되었습니다. 훈련 데이터는 거의 완벽하게 예측했지만 테스트 데이터에서는 성능 차이가 많이 납니다. 이를 해결하기 위해 이 알고리즘의 하이퍼파라미터를 조정할 수 있습니다. 바이그램을 추가하고, 어휘사전 크기를 20,000으로 늘려 보겠습니다.

```
vectorizer = CountVectorizer(max_features=20_000, ngram_range=(1, 2))
```

이렇게 수정하면 테스트 세트의 성능이 조금 향상되지만, 훈련 세트 성능에 비하면 아직 한참 모자랍니다.

훈련 정확도: 0.9962
테스트 정확도: 0.8910

---

[10] 실제로는 사이킷런이 전통적인 로지스틱 회귀와 조금 다르게 모델을 훈련합니다. 시그모이드 함수와 이진 크로스 엔트로피 손실 대신에 소프트맥스 함수와 크로스 엔트로피 손실을 사용합니다. 이런 방식을 통해 로지스틱 회귀를 다중 분류 문제에 일반화합니다.
[11] (옮긴이) LogisticRegression 클래스의 max_iter 매개변수 기본값은 100입니다.

간단한 이 방법이 0.8910의 테스트 정확도를 달성하므로 더 복잡한 솔루션이라면 이 기준점을 능가해야 합니다. 성능이 이보다 나쁘다면 구현에 오류가 있을 가능성이 있습니다.

GPT-2를 미세 튜닝하여 텍스트로 감정 레이블을 생성해 보죠. 이런 방식은 분류 출력 층을 추가할 필요가 없기 때문에 구현하기 쉽습니다. 그 대신 모델은 레이블을 일반적인 단어로 출력하도록 훈련됩니다. 따라서 토크나이저에 따라 여러 개의 토큰을 출력할 수도 있습니다.

5.3.2 감정 레이블 생성하기

먼저 데이터, 모델, 토크나이저를 준비합니다.

```
from transformers import AutoTokenizer, AutoModelForCausalLM

set_seed(42)
data_url = "https://www.thelmbook.com/data/emotions"
model_name = "openai-community/gpt2"

device = torch.device("cuda" if torch.cuda.is_available() else "cpu")

tokenizer = AutoTokenizer.from_pretrained(model_name)  ❶
tokenizer.pad_token = tokenizer.eos_token  ❷

model = AutoModelForCausalLM.from_pretrained(model_name).to(device)  ❸

num_epochs, batch_size, learning_rate = get_hyperparameters()

train_loader, test_loader = download_and_prepare_data(
    data_url, tokenizer, batch_size
)
```

❸에서 사용한 transformers 라이브러리의 AutoModelForCausalLM 클래스는 자동으로 사전훈련된 자기회귀 언어 모델을 로드합니다. ❶은 사전훈련된 토크나이저를 로드합니다. GPT-2에 사용된 토크나이저는 패딩 토큰을 가지고 있지 않습니다. 따라서 ❷에서 EOS(end-of-sequence) 토큰을 재사용하여 패딩 토큰으로 지정합니다.

이제 훈련 루프를 설정합니다.

```
for epoch in range(num_epochs):
    for input_ids, attention_mask, labels in train_loader:
        input_ids = input_ids.to(device)
        attention_mask = attention_mask.to(device)  ❶
        labels = labels.to(device)
        outputs = model(
            input_ids=input_ids,
            labels=labels,
            attention_mask=attention_mask
        )
        outputs.loss.backward()
        optimizer.step()
        optimizer.zero_grad()
```

❶에 있는 attention_mask는 입력에 있는 토큰이 실제 데이터일 경우 1, 패딩일 경우 0인 이진 텐서입니다. 이 마스크는 미래 토큰에 주의를 기울이지 못하게 막는 코잘 마스크와 다릅니다.

다음과 같은 두 개의 샘플에 대해 input_ids, labels, attention_mask를 만들어 보죠.

텍스트	감정
I feel very happy	joy
So sad today	sadness

이 샘플에 작업 정의와 솔루션을 추가하여 텍스트 완성 작업으로 변환하겠습니다.

표 5.1 텍스트 완성 템플릿

작업	솔루션
Predict emotion: I feel very happy\nEmotion:	joy
Predict emotion: So sad today\nEmotion:	sadness

위의 표에서 '\n'은 줄 바꿈 문자를 나타내고, '\nEmotion:'은 작업 설명과 솔루션 사이의 경계를 표시합니다. 선택적이지만 이런 형식은 모델이 사전훈련된 텍스트 이해를 활용하는 데 도움이 됩니다. 미세 튜닝으로 학습된 유일한 새

로운 능력은 여섯 개의 출력 sadness, joy, love, anger, fear, surprise 중 하나를 생성하는 것입니다. 다른 출력은 생성하지 않습니다.

 LLM은 온라인에서 널리 사용되는 이모티콘 때문에 사전훈련 과정에서 부분적으로 감정 분류 기술을 습득했습니다. 여기에서 이모티콘은 주변 텍스트에 대한 레이블과 같은 역할을 합니다.

문자열을 공백으로 분할하고 각 토큰에 고유한 ID를 할당하는 간단한 토크나이저를 가정해 보죠. 가상의 토큰-ID 매핑은 다음과 같습니다.

토큰	ID	토큰	ID
Predict	1	So	8
emotion:	2	sad	9
I	3	today	10
feel	4	joy	11
very	5	sadness	12
happy	6	[EOS]	0
\nEmotion:	7	[PAD]	-1

특수 토큰 [EOS]는 문장의 끝을 나타내고, [PAD]는 패딩 토큰입니다. 샘플 텍스트를 토큰 ID로 변환하면 다음과 같습니다.

텍스트	토큰 ID
Predict emotion: I feel very happy\nEmotion:	[1, 2, 3, 4, 5, 6, 7]
joy	[11]
Predict emotion: So sad today\nEmotion:	[1, 2, 8, 9, 10, 7]
sadness	[12]

그런 다음 입력 토큰와 감정 토큰을 연결합니다. 모델이 감정 레이블을 만들고 나면 생성을 중지하도록 마지막에 [EOS] 토큰을 추가합니다. input_ids 텐서에는 이렇게 연결된 토큰 ID를 담고 있습니다. labels 텐서는 모든 입력 텍스

트 토큰을 -100(특별한 마스킹 값)으로 바꾸고, 감정 토큰 ID와 [EOS] 토큰만 그대로 둡니다. 이렇게 하면 모델이 입력 텍스트말고 감정 토큰을 예측할 때만 손실을 계산합니다.

 -100은 파이토치(그리고 유사한 프레임워크)가 손실 계산에서 특정 위치를 제외하기 위해 사용하는 특수 토큰 ID입니다. 이렇게 하면 언어 모델을 미세 튜닝할 때 모델이 입력 토큰(작업 설명)이 아니라 원하는 출력(감정)에 대한 토큰을 예측하는 데 집중할 수 있습니다.

이렇게 만든 결과는 다음과 같습니다.

텍스트	input_ids	labels
Predict emotion: I feel very happy\n Emotion: joy	[1, 2, 3, 4, 5, 6, 7, 11, 0]	[-100, -100, -100, -100, -100, -100, -100, 11, 0]
Predict emotion: So sad today\n Emotion: sadness	[1, 2, 8, 9, 10, 7, 12, 0]	[-100, -100, -100, -100, -100, -100, 12, 0]

두 샘플을 배치로 묶으려면 모든 시퀀스의 길이가 같아야 합니다. 가장 긴 시퀀스(첫 번째 샘플)에 9개의 토큰이 있으므로 짧은 시퀀스에 동일한 길이가 되도록 패딩을 추가합니다. 다음은 input_ids, labels, attention_mask가 최종적으로 어떻게 조정되는지를 보여 주는 표입니다.

input_ids	labels	attention_mask
[1, 2, 3, 4, 5, 6, 7, 11, 0]	[-100, -100, -100, -100, -100, -100, -100, 11, 0]	[1, 1, 1, 1, 1, 1, 1, 1, 1]
[1, 2, 8, 9, 10, 7, 12, 0, -1]	[-100, -100, -100, -100, -100, -100, 12, 0, -100]	[1, 1, 1, 1, 1, 1, 1, 1, 0]

input_ids에 있는 모든 시퀀스는 토큰을 9개 가집니다. 두 번째 샘플에 [PAD] 토큰(ID -1)이 추가되었습니다. attention_mask에서 실제 토큰은 1이고, 패딩 토큰은 0입니다.

이제 패딩된 이 배치를 모델이 처리할 준비가 되었습니다.

num_epochs = 2, batch_size = 16, learning_rate = 0.00005로 모델을 미세 튜닝한 후 테스트 정확도는 0.9415를 기록했습니다. 이는 기준점인 로지스틱 회귀에서 얻은 0.8910보다 5퍼센트포인트 높은 값입니다.

> ✅ 미세 튜닝을 할 때는 보통 사전훈련된 가중치가 크게 바뀌지 않도록 작은 학습률을 많이 사용합니다. 이렇게 하면 사전훈련에서 얻은 일반 지식을 보존하면서 새로운 작업에 적응하는 데 도움이 됩니다. 일반적으로 $0.00005(5 \times 10^{-5})$를 사용하며, 대체로 실전에서 잘 동작합니다. 하지만 최상의 값은 작업과 모델에 따라 다릅니다.

LLM을 지도 학습 미세 튜닝하는 전체 코드는 깃허브에 있는 *https://bit.ly/thelm-book-nb-5-2* 노트북을 참고하세요. 이 코드를 다른 텍스트 생성 작업에 적용하려면 (동일한 JSON 포맷을 유지하면서) 데이터 파일을 교체하고 표 5.1에 있는 작업과 솔루션을 특정 비즈니스 문제에 관련된 텍스트로 바꿀 수 있습니다.

일반적인 지시를 따르도록 미세 튜닝하는 데 이 코드를 어떻게 적용할 수 있는지 알아보죠.

5.3.3 지시를 따르도록 미세 튜닝하기

감정 생성 작업과 비슷하게 대규모 언어 모델을 임의의 지시를 따르도록 미세 튜닝하는 방법을 알아보겠습니다.

지시 수행을 위해 언어 모델을 미세 튜닝할 때 첫 번째 단계로 **프롬프트 포맷** 또는 **프롬프트 스타일**을 선택합니다. 감정 생성에서는 다음과 같은 포맷을 사용했습니다.

```
Predict emotion: {text}
Emotion: {emotion}
```

이런 포맷을 통해 LLM이 작업 부분이 끝나는 부분('\nEmotion:')과 솔루션이 시작되는 부분을 구별할 수 있습니다. 범용적인 지시 수행을 위해 미세 튜닝할 때는 '\nEmotion:'를 구분자로 사용할 수 없으므로 더 일반적인 포맷이 필요합니다. 첫 번째 오픈 웨이트 모델이 공개되었을 때 많은 사람과 조직에서 다양한 프롬프트 포맷을 사용했습니다. 다음은 그중 두 가지 포맷이며, 이 포맷을 사용한 유명한 LLM의 이름을 따서 명명되었습니다.

- 비쿠냐(Vicuna):

  USER: {instruction}
  ASSISTANT: {solution}

- 알파카(Alpaca):

  ### Instruction:
  {instruction}

  ### Response:
  {solution}

ChatML(chat markup language)은 미세 튜닝된 유명 LLM에서 많이 사용하는 프롬프트 포맷입니다. 이 포맷은 화자의 역할과 메시지 내용을 포함하여 채팅 메시지를 인코딩하는 표준 방식을 제공합니다.

이 포맷은 두 개의 태그를 사용합니다. <|im_start|>는 메시지의 시작을 나타내고, <|im_end|>는 메시지의 끝을 표시합니다. 기본적인 ChatML 메시지 구조는 다음과 같습니다.

<|im_start|>{role}
{message}
<|im_end|>

message는 지시(질문)나 솔루션(답변)입니다. role은 일반적으로 system, user, assistant 중 하나입니다. 예를 들면 다음과 같습니다.

<|im_start|>system
You are a helpful assistant.
<|im_end|>
<|im_start|>user
What is the capital of France?
<|im_end|>
<|im_start|>assistant
The capital of France is Paris.
<|im_end|>

user의 역할은 질문을 하거나 지시를 내리는 사람입니다. assistant의 역할은

응답을 제공하는 채팅 LM입니다. system의 역할은 모델의 동작에 대한 지침이나 맥락을 제공하는 것입니다. **시스템 프롬프트**(system prompt)라고도 부르는 system 메시지에는 이름, 나이와 같은 사용자에 대한 개인 정보나 LLM 기반 애플리케이션에 유용한 다른 정보가 포함될 수 있습니다.

프롬프트 포맷은 미세 튜닝된 모델의 품질에 거의 영향을 미치지 않습니다. 하지만 다른 사람이 미세 튜닝한 모델을 사용할 때 미세 튜닝에 사용한 포맷을 알아야 합니다. 잘못된 포맷을 사용하면 모델의 출력 품질에 영향을 미칠 수 있습니다.

훈련 데이터를 선택한 프롬프트 포맷으로 변환한 후에 감정 생성 모델에서 사용한 것과 동일한 코드로 훈련을 수행합니다. LLM을 지시 미세 튜닝하는 전체 코드는 깃허브에 있는 *https://bit.ly/thelmbook-nb-5-3* 노트북에서 볼 수 있습니다.

최신 LLM에서 생성한 500개의 샘플로 데이터셋을 구성했습니다. 고품질의 지시 수행을 위해서는 충분하지 않을 수 있지만, 이상적인 지시 미세 튜닝 데이터셋을 구축하기 위한 표준 방법은 없습니다. 온라인에서 얻을 수 있는 데이터셋은 수천 개에서 수백만 개의 샘플로 다양하게 구성되며, 품질도 다릅니다. 하지만 메타의 LIMA 모델에서 보여 준 것처럼 비록 1,000개밖에 되지 않더라도 주의 깊게 선택한 다양한 샘플로 충분히 큰 사전훈련된 언어 모델에 강력한 지시 수행 능력을 부여할 수 있습니다.

지시 미세 튜닝에서 최상의 결과를 달성하려면 샘플의 양이 아니라 품질이 중요하다는 데 기술자들의 의견이 일치합니다.

이 훈련 샘플은 다음에 공개되어 있습니다.

```
data_url = "https://www.thelmbook.com/data/instruct"
```

이 데이터 구조는 다음과 같습니다.

```
...
{"instruction": "Translate 'Good night' into Spanish.", "solution": "Buenas noches"}
{"instruction": "Name primary colors.", "solution": "Red, blue, yellow"}
...
```

미세 튜닝에 사용한 지시와 샘플이 근본적으로 모델의 동작을 결정합니다. 예의 바르고 주의 깊은 응답에 노출된 모델은 이런 특성을 반영하는 경향이 있습니다. 미세 튜닝을 통해 모델이 계속 거짓을 생성하도록 훈련될 수도 있습니다. 제3자가 미세 튜닝한 모델을 사용하는 경우 훈련 과정에서 추가된 편향에 주의해야 합니다. '편향되지 않았다'고 불리는 모델도 실제로는 특정 이해 관계에 대해서는 편향을 지니고 있는 경우가 많습니다.

지시 미세 튜닝의 영향을 이해하기 위해 사전훈련된 모델이 특수한 훈련 없이 지시를 어떻게 처리하는지 알아보죠. 먼저 사전훈련된 GPT-2를 사용해 보죠.

```
from transformers import AutoTokenizer, AutoModelForCausalLM
import torch

device = torch.device("cuda" if torch.cuda.is_available() else "cpu")

tokenizer = AutoTokenizer.from_pretrained("openai-community/gpt2")
tokenizer.pad_token = tokenizer.eos_token

model = AutoModelForCausalLM.from_pretrained("openai-community/gpt2").to(device)

instruction = "Who is the President of the United States?"
inputs = tokenizer(instruction, return_tensors="pt").to(device)

outputs = model.generate(
    input_ids=inputs["input_ids"],
    attention_mask=inputs["attention_mask"],
    max_new_tokens=32,
    pad_token_id=tokenizer.pad_token_id
)

generated_text = tokenizer.decode(outputs[0], skip_special_tokens=True)
print(generated_text)
```

출력은 다음과 같습니다.

```
Who is the President of the United States?

The President of the United States is the President of the United States.

The President of the United States is the President of the United States.
```

google/gemma-2-2b와 마찬가지로 모델은 문장을 반복합니다. 이제 지시 데이터셋에서 미세 튜닝한 모델을 살펴보죠. 지시 미세 튜닝한 모델의 추론 코드는 미세 튜닝에서 사용했던 프롬프트 포맷을 따라야 합니다. build_prompt 함수는 ChatML 프롬프팅 포맷을 지시 메시지에 적용합니다.

```
def build_prompt(instruction, solution = None):
    wrapped_solution = ""
    if solution:
        wrapped_solution = f"\n{solution}\n<|im_end|>"
    return f"""<|im_start|>system
You are a helpful assistant.
<|im_end|>
<|im_start|>user
{instruction}
<|im_end|>
<|im_start|>assistant""" + wrapped_solution
```

훈련과 테스트에 동일한 build_prompt 함수를 사용합니다. 훈련 과정에서 입력으로 instruction과 solution을 모두 받습니다. 테스트에서는 instruction만 받습니다.

이제 텍스트 생성 함수를 정의해 보죠.

```
def generate_text(model, tokenizer, prompt, max_new_tokens=100):
    input_ids = tokenizer(prompt, return_tensors="pt").to(model.device)

    end_tokens = tokenizer.encode("<|im_end|>", add_special_tokens=False) ❶

    stopping = [EndTokenStoppingCriteria(end_tokens, model.device)] ❷

    output_ids = model.generate(
        input_ids=input_ids["input_ids"],
        attention_mask=input_ids["attention_mask"],
        max_new_tokens=max_new_tokens,
        pad_token_id=tokenizer.pad_token_id,
        stopping_criteria=stopping
    )[0]

    generated_ids = output_ids[input_ids["input_ids"].shape[1]:] ❸
    generated_text = tokenizer.decode(generated_ids).strip()
    return generated_text
```

❶에서 <|im_end|> 태그를 생성의 끝을 나타내는 데 사용할 토큰 ID로 인코딩합니다. ❷는 (아래에서 정의한) EndTokenStoppingCriteria 클래스를 사용해 종료 조건을 설정합니다. 따라서 텍스트 생성은 end_tokens를 만나면 중지될 것입니다. ❸에서 생성된 토큰에서 입력 프롬프트를 제거하여 새로 생성된 텍스트만 남깁니다.

EndTokenStoppingCriteria 클래스는 토큰 생성을 중지하는 신호를 정의합니다.

```
from transformers import StoppingCriteria

class EndTokenStoppingCriteria(StoppingCriteria):
    def __init__(self, end_tokens, device):
        self.end_tokens = torch.tensor(end_tokens).to(device) ❶

    def __call__(self, input_ids, scores):
        do_stop = []
        for sequence in input_ids: ❷
            if len(sequence) >= len(self.end_tokens):
                last_tokens = sequence[-len(self.end_tokens):] ❸
                do_stop.append(torch.all(last_tokens == self.end_tokens)) ❹
            else:
                do_stop.append(False)
        return torch.tensor(do_stop, device=input_ids.device)
```

생성자에서는 다음과 같은 작업을 수행합니다.

- ❶은 end_tokens 리스트를 파이토치 텐서로 변환하고 지정된 장치로 이동시켜 텐서와 모델이 동일한 장치에 있도록 만듭니다.

__call__ 메서드에서 ❷는 배치에 있는 생성된 시퀀스를 반복합니다. 각 반복에서 다음 작업을 수행합니다.

- ❸에서 마지막 len(end_tokens)개의 토큰을 last_tokens에 저장합니다.
- ❹에서 last_tokens이 end_tokens과 같은지 확인합니다. 만약 같다면 배치에 있는 각 시퀀스의 생성을 중단해야 할지 추적하는 do_stop 리스트에 True가 추가됩니다.

새로운 지시로 추론을 수행하는 방법은 다음과 같습니다.

```
input_text = "Who is the President of the United States?"
prompt = build_prompt(input_text)
generated_text = generate_text(model, tokenizer, prompt)
print(generated_text.replace("<|im_end|>", "").strip())
```

출력은 다음과 같습니다.

George W. Bush

GPT-2는 비교적 작은 언어 모델이고 최근 데이터로 미세 튜닝하지 않았으므로 대통령을 잘못 알고 있는 것은 놀라운 일이 아닙니다. 여기서 중요한 것은 미세 튜닝한 모델이 지시를 질문으로 이해하고 이에 상응하는 답변을 한다는 점입니다.

5.4 언어 모델의 샘플링

언어 모델로 텍스트를 생성하려면 출력 로짓을 토큰으로 변환해야 합니다. 각 단계에서 가장 높은 확률을 가진 토큰을 선택하는 그리디 디코딩(greedy decoding)은 수학이나 사실을 기반으로 하는 질문처럼 정밀도를 요구하는 작업에 효과적입니다. 하지만 많은 작업에서 무작위성이 도움이 됩니다. 예를 들어 스토리 아이디어를 브레인스토밍하려면 다양한 출력이 있어야 좋습니다. 코드를 디버깅하는 첫 번째 시도가 실패했다면 다른 제안이 도움이 될 수 있습니다. 요약과 번역에서도 모델에 확신이 없을 때 샘플링을 통해 유효한 여러 표현을 탐색할 수 있습니다.

이런 문제를 해결하기 위해 항상 가장 가능성이 높은 토큰을 고르는 대신 확률 분포에서 샘플링합니다. 여러 기법을 통해 무작위성을 얼마나 도입할지를 제어할 수 있습니다.

이와 관련된 기법을 살펴보겠습니다.

5.4.1 온도를 사용한 기본 샘플링

가장 간단한 방법은 로짓을 온도 파라미터 T와 소프트맥스 함수를 사용해 확률로 바꾸는 것입니다.

$$\Pr(j) = \frac{\exp(o^{(j)}/T)}{\sum_{k=1}^{V} \exp(o^{(k)}/T)}$$

여기서 $o^{(j)}$는 토큰 j에 대한 로짓, $\Pr(j)$는 최종 확률, V는 어휘사전 크기를 나타냅니다. 온도 T는 확률 분포의 뾰족한 정도를 결정합니다.

- $T = 1$이면 표준 소프트맥스 확률입니다.
- $T \to 0$일수록 확률은 가장 높은 확률을 가진 토큰에 초점을 맞춥니다.
- $T \to \infty$일수록 확률은 균등해집니다.

예를 들어, (어휘사전에 세 개의 단어만 있다고 가정하고) 토큰 "cat", "dog", "bird"에 대한 로짓이 $[4, 2, 0]^\top$이라면, 온도가 확률에 미치는 영향은 다음과 같습니다.

T	확률	참고
0.5	$[0.98, 0.02, 0.00]^\top$	"cat"에 더 초점을 맞춥니다.
1.0	$[0.87, 0.12, 0.02]^\top$	표준 소프트맥스
2.0	$[0.67, 0.24, 0.09]^\top$	더 균등한 분포를 만듭니다.

온도는 창의성과 결정론 사이에 균형을 제어합니다. 낮은 값(0.1~0.3)은 집중적이고 정확한 결과를 생성하므로 사실적인 답변, 코딩, 수학과 같은 작업에 맞습니다. 중간 값(0.7~0.8)은 창의성과 일관성을 함께 제공하며 대화나 콘텐츠 작성에 이상적입니다. 높은 값(1.5~2.0)은 무작위성을 추가하므로 일관성이 부족하지만 브레인스토밍이나 스토리 생성에 유용합니다. (0에 가깝거나 2보다 큰) 극단적인 값은 거의 사용되지 않습니다.

이런 범위는 가이드일 뿐입니다. 최적의 온도는 모델과 작업에 따라 다르며 실험을 통해 결정해야 합니다.

어휘사전과 확률이 주어졌을 때 샘플링된 토큰을 반환하는 함수는 다음과 같습니다.

```python
import numpy as np

def sample_token(probabilities, vocabulary):
    if len(probabilities) != len(vocabulary):  ❶
        raise ValueError("두 입력의 크기가 맞지 않습니다.")

    if not np.isclose(sum(probabilities), 1.0, rtol=1e-5):  ❷
        raise ValueError("확률은 모두 더해서 1이 되어야 합니다.")

    return np.random.choice(vocabulary, p=probabilities)  ❸
```

이 함수는 샘플링 전에 두 가지를 확인합니다. ❶에서 어휘사전에 있는 각 토큰마다 하나의 확률이 있는지 확인합니다. ❷에서 부동소수점 정밀도를 고려하여 약간의 오차 내에서 확률의 합이 1인지 확인합니다. 이런 검사를 통과하면 ❸에서 샘플링을 수행합니다. 확률을 기반으로 어휘사전에서 토큰을 선택합니다. 따라서 0.7의 확률을 가진 토큰은 이 함수를 100번 반복해서 실행했을 때 대략 70번 정도 선택됩니다.

5.4.2 탑-k 샘플링

온도가 무작위성을 제어하는 데 도움을 주지만, 전체 어휘사전에서 샘플링하기 때문에 모델이 극단적으로 낮은 확률을 할당한 토큰도 선택될 가능성이 있습니다. 탑-k 샘플링(top-k sampling)은 다음처럼 가장 가능성이 높은 k개의 토큰을 샘플링 대상으로 제한하여 이 문제를 해결합니다.

1. 토큰을 확률로 정렬합니다.
2. 상위 k개의 토큰을 선택합니다.
3. 확률의 합이 1이 되도록 다시 정규화합니다.
4. 축소된 이 분포에서 샘플링합니다.

온도와 탑-k 샘플링을 지원하도록 sample_token 함수를 업데이트해 보죠.

```python
def sample_token(logits, vocabulary, temperature=0.7, top_k=50):
    if len(logits) != len(vocabulary):
        raise ValueError("두 입력의 크기가 맞지 않습니다.")
    if temperature<= 0:
        raise ValueError("온도는 양수여야 합니다.")
```

```
    if top_k<1:
        raise ValueError("top_k는 1보다 커야 합니다.")
    if top_k > len(logits):
        raise ValueError("top_k는 len(logits)보다 같거나 작아야 합니다.")

    logits = logits / temperature  ❶
    cutoff = np.sort(logits)[-top_k]  ❷
    logits[logits<cutoff] = float("-inf")  ❸

    probabilities = np.exp(logits - np.max(logits))  ❹
    probabilities /= probabilities.sum()  ❺

    return np.random.choice(vocabulary, p=probabilities)
```

이 함수는 먼저 입력을 검사합니다. 로짓과 어휘사전 크기가 같은지, 온도 값이 양수인지, 탑-k가 1보다 크고 어휘사전 크기를 넘지 않는지 확인합니다. ❶에서 로짓을 온도로 나눕니다. ❷에서 로짓을 정렬하고 가장 큰 k번째 값을 골라 탑-k 임곗값을 결정합니다. ❸에서 임곗값 아래의 로짓을 음의 무한대로 설정하여 가능성이 낮은 토큰을 제외시킵니다. ❹에서 수치적으로 안정적인 소프트맥스를 사용해 남은 로짓을 확률로 변환합니다. ❺에서 확률의 합이 1이 되도록 만듭니다.

 지수 함수를 적용하기 전에 logits에서 np.max(logits)를 빼면 수치 오버플로를 막을 수 있습니다. 로짓 값이 크면 지수 함수가 과도하게 커질 수 있습니다. 가장 큰 로짓을 0으로 만들면 상대적인 비율을 유지하면서 안정적으로 계산할 수 있습니다.

k 값은 작업에 따라 다릅니다. 작은 값(5~10)은 가장 가능성이 높은 토큰에 집중하여 정확도와 일관성을 향상시키므로 사실적인 답변이나 구조적인 작업에 잘 맞습니다. 중간 범위 값(20~50)은 다양성과 일관성 사이에서 균형을 이루며, 일반적인 글쓰기와 대화에 좋은 기본값입니다. 높은 값(100~500)은 다양성을 증가시키므로 창의적인 작업에 잘 맞습니다. 이런 범위는 실용적인 지침이지만 최상의 k는 모델, 어휘사전 크기, 애플리케이션에 따라 다릅니다. 매우 낮은 값(5 이하)은 너무 제한적일 수 있으며, 극도로 큰 값(500 이상)은 품질 향상에 거의 도움이 되지 않습니다. 최적의 값을 찾으려면 실험이 필수입니다.

5.4.3 뉴클리어스(탑-p) 샘플링

뉴클리어스 샘플링(nucleus sampling) 또는 탑-p 샘플링(top-p sampling)은 다른 방식으로 토큰을 선택합니다. 고정된 개수의 토큰을 사용하지 않고 누적 확률이 임곗값 p를 초과하는 가장 작은 토큰 집합을 선택합니다.

$p = 0.9$라 가정했을 때 작동 방식은 다음과 같습니다.

1. 확률순으로 토큰을 정렬합니다.
2. 누적 확률이 0.9가 될 때까지 토큰을 부분집합에 추가합니다.
3. 이 부분집합의 확률을 다시 정규화합니다.
4. 수정된 분포에서 샘플링을 수행합니다.

이 방법은 상황에 맞게 토큰을 샘플링합니다. 매우 집중된 분포에서는 몇 개의 토큰만 선택하거나 모델의 확신이 없을 때는 여러 토큰을 선택할 수 있습니다.

실전에서는 이런 세 가지 방법이 다음과 같은 순서로 함께 사용됩니다.[12]

1. 온도 스케일링(예를 들어, $T = 0.7$)은 토큰 확률 분포를 뾰족하게 하거나 부드럽게 하여 무작위성을 조정합니다.
2. 탑-k 필터링(예를 들어, $k = 50$)은 가장 가능성이 높은 k개 토큰으로 샘플링 대상을 제한합니다. 이를 통해 계산 효율성을 높이고 극도로 낮은 확률을 가진 토큰이 선택되는 것을 막습니다.
3. 탑-p 필터링(예를 들어, $p = 0.9$)은 누적 확률이 임곗값 p에 도달할 때까지 토큰을 선택하는 식으로 샘플링 대상을 다시 조정합니다.

5.4.4 페널티

최신 언어 모델은 텍스트의 다양성과 품질을 관리하기 위해 온도와 필터링 메서드와 함께 페널티 매개변수를 사용합니다. 이런 페널티는 반복적인 단어, 과도하게 사용되는 토큰, 생성 루프와 같은 문제를 피하는 데 도움이 됩니다.

빈도 페널티(frequency penalty)는 지금까지 생성된 텍스트에 토큰이 등장한

---

[12] (옮긴이) 허깅 페이스의 transformers 라이브러리에서 이와 같은 순서대로 샘플링을 수행합니다. 하지만 라이브러리에 따라 순서와 방식에 차이가 있을 수 있습니다.

빈도를 기반으로 토큰 확률을 조정합니다. 한 토큰이 여러 번 등장했다면 등장 횟수에 비례하여 확률을 축소시킵니다. 이 페널티는 소프트맥스 함수를 적용하기 전에 로짓에서 스케일을 조정한 토큰 카운트를 빼는 식으로 적용합니다.

$$o^{(j)} \leftarrow o^{(j)} - \alpha \cdot \text{count}(j)$$

여기서 α는 프리퀀시 페널티 파라미터입니다. 높은 값(0.8~1.0)은 모델이 같은 라인을 반복하거나 루프에 갇힐 확률을 줄여 줍니다.

존재 페널티(presence penalty)는 카운트에 상관없이 지금까지 생성된 텍스트에 토큰이 등장하는지에 따라 토큰 확률을 수정합니다.

$$o^{(j)} \leftarrow \begin{cases} o^{(j)} - \gamma, & \text{토큰 } j\text{가 생성된 텍스트에 있는 경우} \\ o^{(j)}, & \text{그렇지 않은 경우} \end{cases}$$

여기서 γ는 존재 페널티 파라미터입니다. 높은 γ 값(0.7~1.0)은 모델이 새로운 주제에 대해 이야기할 가능성을 높입니다.[13]

최적의 값은 구체적인 작업에 따라 다릅니다. 창의적인 글쓰기의 경우 높은 페널티가 새로운 글을 만드는 데 도움이 됩니다. 기술 문서의 경우 낮은 페널티가 정밀도와 일관성을 유지해 줍니다.

온도, 탑-k, 탑-p, 두 가지 페널티를 구현한 완전한 `sample_token` 함수는 깃허브에 있는 *https://bit.ly/thelmbook-nb-5-4* 노트북을 참고하세요.

5.5 LoRA

수십억 개의 파라미터를 조정하여 LLM을 미세 튜닝하려면 방대한 컴퓨팅 자원과 메모리가 필요하므로 사용할 수 있는 인프라가 제한된 사람에게는 장벽이 됩니다.

LoRA(low-rank adaptation)는 일부 파라미터만 업데이트하는 해결책을 제시합니다. 전체 모델을 수정하는 대신 수정 사항을 포착하는 작은 행렬을 모델에 추가합니다. 이런 방식은 훈련 자원의 일부만으로도 유사한 성능을 냅니다.

---

[13] (옮긴이) 이 두 페널티는 오픈AI API에서 제공하는 `frequency_penalty`와 `presence_penalty`에 대한 설명입니다.

5.5.1 핵심 아이디어

트랜스포머에서 대부분의 파라미터는 셀프 어텐션과 위치별 MLP 층의 가중치 행렬에 있습니다. LoRA는 큰 가중치 행렬을 직접 수정하는 대신 각각을 위해 두 개의 작은 행렬을 추가합니다. 미세 튜닝 과정에서 원본 가중치 행렬을 동결한 채로 작은 두 행렬을 훈련하여 필요한 수정 사항을 포착합니다.

사전훈련된 모델에 있는 $d \times k$ 크기의 가중치 행렬 $\mathbf{W}_0$를 생각해 보죠. 미세 튜닝 과정에서 $\mathbf{W}_0$를 직접 업데이트하는 대신 다음과 같은 과정을 수행합니다.

1. **원본 가중치를 동결합니다**: 미세 튜닝하는 동안 가중치 $\mathbf{W}_0$는 바꾸지 않고 그대로 둡니다.
2. **두 개의 작은 행렬을 추가합니다**: $d \times r$ 크기의 행렬 $\mathbf{A}$와 $r \times k$ 크기의 행렬 $\mathbf{B}$를 추가합니다. 랭크(rank)라고 부르는 r은 d나 k보다 훨씬 작은 정수입니다(예를 들면, $r = 8$).
3. **가중치를 조정합니다**: 미세 튜닝 과정에서 조정된 가중치 행렬 $\mathbf{W}$를 다음과 같이 계산합니다.

$$\mathbf{W} = \mathbf{W}_0 + \frac{\alpha}{r}\Delta\mathbf{W} = \mathbf{W}_0 + \frac{\alpha}{r}\mathbf{AB}$$

여기서 $\Delta\mathbf{W} = \mathbf{AB}$는 $\mathbf{W}_0$에 대한 업데이트를 나타내며, 스케일링 인자(scaling factor) $\frac{\alpha}{r}$로 크기를 조정합니다.

행렬 $\mathbf{A}$와 $\mathbf{B}$를 LoRA 어댑터(LoRA adapter)라고 부릅니다. 두 행렬의 곱인 $\Delta\mathbf{W}$는 새로운 작업에서 성능을 향상시키기 위해 원본 행렬 $\mathbf{W}_0$을 조정하는 업데이트 행렬처럼 동작합니다. $\mathbf{A}$와 $\mathbf{B}$가 $\mathbf{W}_0$보다 훨씬 작으므로 이 방법은 훈련 파라미터 수를 크게 줄여 줍니다.

예를 들어, $\mathbf{W}_0$의 차원이 1024×1024라면 직접 미세 튜닝할 경우 백만 개 이상의 파라미터를 훈련시켜야 합니다(1,048,576개의 파라미터). LoRA에서는 1024×8차원(8,192개의 파라미터)인 $\mathbf{A}$와 8×1024차원(8,192개의 파라미터)인 $\mathbf{B}$를 추가합니다. 따라서 $8{,}192 + 8{,}192 = 16{,}384$개의 파라미터만 훈련시키면 됩니다.

미세 튜닝한 트랜스포머에서는 원본 행렬 $\mathbf{W}_0$을 대신해 이렇게 조정된 가중치 행렬 $\mathbf{W}$를 사용하여 트랜스포머 블록을 통과하는 토큰 임베딩을 변경시킵니다. $\mathbf{W}$를 만드는 과정은 다음과 같습니다.

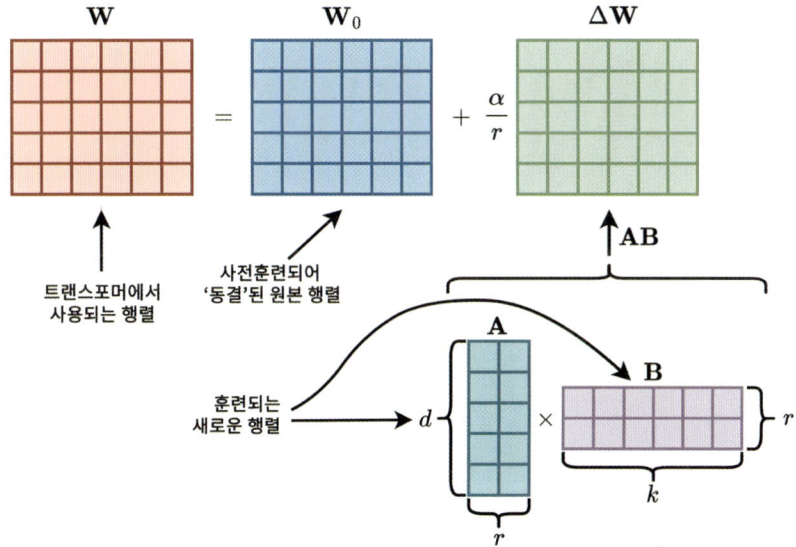

스케일링 인자 $\frac{\alpha}{r}$는 미세 튜닝 과정에서 LoRA의 가중치 업데이트 크기를 제어합니다. r과 α는 모두 하이퍼파라미터이며, α는 일반적으로 r의 배수로 지정합니다. 예를 들어, $r=8$이면 α는 16으로 지정하여 스케일링 인자를 2로 만듭니다. 최적의 r과 α는 테스트 세트에서 미세 튜닝된 LLM의 성능을 평가하여 실험적으로 찾습니다.

LoRA는 일반적으로 셀프 어텐션 층의 가중치 행렬에 적용합니다. 구체적으로 쿼리, 키, 값의 가중치 행렬 $\mathbf{W}^Q, \mathbf{W}^K, \mathbf{W}^V$와 투영 행렬 $\mathbf{W}^O$입니다. 위치별 MLP 층의 가중치 행렬 $\mathbf{W}_1$와 $\mathbf{W}_2$에도 적용할 수 있습니다.

LoRA를 사용한 LLM 미세 튜닝은 전체 모델 미세 튜닝보다 빠르며 그레이디언트를 위한 메모리가 적게 필요하므로 제한된 하드웨어에서 매우 큰 모델을 미세 튜닝할 수 있습니다.

5.5.2 PEFT

허깅 페이스의 PEFT(Parameter-Efficient Finetuning) 라이브러리를 사용하면 트랜스포머 모델에서 LoRA를 간단하게 구현할 수 있습니다. 먼저 이 라이브러리를 설치합니다.

```
$ pip3 install peft
```

이전 코드에 PEFT 라이브러리를 통합하여 LoRA를 적용할 수 있습니다.

```
from peft import get_peft_model, LoraConfig, TaskType

peft_config = LoraConfig(
    task_type=TaskType.CAUSAL_LM,   # 작업 유형을 지정합니다.
    inference_mode=False,           # 훈련을 위해 False로 지정합니다.
    r=8,                            # 랭크 r을 지정합니다.
    lora_alpha=16                   # LoRA의 α
)

model = get_peft_model(model, peft_config)
```

LoraConfig 객체는 LoRA 미세 튜닝을 위해 다음과 같은 매개변수를 정의합니다.

- task_type은 작업 유형을 지정하는데, 여기서는 코잘 언어 모델링(causal language modeling)입니다.
- r은 LoRA 어댑터의 랭크입니다.
- lora_alpha는 스케일링 인자 α입니다.

get_peft_model 함수는 원본 모델에 LoRA 어댑터를 통합합니다. 어떤 행렬을 보강해야 하는지는 어떻게 결정할까요? PEFT는 표준적인 LLM 구조를 감지하도록 고안되었습니다. Llama, Gemma, Mistral, Qwen 같은 모델을 미세 튜닝할 때 자동으로 적절한 층에 LoRA를 적용합니다.[14] 4장에서 만든 디코더처럼 사용자 정의 트랜스포머 모델의 경우 target_modules 매개변수에 LoRA가 적

---

[14] (옮긴이) LoRA는 주로 쿼리와 값을 만들기 위한 행렬에 적용됩니다. LLM 구조에 따라 자동으로 선택되는 LoRA 층은 깃허브 코드를 참고하세요(https://bit.ly/3GUw5rn).

용될 행렬을 지정할 수 있습니다.

```
peft_config = LoraConfig(
    # 위와 동일합니다.
    target_modules=["W_Q","W_K","W_V","W_O"]
)
```

그런 다음 평상시처럼 옵티마이저를 준비합니다.

```
optimizer = torch.optim.AdamW(model.parameters(), lr=learning_rate)
```

파이토치에서 requires_grad 속성은 자동 미분을 위해 텐서에 대한 연산을 추적할지 여부를 제어합니다. requires_grad=True로 지정하면 파이토치는 텐서에서 수행되는 모든 연산을 추적하여 역전파 시에 그레이디언트 계산을 수행합니다. (훈련 과정에서 업데이트되지 않도록) 모델 파라미터를 동결하기 위해 requires_grad를 False로 지정합니다.

```
import torch.nn as nn

model = nn.Linear(2, 1)   # 선형 층: y = WX + b

print(model.weight.requires_grad)
print(model.bias.requires_grad)

model.bias.requires_grad = False
print(model.bias.requires_grad)
```

출력은 다음과 같습니다.

```
Truc
True
False
```

PEFT 라이브러리는 다른 모든 모델 파라미터는 동결하고 LoRA 어댑터의 파라미터만 requires_grad=True로 설정합니다.

 get_peft_model 함수로 모델을 감싸고 나면 그 후 훈련 루프는 이전과 동일합니다. 예를 들어, r=16과 lora_alpha=32인 LoRA를 사용해 감정 생성 작업에서 GPT-2를 미세 튜닝하면 0.9420의 테스트 정확도를 달성합니다. 이는 전체 미세 튜닝으로 얻은 0.9415보다 조금 더 낮습니다. 일반적으로 LoRA는 전체 미세 튜닝보다 조금 낮은 성능을 달성합니다. 하지만 하이퍼파라미터 선택, 데이터셋 크기, 베이스 모델, 작업에 따라 결과는 다릅니다.

LoRA를 사용하여 GPT-2를 미세 튜닝하는 전체 코드는 깃허브에 있는 *https://bit.ly/thelmbook-nb-5-5* 노트북을 참고하세요. 주어진 작업에 맞춰 데이터셋과 LoRA 설정을 커스터마이징해 사용할 수 있습니다.

5.6 분류용 LLM

감정 예측을 위해 GPT-2를 미세 튜닝할 때 이를 분류기로 변환하지 않았습니다. 그 대신 클래스 이름을 텍스트로 생성하도록 했습니다. 이렇게 하면 동작은 하지만, 이 방법으로 하는 분류 작업이 항상 최적이라고는 할 수 없습니다. 다른 방법은 각 감정 클래스에 대한 로짓을 생성하도록 모델을 훈련하는 것입니다.

사전훈련된 LLM에 **분류 헤드**(classification head)를 추가할 수 있습니다. 이 층은 완전 연결 층이며, 소프트맥스 활성화 함수를 사용하여 로짓을 클래스 확률로 매핑합니다.

transformers에 이 작업을 손쉽게 하기 위한 클래스가 있습니다. AutoModelForCausalLM로 모델을 로드하지 않고 AutoModelForSequenceClassification을 사용하면 됩니다.

```
from transformers import AutoModelForSequenceClassification

model = AutoModelForSequenceClassification.from_pretrained(
    model_path, num_labels=6
)
```

사전훈련된 자기회귀 언어 모델의 경우 이 클래스는 마지막 디코더 블록에서 나온 패딩이 아닌 마지막 (가장 오른쪽) 토큰을 클래스 개수(이 예제의 경우 6)에 맞는 차원의 벡터로 매핑합니다. 이렇게 바뀐 구조는 다음과 같습니다.

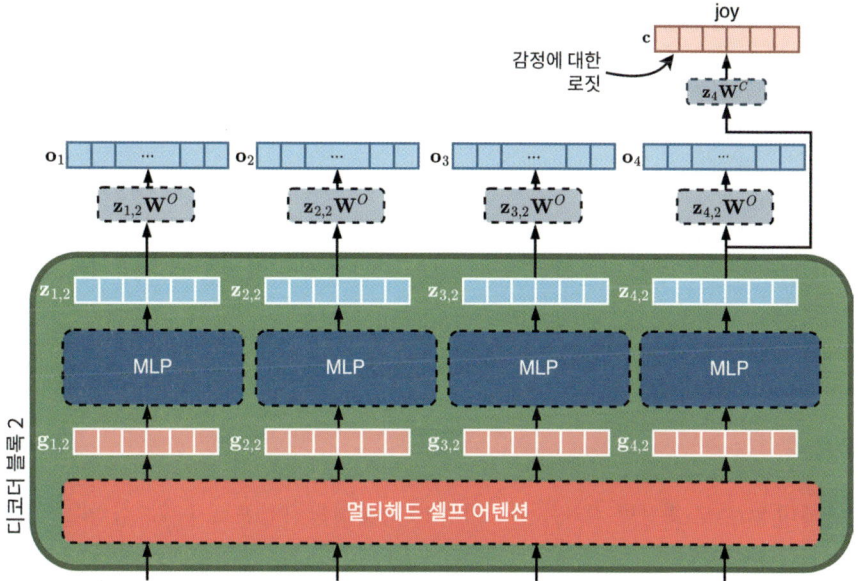

여기서 볼 수 있듯이 마지막 디코더 블록(위의 그림에서는 두 번째 블록)이 입력을 처리한 후 마지막 토큰의 출력 임베딩 $z_{4,2}$가 분류 헤드의 가중치 행렬 W^C을 통과합니다. 이 투영에서 임베딩이 클래스당 하나의 로짓으로 변환됩니다.

파라미터 텐서 W^C는 랜덤한 값으로 초기화되고 감정 데이터셋으로 훈련됩니다. 훈련은 예측 확률 분포와 원핫 인코딩된 정답 클래스 레이블 사이의 손실을 측정하는 크로스 엔트로피로 됩니다. 이 오차가 역전파되어 분류 헤드와 모델의 나머지 부분의 가중치를 업데이트합니다. 이 모델은 LoRA와 함께 사용될 수 있습니다.

num_epochs = 8, batch_size = 16, learning_rate = 0.00005로 미세 튜닝한 후 모델이 0.9460의 테스트 정확도에 도달했습니다. 이는 클래스 레이블을 텍스트로 생성하는 모델을 미세 튜닝한 정확도 0.9415보다 조금 더 높습니다. 베이스 모델과 데이터셋에 따라 향상이 더 두드러질 수 있습니다.

GPT-2를 감정 분류기로 미세 튜닝하는 전체 코드는 깃허브 저장소에 있는 *https://bit.ly/thelmbook-nb-5-6* 노트북에서 볼 수 있습니다.

5.7 프롬프트 엔지니어링

채팅 언어 모델 또는 채팅 LM은 대화 샘플에서 미세 튜닝된 언어 모델입니다. 이 미세 튜닝은 지시 미세 튜닝과 비슷하지만, ChatML 포맷과 같이 멀티턴(multi-turn) 대화 입력과 어시스턴트(assistant)의 응답에 해당하는 타깃을 사용합니다.

단순하지만 대화 인터페이스는 다양한 실전 문제를 해결할 수 있습니다. 이 절은 채팅 LM을 사용해 **프롬프트 엔지니어링**(prompt engineering)에 대한 모범 사례를 살펴보겠습니다.

5.7.1 좋은 프롬프트의 특징

채팅 LM으로 최상의 결과를 얻으려면 잘 만들어진 프롬프트가 필요합니다. 뛰어난 프롬프트의 핵심 요소는 다음과 같습니다.

1. **상황**: 도움이 필요한 이유를 설명합니다.
2. **역할**: 모델이 시뮬레이션해야 할 전문가 페르소나(persona)를 정의합니다.
3. **작업**: 모델이 수행할 일을 명확하고 구체적으로 지시합니다.
4. **출력 포맷**: 글머리 기호, JSON, 코드와 같이 기대하는 응답의 구조를 설명합니다.
5. **제약**: 제한 사항, 선호하는 출력, 요구 사항을 언급합니다.
6. **품질 조건**: 만족스러운 응답을 정의합니다.
7. **예시**: 입력과 기대하는 출력으로 구성된 퓨샷(few-shot) 샘플을 제공합니다.
8. **행동 요청**: 작업을 간단하게 요약하고 모델에게 수행하도록 요청합니다.

프롬프트에 입력-출력 샘플을 추가하는 것을 **퓨샷 프롬프팅**(few-shot prompting) 또는 **문맥 내 학습**(in-context learning)이라 부릅니다. 기대하는 출력을 나타내는 양성 샘플(positive example)과 잘못된 응답으로 구성된 음성 샘플(negative example)이 포함될 수 있습니다. 잘못된 응답과 연관된 구체적인 제약 사항을 설명하면 샘플이 왜 틀렸는지 모델이 이해하는 데 도움이 됩니다.

다음은 위와 같은 요소를 포함한 프롬프트의 예입니다.

```
Situation: I'm creating a system to analyze insurance claims. It processes
adjuster reports to extract key details for display in a SaaS platform.

Your role: Act as a seasoned insurance claims analyst familiar with
industry-standard classifications.

Task: Identify the type of incident, the primary cause, and the
significant damages described in the report.

Output format: Return a JSON object with this structure:
{
    "type": "string",       // Incident type
    "cause": "string",      // Primary cause
    "damage": ["string"]    // Major damages
}

<examples>
   <example>
      <input>
        Observed two-vehicle accident at an intersection. Insured's car
        was hit after the other driver ran a red light. Witnesses confirm.
        The vehicle has severe front-end damage, airbags deployed, and was
        towed from the scene.
      </input>
      <output>
        {
            "type": "collision",
            "cause": "failure to stop at signal",
            "damage": ["front-end damage", "airbag deployment"]
        }
      </output>
   </example>
   <example>
        ...
   </example>
</examples>

Call to action: Extract the details from this report:

"Arrived at the scene of a fire at a residential building. Extensive
 damage to the kitchen and smoke damage throughout. Fire caused by
 unattended cooking. Neighbors evacuated; no injuries reported."
```

"Situation", "Your role", "Task"와 같은 섹션은 선택적입니다.

프롬프트를 사용할 때 LLM의 어텐션 메커니즘에 한계가 있다는 것을 유념하세요. 프롬프트의 특정 부분에 초점을 맞추는 반면, 다른 부분을 간과할 수 있습니다. 좋은 프롬프트는 상세함과 간결성 사이의 균형을 맞추어야 합니다. 과도하게 상세한 프롬프트는 모델을 혼란스럽게 하며, 불충분한 설명은 모델이 잘못된 가정을 하게 만듭니다.

 앞에서 퓨샷 샘플을 위해 XML 태그를 사용했습니다. 샘플 경계를 명확하게 정의할 수 있고 구조적인 데이터에서 사전훈련될 때 LLM에게 익숙한 포맷이기 때문입니다. 또한 채팅 LM은 XML 구조의 대화 샘플을 사용해 미세 튜닝되는 경우가 많습니다. XML을 사용하는 것이 필수는 아니지만 도움이 될 수 있습니다.

5.7.2 행동에 대한 후속조치

모델의 첫 번째 출력은 완벽하지 않은 경우가 많습니다. 채팅 LM의 성능을 최대로 끌어내려면 사용자 분석과 후속조치가 중요합니다. 일반적인 후속조치는 다음과 같습니다.

1. 솔루션에 오류가 있는지 혹은 제약 사항을 위배하지 않고 간소화할 수 있는지를 LLM에 요청합니다.
2. 솔루션을 복사하여 동일한 LLM에서 처음부터 새로운 대화를 시작합니다. 새로운 대화에서 '전문가로부터 받은' 솔루션인 것처럼 모델에게 검증 요청할 수 있습니다.
3. 다른 LLM을 사용해 솔루션을 리뷰하거나 개선합니다.
4. 코드 출력의 경우 실행 환경에서 코드를 실행하고, 결과를 분석하여 모델에게 피드백을 제공합니다. 코드가 실패하면 전체 에러 메시지와 스택 트레이스(stack trace)를 모델에게 제공할 수 있습니다.

후속조치에 동일한 채팅 LM을 사용할 때(특히 코드나 복잡하고 구조적인 출력을 다룰 때) 일반적으로 세 번에서 다섯 번의 대화 후에 새로 시작하는 것이 좋습니다. 이런 권장사항은 다음과 같은 두 가지 주요 관찰에서 기인한 것입니다.

1. 채팅 LM은 일반적으로 짧은 대화로 구성된 샘플로 미세 튜닝됩니다. 미세 튜닝을 위해 고품질의 긴 대화를 만드는 것은 어려운 일이고 비용이 많이

듭니다. 따라서 문제 해결에 초점을 맞춘 긴 대화 샘플이 부족한 훈련 데이터가 많습니다. 결과적으로 모델은 짧은 대화에서 더 좋은 성능을 냅니다.
2. 긴 문맥은 오류를 축적시킬 수 있습니다. 셀프 어텐션 메커니즘에서 소프트맥스 함수가 많은 위치에 적용되어 값 벡터를 결합하기 위한 가중치를 계산합니다. 문맥 길이가 증가할수록 부정확성이 늘어나고 모델의 초점이 관련없는 사항이나 앞선 실수로 옮겨갈 수 있습니다.

처음부터 다시 시작할 때는 앞선 후속조치에서 얻은 주요 사항을 프롬프트에 반영하는 것이 중요합니다. 이렇게 하면 모델이 이전의 실수를 반복하지 않는 데 도움이 됩니다. 관련 정보를 명확하고, 간결한 시작점에 통합시킴으로써 길고 잡음이 섞인 이전 대화의 히스토리에 의존하지 않고 모델에게 필요한 문맥을 제공할 수 있습니다.

5.7.3 코드 생성

채팅 LM의 유용한 용도 중 하나는 코드 생성입니다. 사용자가 원하는 코드를 설명하면 모델이 이를 생성합니다. 알다시피 최신 LLM은 많은 프로그래밍 언어로 구현된 방대한 양의 오픈 소스 코드에서 사전훈련됩니다. 이런 사전훈련을 통해 모델이 문법과 표준적이거나 널리 사용되는 많은 라이브러리를 배울 수 있습니다. 다른 언어로 구현된 동일한 알고리즘을 봄으로써 LLM이 (word-2vec의 동의어처럼) 내부 표현을 공유할 수 있습니다. 이를 통해 코드를 읽거나 생성할 때 프로그램 언어에 구애받지 않습니다.

또한 많은 코드에 주석이 포함되어 있어 모델이 코드의 목적(달성하고자 하는 것)을 이해하는 데 도움이 됩니다. 스택오버플로(StackOverflow)나 비슷한 포럼과 같은 데이터 소스는 문제와 솔루션을 쌍으로 제공하므로 더 가치가 있습니다. 이런 데이터에 노출되면 LLM이 관련된 코드로 응답하는 능력을 얻을 수 있습니다. 지도 학습 미세 튜닝은 사용자의 요청을 이해하고 이를 코드로 바꾸는 기술을 향상시킵니다.

결과적으로 LLM은 거의 모든 언어의 코드를 생성할 수 있습니다. 고품질의 결과를 위해서 사용자는 코드가 수행할 일을 자세히 지정해야 합니다. 예를 들면, 다음과 같은 독스트링(docstring)을 제공할 수 있습니다.

Write Python code that implements a method with the following
specifications:

```
def find_target_sum(numbers: list[int], target: int) -> tuple:
    """Find pairs of indices in a list whose values sum to a target.

    Args:
        numbers: List of integers to search through. Can be empty.
        target: Integer sum to find.

    Returns:
        Tuple of two distinct indices whose values sum to target,
        or None if no solution exists.

    Examples:
        >>> find_target_sum([2, 7, 11, 15], 9)
        (0, 1)
        >>> find_target_sum([3, 3], 6)
        (0, 1)
        >>> find_target_sum([1], 5)
        None
        >>> find_target_sum([], 0)
        None

    Requirements:
        - Time complexity: O(n)
        - Space complexity: O(n)
        - Each index can only be used once
        - If multiple solutions exist, return any valid solution
        - All numbers and target can be any valid integer
        - Return None if no solution exists
    """
```

매우 자세한 독스트링은 함수 자체를 코딩하는 것만큼 시간이 많이 소요된다고 느낄 수 있습니다. 덜 상세한 설명이 조금 더 실용적으로 보일 수 있지만, 생성된 코드가 요구사항을 완전히 만족시키지 못할 가능성이 높아집니다. 이런 경우에 사용자가 출력을 리뷰하고 추가적인 요청사항이나 제약조건을 넣어 프롬프트를 개선할 수 있습니다.

 이 책의 공식 사이트 thelmbook.com은 전적으로 LLM과 협업하여 만들었습니다. 첫 번째 시도에서는 완벽한 코드가 생성되지 않았지만, 반복적인 피드백, 여러 번의 대화 재시작, 여러 채팅 LM 간의 전환을 통해 그래픽부터 애니메이션까지 모든 요소를 구성에 맞게 다듬었습니다.

언어 모델은 함수, 클래스 또는 심지어 전체 애플리케이션을 생성할 수 있습니다. 하지만 성공 가능성은 추상화 수준이 높을수록 낮아집니다. 문제가 모델의 훈련 데이터와 닮았다면 모델이 적은 입력에서도 잘 수행합니다. 하지만 새롭거나 독특한 비즈니스 또는 공학 문제의 경우 좋은 결과를 얻으려면 자세한 지시 사항이 중요합니다.

 시간을 절약하기 위해 간단한 프롬프트를 사용하기로 결정했다면 모델에게 명확하게 하기 위한 질문을 하라고 요청하세요. 생성하려는 코드를 먼저 설명해 달라고 요청할 수도 있습니다. 이를 통해 코드를 작성하기 전에 지시 사항을 수정하거나 상세 내용을 추가할 수 있습니다.

5.7.4 문서 동기화

소프트웨어 개발에서 흔히 겪는 어려움 중 하나는 코드 변경에 맞춰 문서를 동기화하는 것입니다. 코드 베이스가 진화함에 따라 설명서는 구식이 되는 경우가 많습니다. 이로 인해 혼란이 생기고 유지보수가 어려워집니다. LLM을 **버전 관리 시스템**(version control system)과 통합해 이 문제를 자동화할 수 있습니다.

이 작업은 코드와 자연어를 모두 이해할 수 있는 LLM의 능력을 활용해 문서 동기화 파이프라인을 만드는 방식으로 진행됩니다. 개발자가 변경 사항을 커밋(commit)하기 위해 스테이징(staging)에 올리면 파이프라인이 다음과 같은 작업을 수행합니다.

1. LLM을 사용해 스테이징에 등록된 변경 사항을 분석하고 프로젝트 문서 저장소에서 이 변경 사항에 영향을 받는 문서 파일을 찾습니다. 모델은 코드 변경 사항을 조사하고 어떤 문서 파일이 업데이트되어야 하는지 결정합니다.

2. 기존의 문서 콘텐츠와 스테이징에 올라간 코드 변경 사항이 또 다른 LLM으로 함께 전달됩니다. 이 두 번째 단계는 기존 문서의 스타일과 구조를 유지

한 채 코드 변경 내용이 반영된 업데이트된 문서를 생성합니다.
3. 코드와 함께 업데이트된 문서를 스테이징에 올립니다. 이렇게 하면 개발자가 커밋하기 전에 코드 변경 내용과 문서 업데이트 내용을 모두 리뷰할 수 있습니다. 그 결과, 이를 통해 정확성을 보장하고 단일 진실 공급원(single source of truth, SSoT)을 유지합니다.

이 방식은 개발 과정에서 문서를 최우선 대상으로 다루며, 코드와 함께 발전하게 합니다.

 LLM이 문서와 코드를 일치시키는 데 도움을 줄 수는 있지만 자동으로 동작하지는 못합니다. 생성된 문서의 정확도를 검증하고 팀의 커뮤니케이션 표준에 적합한지 확인하기 위해 사람의 검토가 여전히 중요합니다.

이 파이프라인은 API 문서, 구조 설명, 구현 가이드를 최신으로 유지하는 데 유용합니다. 하지만 다른 LLM 기반 시스템처럼 환각에 대한 안전장치가 있어야 합니다. 환각에 대해서는 이어서 설명하겠습니다.

5.8 환각

LLM의 주요 이슈 중 하나는 그럴듯해 보이지만 실제로는 잘못된 콘텐츠를 생성하는 경향입니다. 이런 부정확성을 **환각**(hallucination)이라 부르며, 신뢰와 정확성이 요구되는 제품 시스템에 LLM을 사용했을 때 문제를 일으킵니다.

5.8.1 환각의 원인

LLM의 환각은 설계상 의도된 것입니다. 모델은 사실의 정확성을 담보하기보다는 문맥에 맞는 다음 토큰을 예측하도록 최적화됩니다. 사전훈련 과정에서 언어 패턴을 따라 일관된 텍스트를 생성하는 방법을 학습합니다. 하지만 어떤 훈련 데이터셋도 모든 사실을 담고 있을 수는 없습니다. 모델에게 지식의 공백이 생기면 학습된 패턴을 기반으로 그럴듯한 콘텐츠로 이를 메꾸려 시도합니다. 이로 인해 종종 조작된 정보가 생성됩니다. 다음은 널리 사용되는 채팅 LM에서 얻은 환각의 예시입니다.

> blockchain quantum neural network의 원리에 대해 설명해 주세요.

Blockchain Quantum Neural Network(BQNN)은 세 개의 최신 기술인 블록체인, 양자 컴퓨팅, 신경망을 결합한 것입니다. 각 기술의 장점을 활용하여 안전하고, 효율적인 지능 시스템을 만드는 것이 목표입니다. 세부적인 원리는 다음과 같습니다.

 짐작했겠지만 'Blockchain Quantum Neural Network(BQNN)'는 실제로 있는 개념이 아닙니다. 자세한 작동 방식에 대한 설명을 포함해 두 페이지에 달하는 LLM의 설명은 완전히 조작된 내용입니다.

낮은 품질의 훈련 데이터도 환각을 만드는 데 일조합니다. 대량의 인터넷 텍스트에서 사전훈련할 때 모델은 올바른 정보와 올바르지 않은 정보에 모두 노출됩니다. 이로 인해 모델은 부정확한 정보까지 학습하게 되며, 진실과 거짓을 구분하는 능력은 부족하게 됩니다.

마지막으로 LLM은 한 번에 하나의 토큰을 생성합니다. 이런 방식은 앞선 토큰에 있는 오류가 뒤로 전파되어 점점 더 일관성이 없는 출력으로 이어질 수 있습니다.

5.8.2 환각 방지

환각을 완전히 피하지는 못하지만 최소화할 수는 있습니다. 환각을 줄이는 실용적인 방법은 검증된 정보를 바탕으로 모델이 응답하도록 만드는 것입니다. 이를 위해 프롬프트에 사실과 관련된 맥락을 직접 포함시킵니다. 예를 들어, 개방형 질문을 던지는 대신 모델이 참조할 수 있는 특정 문서나 데이터를 제공하고, 제공된 문서를 기반으로만 대답하도록 지시할 수 있습니다.

이 방법을 RAG(retrieval-augmented generation)라고 부르며, 모델이 검증 가능한 사실에 기반하여 출력을 만들게 합니다. 모델은 여전히 텍스트를 생성하지만 대부분 제공된 맥락 내에서 이루어지므로 환각이 크게 줄어듭니다.

RAG 작동 방식은 다음과 같습니다. 사용자가 쿼리를 입력하면 시스템은 문서 저장소나 데이터베이스 같은 지식 베이스(knowledge base)에서 관련 정보를 찾습니다. 이때 키워드 매칭이나 쿼리를 임베딩 벡터로 변환하여 임베딩 기반 검색을 사용하며, 코사인 유사도를 사용해 유사한 임베딩을 가진 문서를 검색합니다. 긴 문서는 작은 청크로 나누어 임베딩 벡터를 만듭니다.

검색된 콘텐츠를 사용자의 질문과 함께 프롬프트에 추가합니다. 이 방식은 전통적인 정보 검색의 장점과 LLM의 언어 생성 능력을 결합합니다. 예를 들어, 사용자가 회사의 최신 분기 실적에 관해 요청하면 RAG 시스템이 먼저 가장 최근의 재무 보고서를 검색하고, 이를 사용해 응답을 생성하므로 오래된 훈련 데이터에 의존하지 않습니다.[15]

환각을 줄이는 또 다른 방법은 레이블이 없는 문서를 사용해 모델을 신뢰할 수 있고 도메인에 특화된 지식에서 미세 튜닝하는 것입니다. 예를 들어, 로펌의 질문 답변 시스템은 법률 문서, 판례, 법규 등에서 미세 튜닝하여 법률 분야에 대한 정확도를 향상시킬 수 있습니다. 이런 방식을 **도메인 특화 사전훈련**(domain-specific pretraining)이라고 부릅니다.

중요한 애플리케이션의 경우 다단계 검증 워크플로를 구현하여 추가적으로 환각을 방지할 수 있습니다. 구조나 훈련 데이터가 다른 여러 모델을 사용하여 응답을 교차 검증하고 제품 환경에 적용하기 전에 도메인 전문가가 생성된 콘텐츠를 검토할 수 있습니다.

하지만 현재 LLM 기술로는 환각을 완전히 없앨 수 없다는 것을 인식하는 것이 중요합니다. 다양한 안전 장치와 감지 메커니즘을 구현할 수 있지만, 가장 강력한 방법은 이런 한계를 고려하여 시스템을 설계하는 것입니다.

예를 들어, 고객 서비스 애플리케이션의 경우 LLM이 응답 초안을 작성하지만 특정 제품의 상세 내용이나 정책 정보를 담은 메시지를 전송하기 전에 사람이 검토해야 합니다. 비슷하게 코드 생성 시스템에서는 모델이 코드를 생성할 수 있지만, 배포하기 전에 항상 자동 테스트와 사람의 검토를 거쳐야 합니다.

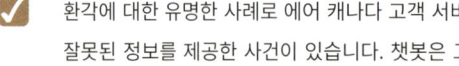 환각에 대한 유명한 사례로 에어 캐나다 고객 서비스 챗봇이 장례 유족 여행 요금에 대해 잘못된 정보를 제공한 사건이 있습니다. 챗봇은 고객이 정가의 티켓을 예약한 후에 할인 요금을 요청할 수 있다고 했는데 실제 항공사의 정책과 달랐습니다. 승객이 요금 할인을

---

15 (옮긴이) RAG와 검색 시스템에 대해서는 《핸즈온 LLM》(한빛미디어, 2025)을 참고하세요.

> 요청하자 에어 캐나다는 거부했고 소액 소송으로 이어졌습니다. 결국 항공사는 캐나다 달러로 812달러(미화 565달러)의 손해 배상 명령을 받았습니다. 이 사건은 AI의 부정확성이 재정 손실, 고객 불만, 평판 손상 등의 실질적인 비즈니스의 결과로 이어진다는 것을 잘 보여 줍니다.

LLM을 성공적으로 활용하려면 환각이 이 기술의 한계임을 인식해야 합니다. 하지만 이 문제는 신중한 시스템 설계, 안전 장치, 모델 적용 시기와 위치를 명확히 이해함으로써 관리할 수 있습니다.

5.9 LLM, 저작권, 윤리

LLM을 광범위하게 도입하면서 저작권법, 특히 훈련 데이터 사용과 AI가 생성한 콘텐츠의 법적 지위에 대한 새로운 문제가 발생했습니다. 이런 문제는 LLM을 개발하는 회사와 이를 사용해 애플리케이션을 구축하는 회사 모두에게 영향을 미칩니다.

5.9.1 훈련 데이터

저작권에 관련하여 첫 번째 고려 사항은 훈련 데이터입니다. LLM은 대규모 텍스트 데이터셋에서 훈련되는데, 이런 데이터셋에는 책, 기사, 소프트웨어 코드와 같은 저작권이 있는 자료가 포함되어 있습니다. 일부에서는 공정 이용(fair use)[16]에 해당된다고 주장하지만 법적으로 검증되지 않았습니다. 모델이 저작권 보호를 받는 콘텐츠를 출력할 수 있으므로 이 문제는 더욱 복잡합니다. 이런 법적 불확실성은 저작자와 출판사가 AI 기업을 상대로 대규모 소송을 제기함으로써 LLM 애플리케이션을 사용하는 기업에 위협이 됩니다.

---

16 공정 이용은 미국의 법적 원칙입니다. 다른 지역은 저작권 예외를 다르게 처리합니다. EU는 '공정 거래'와 구체적인 법적 예외를 사용하며, 일본은 독자적인 저작권 제한 규정을 가지고 있고, 그 외 국가들은 허용된 이용에 대한 고유의 규칙을 적용합니다. 이런 다양성이 전 세계적인 LLM 배포를 복잡한 문제로 만듭니다. 미국의 공정 이용하에서 허용된 훈련 데이터가 다른 곳의 저작권법을 위반할 수 있기 때문입니다.

메타가 2024년 7월 EU에 멀티모달 Llama를 제공하지 않기로 한 결정은 AI 개발과 규제 준수 사이의 긴장이 점점 커지고 있음을 보여 주는 예입니다. 메타는 저작권 데이터와 개인 데이터를 훈련에 사용하는 것에 대해 EU의 '예측 불가능한' 규제 환경을 우려하여 애플과 같은 빅테크 기업과 함께 유럽 시장 내 AI 배포를 제한했습니다. 이런 제한은 기업이 혁신과 해당 지역의 규제 사이에서 균형을 맞추는 데 겪는 어려움을 잘 보여 줍니다.

상업적인 용도로 모델을 선택할 때 기업은 훈련 문서와 라이선스 조항을 검토해야 합니다. **퍼블릭 도메인**(public domain)이나 적절하게 라이선스된 데이터에서 주로 훈련된 모델은 법적 위험이 적습니다. 하지만 효과적인 LLM에 필요한 대규모 데이터셋이 저작권 자료를 완전히 피하기는 거의 불가능합니다. 기업은 이런 위험을 이해하고 개발 전략에 반영해야 합니다.

법적 문제 이외에도 저작권이 있는 자료를 사용한 LLM 훈련은 윤리적 문제를 야기시킵니다. 법적으로 허용되더라도 동의 없이 저작권이 있는 자료를 사용하는 것은 착취적으로 보일 수 있습니다. 특히 모델의 출력이 창작자의 작품과 경쟁할 경우에 그렇습니다. 훈련 데이터 출처에 대한 투명성과 창작자와의 적극적인 소통이 이런 문제를 해결하는 데 도움이 될 수 있습니다. 윤리적인 실천에는 모델 향상에 크게 기여한 창작자에게 보상하는 것도 포함되어야 하며, 이는 공정한 시스템을 조성하는 데 도움이 됩니다.

5.9.2 생성된 콘텐츠

LLM이 생성한 콘텐츠의 저작권에 대해서는 전통적인 저작권법으로 쉽게 해결할 수 없는 문제가 있습니다. 저작권법은 사람이 만들었다는 것을 가정합니다. AI가 생성한 저작물이 보호받을 자격이 있는지 또는 누구의 소유인지 명확하지 않습니다. 또 다른 문제는 LLM이 저작권이 있는 자료를 포함하여 훈련 데이터의 일부를 복제할 수 있다는 것입니다. 추상적인 패턴 학습을 넘어 정확하게 복제할 수 있는 이러한 능력은 심각한 법적 문제를 야기합니다.

일부 기업은 이런 문제를 해결하기 위해 LLM을 독립적인 창작 도구가 아닌 보조 도구로 활용합니다. 예를 들어, 마케팅 팀은 LLM을 사용하여 초안을 작성하고, 사람이 이를 편집하고 마무리할 수 있습니다. 이러한 접근 방식은 AI의 효율성을 활용하면서 저작권이 어디에 귀속되는지 명확하게 만듭니다. 마찬가지로, 소프트웨어 개발자는 LLM을 사용하여 코드를 생성하고, 이를 리뷰하여 시스템에 통합합니다. 2024년까지 이런 방식이 크게 증가했습니다. 구글에서는 전체 코드의 25% 이상을 LLM으로 생성하고 개발자가 이를 수정하여 적용하였습니다.[17]

LLM 애플리케이션에서 저작권 문제를 최소화하기 위해 회사는 종종 기술적 안전 장치를 구현합니다.

한 가지 방법은 모델의 출력을 저작권 자료가 있는 데이터베이스와 비교하여 그대로 복사했는지를 탐지하는 것입니다. 예를 들어, 회사가 저작권을 가진 텍스트 저장소를 유지하면서 (코사인 유사도나 **편집 거리**(edit distance)와 같은) 유사도 탐지 기법을 활용하여 사전에 정의된 유사도 임곗값을 초과한 출력을 표시할 수 있습니다.

하지만 이런 방법들은 완벽하지 않습니다. 다른 말로 바꿔 쓴 콘텐츠는 실제로는 유사하지만 겉보기에는 고유한 출력을 만들어 자동화된 시스템이 감지하지 못할 수 있습니다.

5.9.3 오픈 웨이트 모델

모델 가중치의 저작권 지위는 훈련 데이터나 생성된 출력과는 별개의 법적 의문점을 가집니다. 모델 가중치는 훈련 과정에서 학습한 패턴이 인코딩되어 있어 훈련 데이터에서 파생된 작업으로 볼 수 있습니다. 이로 인해 한 가지 질문이 생깁니다. 가중치를 공유하는 것이 변형된 형태이더라도 간접적으로 저작권이 있는 원본 작품을 재배포하는 것일까요? 일각에서는 가중치는 추상적인 변형이고 새로운 지적 재산권에 해당된다고 주장합니다. 다른 사람들은 가중치가 훈련 데이터의 일부를 재현할 수 있다면 본질적으로 저작권이 있는 콘텐츠를 포함하고 있으므로 저작권법하에서 동등하게 다루어져야 한다고 주장합니다.

이런 논란은 오픈 소스 AI 개발에 심각한 영향을 끼칩니다. 모델 가중치가 파생물로 분류된다면 훈련 과정이 공정 이용에 해당되더라도 저작권이 있는 데이터에서 훈련된 모델을 공유하고 재배포하는 것은 법적으로 제한될 수 있습

---

17 (옮긴이) 구글의 CEO 선다 피차이가 2024년 3분기 실적 발표에서 밝힌 내용입니다.

니다. 그 결과 일부 조직은 퍼블릭 도메인이나 명시적으로 라이선스를 가진 콘텐츠에서만 모델을 훈련하고 있습니다. 하지만 작고 제한된 데이터셋이 성능을 감소시키기 때문에 이런 전략은 모델의 효과를 제한하는 경우가 많습니다.

LLM에 관련된 법률이 발전함에 따라 기업은 유연성을 유지해야 합니다. 법원이 정의한 법적 경계에 맞춰 워크플로를 조정하거나 AI 관련 법률에 따라 정책을 수정해야 합니다. AI 관련 전문성을 갖춘 지적재산권 변호사와 상담하는 것이 이런 위험을 관리하는 데 도움이 될 수 있습니다.

5.9.4 광범위한 윤리적 고려사항

저작권 문제 이외에도 LLM은 사회 전반에 영향을 미치는 심각한 윤리 문제를 일으킵니다. 근본적인 문제는 중 하나는 **설명가능성**(explainability)입니다. LLM이 출력에 대한 추론 과정을 명확히 기술하고, 이에 대해 질문하면 자세한 설명을 내놓을 수 있습니다. 하지만 이런 설명 능력은 진정한 알고리즘 투명성과는 다릅니다. 모델의 설명은 사후 합리화, 즉 그럴듯해 보이지만 원래 출력을 만든 실제 계산 과정을 반영하지 않은 텍스트 생성입니다. 이는 모델이 투명해 보이지만 내부적인 의사 결정 과정은 불투명한 독특한 문제를 일으킵니다. 이런 제약은 의료 또는 법률 서비스와 같은 위험이 높은 애플리케이션에서 특히 큰 문제가 됩니다.

편향(bias)도 또 다른 문제를 야기시킵니다. 인터넷 데이터로 훈련된 LLM은 훈련 데이터에 존재하는 사회적 편견을 어쩔 수 없이 흡수합니다. 이런 모델은 성별, 인종, 연령, 문화적 배경과 같은 영역에 대해 차별적 패턴을 지속하거나 증폭시킬 수 있습니다. 예를 들어, 인구통계학적 세부 사항만 다르고 동일한 프롬프트에서 모델이 다른 응답을 생성하거나 고정 관념을 강화하는 콘텐츠를 생성할 수 있습니다.

LLM을 도입하는 조직은 여러 인구통계학적 그룹 간의 자동화된 편향 탐지와 표준화된 테스트 세트를 사용한 감사(audit)를 포함하여 체계적인 평가 방법을 구축해야 합니다. 여기에는 유해 언어 필터링, 고위험 의사 결정에 대한 의무적인 사람의 검토, AI 개입에 대한 명확한 사용자 알림과 같은 구체적인 안전 장치들도 포함되어야 합니다.

6장

The Hundred-Page Language Models Book

추가 자료

지금까지 언어 모델링의 핵심 개념을 알아보았습니다. 앞으로 독자 여러분이 스스로 탐구할 수 있는 고급 주제들이 여전히 많이 남아 있습니다. 마지막 장에서는 추가 학습을 위한 참고 자료를 소개합니다. 구조적 혁신부터 보안 이슈까지, 이 분야의 중요한 최신 개발 동향을 반영한 주제들을 엄선했습니다.[1]

6.1 MoE

MoE(mixture of experts)는 비용은 비례적으로 증가하지 않으면서 모델 용량은 증가시키는 구조적 패턴입니다. MoE는 하나의 위치별 MLP로 디코더 블록의 모든 토큰을 처리하는 대신 **전문가**(expert)라 부르는 전문화된 부분 네트워크 여러 개를 사용합니다. **라우터 네트워크**(router network)(또는 게이트 네트워크(gate network))가 어떤 전문가로 토큰을 처리할지 결정합니다.

각 토큰을 처리하기 위해 전문가의 일부만 활성화한다는 것이 핵심 아이디어입니다. 이런 희소한 활성 덕분에 전체 파라미터 개수는 늘고 실제 계산량은 줄일 수 있습니다. 효율적으로 토큰에 전문가를 할당하기 위해 **탑-k 라우팅**(top-k routing)이나 **로드 밸런싱**(load balancing)과 같은 기법을 사용해 전통적

---

1 (옮긴이) 모델 압축, 선호도 기반 정렬, 고급 추론, 비전 언어 모델에 대한 자세한 내용은 《핸즈온 LLM》(한빛미디어, 2025)을 참고하세요.

인 MLP 층을 희소 MoE 층으로 대체합니다.

이 기법은 스위치 트랜스포머(Switch Transformer)로 유명해졌습니다. MoE가 적용된 **Mixtral 8x7B** 모델은 추론할 때 총 470억 개의 파라미터 중에서 130억 개의 파라미터만 활성화됩니다.[2]

6.2 모델 병합

모델 병합(model merging)은 여러 개의 사전훈련된 모델을 결합하여 각각의 장점을 활용하는 기법입니다. 이 기법에는 **모델 수프**(model soup), **SLERP**와 **TIES-Merging**, **DARE** 같은 **작업 벡터 알고리즘**(task vector algorithm)이 포함됩니다.

이런 기법은 일반적으로 모델 간의 구조적 유사성과 호환성에 의존합니다. **패스스루**(passthrough) 기법은 서로 다른 LLM의 층을 연결하는 것이 특징입니다. 이 기법으로 일반적이지 않은 파라미터 개수를 가진 모델을 만들 수 있습니다(예를 들어, 두 개의 7B 모델을 결합하여 13B 모델을 만듭니다). 이런 모델을 **프랑켄병합**(frankenmerge)이라고 부릅니다.

mergekit은 언어 모델을 병합하고 결합하기 위한 기법들을 많이 구현한 인기 있는 오픈 소스 도구입니다. 서로 다른 병합 전략과 구조를 실험할 수 있는 유연한 설정 시스템을 제공합니다.

6.3 모델 압축

모델 압축(model compression)은 성능을 크게 훼손시키지 않으면서 크기와 계산 요구량을 줄여 자원이 제한된 환경에 LLM을 배포하는 문제를 다룹니다. 신경망은 과도하게 많은 파라미터를 가지고 있어 여분의 유닛이 발생하고 최적화될 수 있습니다.

주요 기법으로는 파라미터 정밀도를 (예를 들어, 32비트 부동소수점에서 8비트 정수로) 낮추는 **사후훈련 양자화**(post-training quantization), **QLoRA**(quan-

---

2 (옮긴이) DeepSeek V3, Llama 4 등과 같은 최신 LLM에서 MoE 기법을 사용합니다.

tized low-rank adaptation)와 같이 낮은 정밀도로 모델을 훈련하는 **양자화를 고려한 훈련**(quantization-aware training), 중요도에 따라 개별 가중치를 제거하는 **비구조적 가지치기**(unstructured pruning), 층이나 어텐션 헤드와 같은 구성요소를 제거하는 **구조적 가지치기**(structured pruning), 큰 '티처(teacher)' 모델로 작은 '스튜던트(student)' 모델을 학습시키는 **지식 정제**(knowledge distillation)가 있습니다.

6.4 선호도 기반 정렬

선호도 기반 정렬(preference-based alignment) 기법은 사용자의 가치와 의도에 맞게 LLM을 조정합니다. 가장 널리 사용되는 기법은 사람이 모델의 응답에 순위를 매기는 **RLHF**(reinforcement learning from human feedback)입니다. 이런 순위에서 **보상 모델**(reward model)을 훈련하고, 그다음에 LLM을 미세 튜닝하여 높은 보상을 얻도록 최적화합니다.

또 다른 기법으로 모델이 출력을 만들 때 참조할 일련의 원칙 또는 '규범(constitution)'을 사용하는 **CAI**(constitutional AI)가 있습니다. 모델은 **자체 비판**(self-critique)이 가능하고 이런 원칙을 기반으로 응답을 개선할 수 있습니다. 이 두 기법은 LLM을 대규모 인터넷에서 훈련할 때 유해하거나 의도와 다른 응답을 생성하는 문제를 해결합니다. 하지만 사람의 감독과 명시적인 가이드를 통합하는 방식에 차이가 있습니다.

6.5 고급 추론

고급 추론 기법은 (1) 단계적 추론을 위해 명시적인 **CoT**(Chain of Thought)를 생성하도록 훈련하고, (2) 외부 도구나 도구를 호출할 수 있는 **함수 호출**(function calling) 기능을 부여하여 대규모 언어 모델로 복잡한 작업을 처리할 수 있습니다. 따라서 단순한 프롬프트–응답 패턴의 한계를 해결합니다. CoT 추론은 다단계 수학과 논리적 추론 같은 작업에서 성능을 크게 향상시킵니다. 함수 호출은 외부 프레임워크에 전문적인 계산을 위임할 수 있습니다.

또한 **ToT**(Tree of Thought)는 CoT를 확장하여 트리와 유사한 구조로 여러 개의 추론 경로를 탐색합니다. **자기 일관성**(self-consistency)은 가장 일관적인 응답을 만들기 위해 여러 개의 CoT 출력을 수집하여 추론을 더 정제합니다. **ReAct**(reasoning+act)는 추론을 행동 실행과 통합하여 모델이 환경과 동적으로 상호작용하도록 만듭니다. **PAL**(program-aided language model)은 정밀한 계산을 위해 인터프리터(예를 들면 파이썬)로 코드를 실행합니다.

6.6 언어 모델 보안

탈옥 공격(jailbreak attack)과 **프롬프트 주입**(prompt injection)은 LLM의 주요 보안 취약점입니다. 탈옥은 특정 입력을 조작하여 모델이 제한된 콘텐츠를 생성하도록 모델의 보안 제어를 우회합니다. 다른 캐릭터를 롤플레잉하거나 가상 시나리오를 설정하는 기법이 많이 사용됩니다. 예를 들어, 공격자가 모델을 해적처럼 행동하게 하여 불법 활동 수행 방법을 얻어낼 수도 있습니다.

반면 프롬프트 주입 공격은 LLM 애플리케이션이 **시스템 프롬프트**(system prompt)와 사용자 입력을 결합하는 방법을 조작하여 공격자가 애플리케이션의 행동을 바꿀 수 있습니다. 예를 들어, 공격자는 애플리케이션이 허가되지 않은 행동을 실행하도록 명령을 삽입할 수 있습니다. 탈옥 공격은 주로 유해하거나 제한된 콘텐츠가 노출될 가능성이 있지만, 프롬프트 주입은 접근 권한을 가진 애플리케이션에 더 심각한 보안 위험을 초래할 수 있습니다. 예를 들면, 이메일을 읽거나 시스템 명령을 실행하는 것입니다.

6.7 비전 언어 모델

비전 언어 모델(vision language model, VLM)은 LLM과 **비전 인코더**(vision encoder)를 통합하여 텍스트와 이미지를 모두 다룹니다. 개별적으로 모달리티(modality)를 처리하는 전통적인 모델과 달리 VLM은 **멀티모달 추론**에 뛰어납니다. 이를 통해 작업에 특화된 사전훈련 없이 자연어 지시를 따라 다양한 비전 작업을 수행할 수 있습니다. 이 구조에는 세 개의 주요 구성요소가 있습니다. 시각 콘텐츠를 이해하도록 수백만 개의 이미지-텍스트 쌍에서 훈련된 CLIP(contrastive language-image pretraining) 기반 **비전 인코더**, VLM이 시각 정보와 텍스트 정보를 통합하고 추론할 수 있는 **크로스 어텐션**(cross-attention) 메커니즘, 텍스트를 이해하고 생성하는 언어 모델입니다. VLM은 여러 훈련 단계를 통해 개발됩니다. 시각 구성요소와 언어 구성요소를 정렬하기 위한 사전훈련으로 시작해서, 사용자 프롬프트를 이해하고 응답하는 능력을 향상하기 위해 지도 미세 튜닝을 수행합니다.

6.8 과대적합 방지

과대적합(overfitting)을 막는 기법은 모델이 훈련 데이터뿐만 아니라 이전에 본 적 없는 새로운 샘플에서도 잘 수행되도록 하는 **일반화**(generalization)를 달성하는 데 반드시 필요합니다. 과대적합을 막는 주요 방어책으로 규제(regularization)가 있으며, 대표적인 기법으로는 L1과 L2이 있습니다. 이런 기법은 손실 함수에 특정 페널티 항(가중치의 절댓값이나 제곱의 합)을 추가하여 모델 파라미터의 크기를 제한하고 더 단순한 모델이 되도록 만듭니다.

드롭아웃(dropout)은 신경망의 규제 기법 중 하나입니다. 각 훈련 단계에서 일부 유닛을 랜덤하게 비활성화하도록 동작합니다. 이는 신경망이 특정 특성에 의존하는 것을 줄이고 여러 개의 독립적인 경로를 개발하게 만듭니다. **조기 종료**(early stopping)는 검증 세트의 점수를 모니터링하여 과대적합을 막습니다. 검증 세트 점수가 향상되지 않거나 감소하기 시작할 때 훈련을 멈춥니다. 이를 통해 에포크 후반에서 일어나는 랜덤한 잡음을 기억하는 것을 피할 수 있습니다.

검증 세트(validation set)는 이전에 본 적 없는 데이터에서 모델의 성능을 평가한다는 점에서 **테스트 세트**(test set)와 비슷합니다. 하지만 주요한 차이점은 검증 세트는 훈련 과정에서 하이퍼파라미터를 튜닝하는 데 사용되고, 테스트 세트는 훈련이 끝난 후 모델의 성능을 측정하는 최종 평가에 사용된다는 것입니다.

6.9 맺음말

지금까지 머신러닝 모델을 이해하기 위해 긴 여정을 걸어왔습니다. 기초 머신러닝 구성요소부터 시작해서 트랜스포머의 내부 동작과 대규모 언어 모델을 사용하는 실용적인 가이드까지 알아보았습니다. 이제 모델의 동작 방식을 이해하는 것뿐만 아니라 구현하고 자신만의 목적에 맞게 적응시키는 확고한 기술을 갖추었습니다.

새로운 구조, 훈련 기법, 언어 모델 애플리케이션이 계속 등장하고 있습니다. 여러분은 이제 연구 논문을 읽고, 기술 논의를 따라가고, 새로운 개발을 평가하기 위한 도구를 갖췄습니다. 여러분의 목적이 모델을 훈련하는 것이든 모델을 사용하는 시스템을 구축하는 것이든지에 상관없이 확신을 가지고 앞으로 나갈 수 있는 핵심 개념을 익혔습니다.

계속 관심을 가지고 배운 개념을 직접 구현하고, 여러 방법을 실험하고, 최신 발전 사항을 파악하기를 권합니다. 이 장에서 다룬 고급 주제로 시작할 수도 있겠지만, 이 책에서 배운 기본 내용이 향후 혁신을 따라가는 데 나침반 역할을 할 것입니다.

최신 동향을 따라가는 좋은 방법 중 하나는 저자가 발행하는 뉴스레터를 구독하는 것입니다.[3]

이 책은 여기서 끝납니다. 언어 모델링 분야에서 일어나는 다양한 최신 소식은 이 책의 위키에서 수시로 확인하기 바랍니다.

6.10 저자의 다른 책

여기까지 읽었다면 아마도 이 책을 재미있게 읽었다는 의미일 테니 저의 다른 책에도 관심이 있을 것입니다. 저는 머신러닝을 깊이 있게 이해하고 언어 모델에서 얻은 지식과 직관을 발전시키는 데 도움이 되는 두 권의 책을 더 썼습니다.

---

[3] https://aiweekly.substack.com/

- 《The Hundred-Page Machine Learning Book》[4]은 기초 통계부터 고급 알고리즘까지 머신러닝의 핵심 개념에 대해 간결하지만 완전한 개요를 제공합니다. 이 책에서 다룬 언어 모델링 내용과 함께 공부하면 좋습니다.
- 《Machine Learning Engineering》[5]은 대규모 머신러닝 시스템을 설계하고, 배포하고, 유지하는 실용적인 측면을 다룹니다. 실험을 넘어서 실제 환경에서 안정적인 머신러닝 애플리케이션을 만들고 싶다면, 이 책이 머신러닝 엔지니어링의 전 과정을 안내해줄 것입니다.

---

[4] (옮긴이) 이 책의 번역서는 《머신러닝, 핵심만 빠르게!》(인사이트, 2025)입니다.
[5] (옮긴이) 이 책의 번역서는 《머신러닝 엔지니어링》(제이펍, 2021)입니다.

찾아보기

0-9
4차원 병렬화 146

A, B, C, D
AI
　인공지능 1
all-gather 144
autograd 31
BLAS 15
BoW(bag-of-words) 38, 70, 150
ChatML(chat markup language) 159
CLIP(contrastive language-image pretraining) 192
CoT(Chain of Thought) 191
cuBLAS 15
DARE 190
Dolm 145

F, G, J, I, L
FastText 54
FLOP(floating-point operation) 146
FSDP(Fully Sharded Data Parallel) 149
GloVe 54
GOFAI(good old-fashioned AI) 3
GPT-2 72
JSON 101, 150
JSONL 101, 150
lbfgs(Limited-memory Broyden-Fletcher-Goldfarb-Shanno) 153
LIMA 160
LoRA(low-rank adaptation) 169
　QLoRA 190
LoRA 스케일링 인자 170
LoRA 어댑터 170
LSTM(Long short-term memory) 106

M, N, P, Q, R
mergekit 190
minLSTM 106
Mixtral
　Mixtral 8x7B 190
MLP(multilayer perceptron) 189
MoE(mixture of experts) 189
MSE(mean squared error) 8
n-그램 49
PAL(program-aided language model) 192
PEFT(Parameter-Efficient Finetuning) 172
Phi 3.5 미니 모델 98
QLoRA 190
RAG(retrieval-augmented generation) 183
ReAct 192
reasoning+act 192
ReLU(rectified linear unit) 19, 124, 134
RLHF(reinforcement learning from human feedback) 191
RMS(root mean square) 128
RMSNorm 128
RMS 정규화 128
ROUGE 76
ROUGE-1 76
ROUGE-L 77
ROUGE-N 76, 77

S, T, W, X
SLERP 190
tanh (하이퍼볼릭 탄젠트 참고) 19, 92
TIES-Merging 190
ToT(Tree of Thought) 191
word2vec 51, 179
WordNet 56
xLSTM 106

ㄱ

가장 긴 공통 부분시퀀스(LCS) 77
가중치 6
가중치 항 6
가지치기
    구조적 가지치기 191
    비구조적 가지치기 191
강화 학습 7
    RLHF(reinforcement learning from human feedback) 191
게이트 네트워크 189
결정 트리 4
경사 하강법 26
    미니 배치 경사 하강법 90
계산 그래프 20
계수 6
공역 5
과대적합 4, 69, 145, 193
규제 193
    L1 193
    L2 193
그레이디언트 29
그레이디언트 소실 문제 124
그룹 쿼리 어텐션 143
기울기 6
기준점 150
기호 58
    병합 기호 58

ㄴ

네트워크
    라우터 네트워크 189
노름 16
뉴런
    인공 뉴런 20
뉴클리어스 샘플링 168

ㄷ

다층 퍼셉트론 21
    위치별 MLP 115, 134, 171
단계 (반복 참고) 30
단순한 순환 신경망 (엘만 RNN 참고) 88
단어 임베딩 50, 51
데이터 누수 152
데이터셋 5
    테스트 세트 69, 152
    훈련 세트 69, 152

도함수
    1차 도함수 8
    편도함수 8
두 벡터의 합 15
드롭아웃 193
디코더
    디코더 기반 트랜스포머 108
디코딩
    그리디 디코딩 164
딥러닝 124

ㄹ

레이블 스무딩 66
랜덤 포레스트 4
랭크 170
랭킹 82
레이블링 40
로그
    자연 로그 27
로그 가능도
    음의 로그 가능도
로드 밸런싱 189
로짓 42
로터리 위치 임베딩(RoPE) 115
리커트 척도 79

ㅁ

마스크
    마스크 어텐션 155
    코잘 마스크 111, 115, 137, 155
말뭉치 38
머신러닝 3, 5
    강화 학습 7
    비지도 학습 7
    지도 학습 7
멀티헤드 어텐션 121
모델 5
    베이스 모델 75
    보상 모델 191
    합성 모델 20
모델 병렬화 149
모델 병합 190
모델 샤딩 149
모델 수프 190
모델 압축 190
모듈 API 32
모래사장에서 바늘 찾기 143

문맥 63
문맥 병렬화 144
문맥 윈도 103
미분
    자동 미분 31
미세 튜닝 76, 148
    PEFT(parameter-efficient Finetuning) 172
밀집 층 21

ㅂ
바이트 페어 인코딩 57
반복 30
백오프 66
백워드 패스 35
버전 관리 시스템 181
벡터
    단위 벡터 16
    밀집 벡터 51
    열 벡터 14
    영벡터 16, 51, 88, 89
    임베딩 벡터 16
    행 벡터 14
벡터의 길이 16
벡터의 요소 14
벡터의 차원 14
벡터의 크기 14, 16
병렬화
    데이터 병렬화 146
    문맥 병렬화 144, 146
    텐서 병렬화 146
    파이프라인 병렬화 146
부분단어 39, 57
부정형 전방탐색 60
부정형 후방탐색 60
부트스트랩 리샘플링 85
분류 37
    다중 분류 37
    이진 분류 19, 26, 37
분류 헤드 174
브라운 말뭉치 70
브래들리-테리 모델 85
브로드캐스팅 132
비전 인코더 192, 193

ㅅ
사이킷런 151
사전훈련 75, 139
    긴 문맥 사전훈련 143
    도메인 특화 사전훈련 184
상수 곱셈 규칙 10, 28
상수 항 6
샘플 5
샘플링
    탑-k 샘플링 166
    탑-p 샘플링 168
서포트 벡터 머신(SVM) 4
선형 대수 라이브러리 15
선형 변환 6
설명가능성 188
세이비어 초기화 99
세트
    검증 세트 193
    유한 집합 42
    테스트 세트 193
    훈련 세트 12
셀프 어텐션 109, 170
소프트맥스 41, 105, 112, 165
손실
    로지스틱 손실 26
    훈련 손실 12
손실 함수 8
솔버 153
수렴 30, 91, 153
스칼라 14
스칼라 곱 14
스킵 그램 52
스킵 그램 알고리즘 52
스킵 연결 124
시그모이드 19
시퀀셜 API 32
신경망 3, 18
    순환 신경망(RNN) 87
    심층 신경망 124
    피드포워드 신경망(FNN) 21, 47
    합성곱 신경망(CNN) 22
신뢰 구간 85
쌍별 비교 82

ㅇ
아핀 변환 7
알고리즘
    작업 벡터 알고리즘 190
애드원 스무딩 66
양자화 34

사후훈련 양자화 190
어텐션 가중치 112
어텐션 헤드 121
어휘사전 38
언어 모델 63
    PAL(program-aided language model) 192
    마스크드 언어 모델 64
    비전 언어 모델(VLM) 192
    자기회귀 언어 모델 64, 107, 154
    채팅 언어 모델 41, 53, 64, 176
에포크 30
엘로 평점 82
엘만 RNN 88
역전파 34
연쇄 법칙 11, 27
예측 점수 27
오일러 수 19, 42, 72
오차
    제곱 오차 7
    평균 제곱 오차 8
오픈 웨이트 모델 141
온도 145
원소별 곱셈 15
원핫 벡터 43
원핫 인코딩 43
유닛 20
은닉 상태 89
의미적 유사성 55
인공지능 1
    CAI 191
    GOFAI 3
인코더
    비전 인코더 192, 193
인코딩
    바이트 페어 인코딩(BPE) 57
일반화 69, 193
입력 7
입력 시퀀스 63

ㅈ
자기 일관성 192
자기회귀 64
자체 비판 191
잔차 연결 124, 134
재현성 45
재현율 76
적합 4

전문가 189
전체 모델 미세 튜닝 171
전치 14, 24
절편 6
점곱 14, 113
점수
    마스크드 점수 112
    스케일 조정된 점수 111
    어텐션 점수 111
정규 표현식 46
정답 76
정렬
    선호도 기반 정렬 191
정밀도 78
정확도 153
조기 종료 193
주성분 56
주성분 분석(PCA) 56
중심 경향 편향 80
지도 학습 미세 튜닝 75, 147, 148
지식 정제 191
지프의 법칙 40

ㅊ
차원 축소 31, 55
채팅 언어 모델 53
최대 가능도 추정(MLE) 65
추론(inference) 25, 130
추론(reasoning)
    멀티모달 추론 192
층
    셀프 어텐션 층 108
    신경망의 층 20
    연결 및 투영 층 123
    완전 연결 층 21
    임베딩 층 95
    입력 층 21
    출력 층 21
    희소 MoE 190

ㅋ
커널 방법 4
코사인 유사도 16, 51
코잘 언어 모델 64
크로스 어텐션 193
크로스 엔트로피 43, 54, 100, 139, 153
    이진 크로스 엔트로피 26

키-값 캐싱   130

ㅌ

타깃   7
탑-k 라우팅   189
테스트   49
텐서   33
텐서플로   97
토큰   39
토큰화   39
투영 행렬   124, 134, 171
트랜스포머   107
    디코더 기반 구조   107
    스위치 트랜스포머   190
특성   14
특성 벡터   13, 38

ㅍ

파라미터   6
파이토치   97
패딩   88
패스스루   190
퍼셉트론   3
퍼플릭 도메인   186
페널티
    빈도 페널티   168
    존재 페널티   169
편집 거리   187
편향   6, 188
평가   99
포워드 패스   35
표기법
    대문자 시그마 표기법   15
표면 형태   39
프랑켄병합   190
프롬프트   63
    시스템 프롬프트   160
프롬프트 스타일   158
프롬프트 엔지니어링   176
프롬프트 포맷   158
프롬프팅
    퓨샷 프롬프팅   176
플래시 어텐션   143

ㅎ

하이퍼볼릭 탄젠트   19
하이퍼파라미터   30

학습률   30
함수   5
    선형 함수   6
    손실 함수   8
    합성 함수   11, 18, 27, 34, 125
함수의 정의역   5
함수 호출   191
합 규칙   10
행렬   23
    문서 단어 행렬   39
    행렬 곱셈   24, 92
    배치 행렬 곱셈   132
    행렬 덧셈   24
    행렬-벡터 곱셈   25, 118
    행렬의 전치   24
허깅 페이스 허브   97, 147
혼잡도   70
확률
    조건부 확률   63
확률 분포
    이산 확률 분포   42
환각   182
활성화 함수   19
회귀
    로지스틱 회귀   26
    선형 회귀   8, 18
회전 프리퀀시   118
회전 행렬   116
훈련   48, 130
    단일 에포크 훈련   145
    양자화를 고려한 훈련   191
희소   40, 51, 189